FACULTÉ DE DROIT DE TOULOUSE.

{ DE LA

CONDITION DE LA DOT MOBILIÈRE,

EN DROIT-ROMAIN ET EN DROIT FRANÇAIS.

THÈSE

POUR

LE DOCTORAT

PRÉSENTÉE

Par M. Ernest **WALLON**,

AVOCAT,

Né à Montauban (Tarn-et-Garonne).

MONTAUBAN,

IMPRIMERIE FORESTIÉ NEVEU, RUE DU VIEUX-PALAIS.

1876.

FACULTÉ DE DROIT DE TOULOUSE.

DE LA

CONDITION DE LA DOT MOBILIÈRE

EN DROIT ROMAIN ET EN DROIT FRANÇAIS.

THÈSE

POUR

LE DOCTORAT

PRÉSENTÉE

Par M. Ernest WALLON,

AVOCAT,

Né à Montauban (Tarn-et-Garonne).

MONTAUBAN,

IMP. FORESTIÉ NEVEU, RUE DU VIEUX-PALAIS.

—

1876.

FACULTÉ DE DROIT DE TOULOUSE.

MM. DUFOUR, ✴, doyen, professeur de droit commercial.

MOLINIER, ✴, professeur de droit criminel.

BRESSOLLES, ✴, professeur de code civil.

MASSOL, ✴, professeur de droit romain.

GINOULHIAC, professeur de droit français, étudié dans ses origines féodales et coutumières.

HUC, ✴, professeur de code civil.

HUMBERT, professeur de droit romain, en congé.

POUBELLE, professeur de code civil.

ROZY, professeur de droit administratif.

BONFILS, professeur de procédure civile.

ARNAULT, professeur d'économie politique.

DELOUME, agrégé, chargé du cours du droit des gens.

CONSTANS, agrégé, en congé.

LAURENS, agrégé, chargé du cours de droit romain.

PAGET, agrégé.

CAMPISTRON, agrégé.

M. MOUSSU, secrétaire, agent comptable.

Président de la Thèse : M. ARNAULT.

Suffragants :

MM. MOLINIER,
BRESSOLLES,
ROZY,
} *Professeurs.*

DELOUME,
PAGET,
} *Agrégés.*

La Faculté n'entend approuver ni désapprouver les opinions particulières du candidat.

A mon Grand-Père, à ma Grand'Mère.

A mon Père, à ma Mère.

Meis et Amicis.

Les deux principaux régimes nuptiaux consacrés par le Code civil reflètent, dans notre législation, l'antagonisme qui se retrouve dans toute société entre l'esprit de liberté et l'esprit de conservation. A ceux qui préfèrent la liberté, malgré ses périls et ses dangers, qui veulent pouvoir exposer leur patrimoine aux chances de perte ou de gain, aux spéculations dans lesquelles les fortunes s'accroissent ou s'engloutissent; à ceux qui ne craignent ni l'esprit d'aventure du mari, ni la faiblesse de la femme, le législateur offre le régime de la communauté. A ceux, au contraire, qui préfèrent la sécurité, qui, soucieux de l'avenir de la famille future, veulent conserver tout au moins les biens amassés par les ancêtres; à ceux qu'épouvante la légèreté d'un jeune dissipateur; à ceux enfin que préoccupent l'influence exercée par le mari sur sa femme, et l'ignorance à peu près générale de cette dernière des affaires civiles, le législateur offre le régime dotal. Tout, dans ces deux régimes, est opposé : le principe fondamental et les conséquences, les droits et les pouvoirs des époux. Qui s'en étonnerait ? Appelés à satisfaire des tendances contraires, tous deux, régime dotal et régime de la communauté, répondent à des besoins réels et sont destinés à sauvegarder des intérêts également respectables. Choisir entre l'un ou l'autre, c'est déterminer l'avenir réservé aux époux. Ont-ils adopté le régime de la communauté, leur patrimoine est exposé à toutes sortes de fluctuations, et, à la fin de l'union conjugale, il peut s'être considérablement accru ou avoir totalement disparu dans des entreprises malheureuses ou inintelligentes. Ont-ils donné la préférence au régime dotal, la fortune de la femme sera restée stationnaire, alors que d'autres se développaient autour d'elle, mais elle aura presque toujours échappé aux vicissitudes et aux périls, et se retrouvera intacte pour conserver à la nouvelle famille une partie du bien-être dont elle a joui pendant la durée du mariage.

Basés sur deux principes opposés, ces deux régimes ont, comme les principes eux-mêmes, leurs partisans et leurs détracteurs. Les théoriciens, ceux qui envisagent plus les idées que les faits, proclament la supériorité du régime de la communauté. Il est, pour eux, la réalisation la plus complète, dans la sphère des intérêts civils, de l'union intime et sans réserve qui est l'essence du mariage. Il appelle la femme à exercer une action et une influence sur les décisions du mari ; il donne à une mère prudente le droit de réfréner la prodigalité d'un père de famille ; enfin, il garantit mieux les intérêts domestiques, en les rendant l'affaire commune des deux époux. Et quelques-uns des partisans du régime de la communauté sont tellement convaincus de la justesse de leur cause, qu'ils ne craignent pas de demander, au nom de la liberté, qu'un trait de plume soit passé sur le chapitre du code civil relatif au régime dotal (1). Ce dernier régime obtient au contraire la faveur des praticiens. Pour eux, il est l'expression d'une loi générale et permanente qui, sous les formes les plus variées, se retrouve dans toutes les législations, à toutes les époques : la loi de la conservation des biens dans les familles. En consolidant la famille, cette loi consolide l'Etat lui-même. Le régime dotal, à côté de la richesse flottante, crée un élément de fortune publique plus stable et moins fragile. Seul, il répond à la sollicitude et à la juste défiance des pères de famille ; seul, il combine dans d'exactes proportions le principe de progrès et le principe de conservation. Dans la fortune des époux, il établit deux parts bien distinctes : l'une, immobile, inaliénable, constituera pour la famille un fonds de réserve qui la garantira contre les éventualités de l'avenir, c'est la dot de la femme ; l'autre, laissée à la libre disposition de son propriétaire, pourra se transformer et s'accroître, enrichir le ménage, c'est la fortune du mari. Au surplus, ajoutent les partisans de la dotalité, l'opinion publique a si bien compris la supériorité incontestable de ce régime, que, dans la pratique, il se répand chaque jour de plus en plus. Il pénètre dans les provinces qui

(1) Homberg, *Abus du régime dotal.*

l'avaient ignoré jusqu'alors, et il répond par cette extension à ceux qui demandent sa disparition.

Désireux d'emprunter un sujet d'étude à la matière du contrat de mariage, nous avons naturellement tourné nos regards vers le régime dotal. C'est le régime traditionnel de notre pays; il en est encore le régime dominant, et tous les jours, devant les Cours du midi de la France, sont soumises à l'appréciation de nos magistrats, des questions relatives à ce régime. Mais dans son ensemble même, nous devions choisir une partie qui appelât plus spécialement notre attention. *La condition de la dot mobilière* en droit romain et en droit français, nous a séduit par son importance à la fois théorique et pratique. Il nous a paru intéressant d'étudier une matière laissée à l'écart par les rédacteurs du Code civil, mais qui fait l'objet d'une jurisprudence aussi considérable que remarquable. Nous avons cru utile de rechercher, d'une part, dans le droit romain et dans notre ancien droit, les origines de la jurisprudence actuelle, et de nous demander, d'autre part, à quelles conséquences pratiques conduisaient les décisions de nos tribunaux. Nous ne nous sommes point dissimulé les difficultés que présentait la tâche entreprise; nous n'avons pas davantage la prétention de les avoir surmontées; notre intention a été simplement de montrer le lien commun qui unit des arrêts divers, et de grouper, dans une synthèse, les règles posées par la doctrine et par la jurisprudence de la Cour suprême. Puissions-nous n'avoir pas été trop au-dessous de notre désir, puisse notre œuvre n'être pas le faisceau mal lié qu'un enfant rompt sans efforts!

DROIT ROMAIN.

CHAPITRE Ier.

De l'Origine du Régime dotal.

Dans toute société aristocratique et fondée, comme celle de Rome, sur la conquête, veiller à la défense et à la protection des biens patrimoniaux, à la continuité des traditions, à la perpétuité du culte des ancêtres, est un devoir à la fois social et domestique. L'Etat et la famille sont intéressés au maintien des fortunes. De celles-ci dépendent l'influence politique, la splendeur du nom, l'obtention des hautes charges de la cité. La sauvegarde de ces intérêts exige chez le détenteur du patrimoine : primitivement, la force physique et l'habitude des armes, pour défendre le sol nouvellement conquis ; à toute époque, la maturité d'esprit, l'autorité de caractère. La femme, par sa nature physique et morale, est essentiellement inhabile à remplir ce devoir social et domestique : *virilibus officiis eam fungi non est æquum.*

Aussi, dans la Rome républicaine, la femme n'est-elle jamais indépendante : fille, elle est placée sous la puissance de son père ; femme, sous celle de son mari ; fille ou veuve *sui juris,* sous la tutelle légitime de ses agnats. *Patria potestas*, *manus*, *tutela*, l'un de ces trois pouvoirs couvre la femme, pendant toute la durée de son existence, de son autorité protectrice, et de sa jalouse surveillance. Fait social toujours reproduit sous des formes diverses, commun à toutes les civilisations dans leur enfance, il est le résultat nécessaire de la constitution politique, théocratique, ou aristocratique à l'origine de tous les peuples. Il disparaîtra, quand la démocratie envahissante aura détruit l'antique hiérarchie sociale, et aura remplacé les *gentes* ou les castes par la foule des individualités. La puissance paternelle s'adoucira et se limitera ; la femme, plus indépendante, acquerra des droits contre son époux ; la tutelle des agnats sera regardée par les jurisconsultes de l'époque des Antonins, comme une institution vieillie et decrépite, survivant à sa cause, et dont la main du préteur achèvera la destruction. (Gaius, I, § 190.)

Les autres institutions juridiques subiront une semblable transformation, et parmi elles, celles-là surtout qui se rattachent plus étroitement à la constitution même de la famille. De tout temps, les lois sur la dot ont découlé comme une conséquence naturelle des lois sur l'organisation de la famille. Les modifications dans la situation juridique de la femme entraînent fatalement des modifications analogues dans le régime des biens qu'elle apporte au mari, et qu'on désigne sous la dénomination de *dot*. Comme le mariage, celle-ci perdra peu-à-peu son primitif caractère, et se transformera, pour s'harmoniser avec l'union libre et facile de l'époque postérieure à Auguste.

Indiquons rapidement et cette origine et ces transformations ; elles nous fourniront la solution de plusieurs difficultés soulevées par les textes de l'époque classique. Nous diviserons cette étude en trois époques marquées chacune par un changement profond dans la nature de la dot.

PREMIÈRE ÉPOQUE.

De la fondation de Rome à la fin du Vme Siècle.

Aux premiers siècles de Rome, la *manus mariti* accompagnait toujours le mariage. Du jour où l'épouse a franchi le seuil de la demeure du mari, la femme n'a plus d'autre famille, d'autres agnats, d'autres héritiers que son mari et les parents de son mari. Mais ce pouvoir particulier du mari sur la femme n'est pas cependant une conséquence immédiate et nécessaire du mariage. Pour le produire, il faut une solennité spéciale, ou un fait juridique distinct du mariage. La *manus* résulte de la *confarreatio* ou de la *coemptio*.

La *confarreatio*, particulière à la caste patricienne et sacerdotale, consiste dans un sacrifice accompli par le grand pontife ou le flamine de Jupiter, en présence de dix témoins représentant les dix *gentes* de la Curie. Des paroles solennelles sont prononcées, et la femme rompt avec son mari un pain de froment, symbole religieux de son association aux *sacra* et à la vie entière de son époux (1).

La *coemptio* est une *mancipatio* accomplie dans les mêmes formes générales que toute autre mancipation. Les paroles prononcées par le mari, en quelque sorte acquéreur de sa femme, devaient probablement différer des paroles prononcées pour acquérir la propriété sur un esclave, ou le *mancipium* sur un fils de famille. Il est aussi à présumer que, à l'époque primitive, la *coemptio* n'était applicable qu'aux mariages entre plébéiens. Mais cette proposition ne fut plus vraie à partir du moment où le mariage fut permis entre les deux ordres, et, à plus forte raison, lorsque la *confarreatio* fut tombée en désuétude.

La femme, placée *in manu*, subit une *capitis deminutio*, un changement de famille radical et irrévocable. Elle cesse d'être la *filiafamilias* de son père, d'être l'agnate de ses tuteurs. Elle entre dans la famille de son mari ; elle y est, nous dit Gaius, *loco filiæ*. Dans l'ancienne famille romaine, il n'y a qu'un seul patrimoine pour le père et pour les enfants. Lorsque la femme entre dans sa nouvelle famille, par la *confarreatio* ou la *coemptio*, tout ce qu'elle possède tombe dans le patrimoine commun, tout ce qu'elle acquiert par la suite vient le grossir, et l'on peut dire avec vérité que le régime nuptial, résultat de la *manus*, est une communauté universelle. Le mari est réellement le chef et le maître de cette communauté ; pendant toute sa vie, le patrimoine de la famille dans lequel se trouvent les biens apportés

(1) Gaius, I, § 112,

par la femme, est entièrement à sa disposition. Vient-
il à décéder, le patrimoine se partage entre sa veuve et
ses enfants ; la femme prend une part d'enfant ; à
défaut de postérité, cette communauté lui revient tout
entière, la femme succède seule à son mari. Et comme
le patrimoine de son mari et le sien se sont confondus
dans une unité indivisible, comme elle est devenue
l'agnate des agnats de son mari, ceux-ci pourront lui
succéder, et elle-même leur succèdera à son tour. La
dot, c'est-à-dire les biens qu'elle a apportés au jour
du mariage, et dont elle retrouve en tout ou en partie
l'équivalent dans la succession du mari, continuera
ainsi, même après le mariage, à remplir sa double
destination, qui est de fournir à l'entretien de la
femme et à celui des enfants (1).

La dot ! avons-nous dit. N'allons-nous pas à l'encontre
de l'opinion généralement reçue, qu'il n'y a pas de dot
lorque la *manus* accompagne le mariage ? Non, le mot
dot est susceptible d'acceptions diverses : sa signification
est changeante. Si on entend par là une somme de
biens que la femme doit recouvrer *inévitablement*, à la
dissolution du mariage, l'idée de *manus* est certainement incompatible avec celle de dot. Mais si, par cette
expression, on veut désigner les valeurs que la femme
apporte au mari pour l'aider à supporter les charges
du ménage, les biens acquis au mari par la *conventio
in manum* constituent une dot. Cicéron a donc pu dire
avec raison : « *Cum mulier viro in manum convenit,
omnia quæ mulieris fuerunt, viri fiunt dotis nomine* » (2).

(1) Gaius, I, § 111; II, §§ 139 et 159; III, § 3.
(2) Topiques, n° 4 — Fragm. Vat., § 115.

Dans ce dernier sens, loin d'être une exception à l'époque que nous étudions, la dot était au contraire l'accessoire ordinaire du mariage. Elle était souvent considérable, et Plaute nous dit qu'un père se serait cru deshonoré, s'il n'eût pas doté sa fille. Du reste, la loi mettant les enfants dans la dépendance et à la charge exclusive du mari, la femme *in manu* n'aurait pas contribué à cette charge, si elle n'eût apporté des biens à son mari.

Dans la plupart des cas, au moment de la *conventio in manum*, la femme se trouvait encore sous la puissance de son père, et par conséquent n'avait pas de biens personnels. C'était au père à fournir la dot, et les mœurs lui en faisaient un devoir impérieux. La raison en est simple. En se soumettant à la *manus*, la femme renonce par cela même à tous ses droits sur la succession paternelle, et sur la succession des agnats de son père. Comme le fait remarquer M. Gide (1), la *conventio in manum* équivalait à ces pactes de renonciation à successions futures qui, dans notre ancien droit français, accompagnaient si souvent les contrats de mariage. En dotant sa fille, le père ne fait que la dédommager de ce sacrifice, sans aucun tort pour ses autres enfants. La *conventio in manum* ne présente que des avantages pour les agnats du père; en écartant la fille de la future succession, elle leur assure l'intégrité des biens patrimoniaux.

Mais, puisque la femme, lors du mariage, abandonne ainsi tous ses droits à la succession paternelle, qu'ap-

____
(1) *Étude sur la Condition privée de la Femme*, p. 128.

portera-t-elle donc à son mari et aux enfants qui vont naître de la nouvelle union, si son père néglige de la doter? N'eût-il pas mieux valu qu'elle restât *filiafamilias?* Elle aurait pu alors succéder à son père, et plus tard faire une donation de ses biens à son mari, dans la succession duquel les enfants les auraient retrouvés. Comment admettre que le Romain cupide et intéressé, tel que le montre la vie privée de presque tous les grands hommes de Rome, que celui que plusieurs textes nous déclarent incapable d'épouser une femme non dotée, eût conclu une union, source de charges et de dépenses, sans recevoir un apport proportionnel à ces charges futures? Si, parfois, quelque irrésistible amour a pu conduire au mariage une fille *indotata,* il n'y eut là qu'une exception remarquable. En général, une dot accompagne toujours le mariage de la *filiafamilias.*

Si la femme est *sui juris,* maîtresse de sa fortune, lorsque, en se mariant, elle tombe in *manum mariti,* tous ses biens vont se confondre dans le patrimoine de son époux. Cet apport n'est pas, si l'on veut, une dot proprement dite, mais c'est tout au moins l'équivalent de la dot, puisque le mari, acquéreur de ces biens, les transmettra plus tard par voie de succession aux enfants issus du mariage.

Telle est la situation faite, au point de vue des biens, à la femme soit *sui juris,* soit *alieni juris,* qui passe sous la *manus* de son mari. Mais alors se présentent, dans les deux cas, des inconvénients considérables qui durent éveiller bientôt l'attention du législateur.

Si la femme est *sui juris,* les agnats, tuteurs de cette femme, doivent être peu disposés à une *conventio in*

manum qui les dépouillera de leurs droits éventuels.
La femme *sui juris* sera-t-elle donc, en présence de leur
résistance, vouée à un perpétuel célibat? Les intérêts
de la race et de la nation le permettent-ils? D'autre
part, peut-on obliger les agnats tuteurs à sacrifier leurs
droits? Gardiens des intérêts de la famille, c'est pour
eux un devoir d'empêcher que le patrimoine des ancêtres ne passe en des mains étrangères. Cette tutelle a
été établie dans l'intérêt des tuteurs eux-mêmes, et
pour la conservation des *sacra* de la famille et de la
splendeur de la caste. Comment donner satisfaction à
ces intérêts opposés et contradictoires? Par une séparation radicale entre deux institutions qui avaient paru
jusqu'alors inséparables, le mariage et la *manus.*

A côté du mariage aux formes solennelles, on imagine
un mariage nouveau se contractant par le simple consentement, laissant la femme dans sa famille, et sous la
tutelle de ses agnats. Le consentement de ceux-ci ne
sera plus nécessaire, puisque ce mariage pur et simple
laissera intacts tous leurs droits héréditaires.

Si la *manus* nuisait aux tuteurs légitimes de la femme
sui juris, elle produisait aussi un inconvénient considérable à l'égard de la *filiafamilias*. Par la *conventio in
manum*, celle-ci abandonne ses droits éventuels dans la
succession paternelle. Que son mari la répudie ou la
déshérite, fait rare il est vrai, la voilà sans fortune et
sans biens. Plus de liens de famille, plus de patrimoine,
plus de biens héréditaires. Ici encore, la nécessité de
corriger les conséquences de la *manus* se fait sentir,
quoique avec une moindre intensité que dans l'hypothèse précédente. Le mariage libre est adopté par les

mœurs, et le père, en mariant sa fille, pourra retenir, s'il le veut, la puissance paternelle et conserver ainsi tous ses droits à son enfant.

Une nouvelle espèce de mariage s'introduit donc, le *mariage libre*. Mais la *manus* est tellement dans les idées romaines, que le mari pourra acquérir, par une année de cohabitation, ce droit particulier sur la femme, que ni la *confarreatio* ni la *coemptio* n'avaient placée sous sa puissance. C'est du moins ce que nous dit Gaius. Cependant ici s'élève une difficulté. Comment la femme *sui juris* à laquelle ses tuteurs ont refusé l'*auctoritas* nécessaire pour faire la *conventio in manum*, pourrait-elle tomber *in manum mariti*, par l'effet de sa propre volonté, en ne découchant pas trois nuits de suite? Peut-elle par elle seule produire un tel résultat, et détruire les droits de ses tuteurs? Evidemment non; l'*auctoritas* devant être interposée *in ipso actu*, et supposant la prononciation de paroles solennelles, ne peut pas se concevoir validant les résultats d'une simple inaction. Nous pensons donc, avec M. Accarias, que la femme *sui juris* ne pouvait tomber *in manum* par l'*usus* (1).

Mais la difficulté n'est que reculée. La *filiafamilias* aurait eu besoin du consentement de son père pour faire la *conventio in manum*; celui-ci s'y est refusé, et le mariage libre a été contracté. Admettrons-nous que, par son propre fait, la fille puisse détruire cette puis-

(1) Accarias, *Précis de Droit Romain*, tom. I, p. 247. — Cicéron, *pro Flacco*, n° 34, paraît être du même avis. Se demandant si Valeria est tombée *in manu*, il répond : *usu non potuit. Nihil enim potest de tutela legitima sine auctoritate tutorum deminui.* Et les tuteurs évidemment n'ont pu consentir à un acte si contraire à leurs intérêts.

sance paternelle que le père a entendu conserver? Comment cela serait-il possible, quand nous voyons, sous Claude, à une époque bien postérieure cependant, la *filiafamilias* ne tomber sous la puissance dominicale du maître avec l'esclave duquel elle a vécu *in contubernio,* qu'avec le consentement de son père (1)? Et cependant Gaius nous dit que la *manus* s'établit par une espèce d'usucapion d'une année, *usu.* La seule solution possible nous paraît être la suivante : l'*usus* non interrompu entraînera la *manus* au profit du mari, lorsque, pendant la durée du mariage de la *filiafamilias,* le père aura donné son consentement. Car le consentement du père, à la différence de l'*auctoritas tutoris,* n'a pas besoin d'intervenir *ipso momento,* ni de se produire *verbis solemnibus.* Mais comme, lors de la *conventio in manum,* si elle avait eu lieu, le consentement du père n'eût pas suffi, que l'assentiment de la fille eût été indispensable, la loi réserve à celle-ci la faculté de se soustraire à la *manus* en découchant trois nuits, *usurpare trinoctio.*

Dans le mariage libre, la nécessité d'une dot apparaît encore avec plus d'énergie. La femme restant en dehors de la famille de son mari, est une étrangère pour ses enfants. Elle ne pourra leur laisser ses biens ni par testament, car elle ne peut tester (2), ni *ab intestat,* puisqu'elle et ses enfants appartiennent à deux familles différentes. Il n'existe entre elle et eux qu'une parenté naturelle, insuffisante aux yeux de la loi civile (3).

(1) Paul Sent., lib. II, tit. xxi, § 9.

(2) Gaius, I, § 115.

(3) Les sénatus-consultes Orphitien et Tertullien sont de beaucoup postérieurs.

Pourrait-elle leur faire des donations? Une double im-possibilité s'y oppose. *Filiafamilias*, elle n'a pas de biens dont elle puisse disposer. *Sui juris,* la donation n'est parfaite que si la donatrice obtient l'*auctoritas tutoris legitimi.* Enfin, pendant la vie du mari, soumis à la puissance paternelle, les enfants acquer-raient pour le compte de leur père, et les biens que la mère leur aurait donnés iraient se confon-dre dans le patrimoine de l'époux. La femme n'a donc qu'un seul moyen de faire parvenir ses biens à ses enfants, c'est de se les constituer en dot. La dot remplit bien alors sa double destination : con-courir, avec le patrimoine primitif de l'époux, aux dépenses et aux charges du ménage; servir à l'en-tretien de la femme, à celui des enfants; plus tard, constituer leur propre patrimoine ou leur dot. Cette dot sera fournie par le père, ou transmise au mari par la femme, avec l'assentiment des agnats qui conservent sur le surplus de son patrimoine leurs droits héréditaires éventuels.

Donc, dans les deux cas, mariage avec *manus*, mariage sans *manus*, la dot présente le même caractère; c'est un don fait au mari, sans réserve et sans retour. Le but est toujours le même, procurer au mari un enrichisse-ment qui compense pour lui les charges du ménage. Que le mariage soit libre ou accompagné de *manus*; que l'épouse soit *sui juris* ou *filiafamilias*, les biens acquis par le mari ont toujours la même destination, et doi-vent par conséquent être régis par les mêmes principes. Dans toutes les hypothèses le mari devient propriétaire, sans aucune restriction, des biens constitués en dot par le père ou apportés par la femme avec l'*auctoritas* de ses tuteurs. De quelque façon que le mariage vienne à se dissoudre, il n'a jamais à les restituer. On rapporte, dit Aulu-Gelle, que, durant les cinq premiers siècles, il n'existait à Rome et dans tout le Latium, ni action ni stipulation *rei uxoriæ*, sans doute parce qu'il n'en était pas besoin, le mariage n'étant pas alors rompu par des divorces (1).

Cette dispense de restitution est une conséquence du caractère de la dot, destinée à subvenir aux charges du mariage qui sont perpétuelles. Tel est le sens de cet adage traditionnel : *Dotis causa perpetua est.* La dot est perpétuelle, nous dit Paul (2), parce que le mari ne l'acquiert pas pour lui seul, mais pour la famille dont il est le représentant et le chef. Fonder une famille qui se perpétue, tel est le but du mariage, et par suite le but de la dot. Le mari n'est jamais tenu de restituer les biens dotaux ; la femme n'en est ni créancière ni propriétaire, car la dot est de sa nature perpétuelle. Cette maxime, *dotis causa perpetua est,* cessera plus tard d'être exacte ; elle n'aura plus que la valeur d'une vérité historique, et perdra sa raison d'être, lorsque des changements se seront produits dans l'organisation de la famille. Nous les retrouverons plus tard.

Dans la période que nous étudions, la femme ne peut avoir de paraphernaux, lorsque le mariage est accompagné de la *manus.* En effet, si elle se marie étant *sui juris,* et avec l'assentiment de ses agnats, tous ses biens

(1) *Nuits Att.*, IV, 3.

(2) L. 1, D, *De jure dot.* (23, 3).

deviennent la propriété de son mari. Si, *filiafamilias*,
elle fait la *conventio in manum*, avec le consentement
de son père, elle n'apporte au mari que les biens cons-
·titués en dot, et elle renonce à tous ses droits dans la
succession paternelle. Les objets qu'elle pourra acquérir
plus tard, soit comme héritière instituée, soit comme
légataire, se fondront inévitablement dans le patrimoine
de son mari, comme viennent se fondre dans le patrimoine du *paterfamilias* les hérédités ou les legs déférés
à des fils de famille.

Au contraire, la femme se marie-t-elle sans passer
sous la *manus mariti*, immédiatement apparaît la séparation entre les biens dotaux et les biens paraphernaux.
Seront dotaux les biens donnés par le père, ou apportés
au mari, à la suite d'une *datio*, d'une *dictio dotis* ou d'une
promissio, par la femme *sui juris*, autorisée de ses
tuteurs. Seront paraphernaux les biens que la *filia-*
familias recueillera plus tard dans la succession de son
père ou des agnats de celui-ci, ou par suite d'institutions d'héritier ou de legs faits à son profit par des
tiers. Seront encore paraphernaux les biens que la
femme *sui juris* n'aura pas apportés en dot à son mari,
et à l'égard desquels ses tuteurs légitimes auront conservé leurs droits héréditaires éventuels.

Donc, dès cette époque, nous trouvons la distinction
remarquable des biens dotaux et des biens paraphernaux; mais, à la différence de notre législation actuelle,
les biens dotaux appartenaient au mari, la femme ne
conservant que la propriété de ses paraphernaux.

Dans cette première période la femme n'a pas d'action dotale pour se faire restituer les biens dotaux, et

ce refus d'action n'a rien de contraire à l'équité, puisque la dot remplit sa fonction propre, en restant entre les mains du mari, dans le patrimoine duquel la retrouveront les enfants issus du mariage. En effet, si la femme prédécède, n'est-il pas raisonnable que le mari garde la dot, puisque restent à sa charge les enfants auxquels elle est destinée, enfants qui ne succèdent point à leur mère, et qui ne peuvent un jour recueillir les biens dotaux, qu'à la condition que ces biens soient encore dans le patrimoine paternel. « Le mariage, il est vrai, dit M. Gide, pourrait être stérile. « Mais alors même n'était-il pas juste de préférer aux « héritiers de la femme, qui ne pouvaient être que des « collatéraux, celui auquel la femme était restée unie « jusqu'à sa mort par le plus intime et le plus sacré « de tous les liens (1) ? »

Si le mariage se dissout par le prédécès du mari, la femme *in manu* succède à son époux, au même rang que ses propres enfants. Dans cette hérédité elle retrouve les biens dotaux qui continuent ainsi, même après le mariage, à remplir leur double destination, fournir à l'entretien de la femme et à celui des enfants.

Si la femme n'était pas *in manu,* sa position était bien différente, au cas de prédécès du mari. Elle n'avait aucun droit sur sa succession ; *sui juris*, il ne lui restait plus que les biens paraphernaux ; *filiafamilias,* l'espérance de la succession paternelle. Une femme richement dotée pouvait donc déchoir considérablement en perdant son époux, si les mœurs n'avaient pas apporté un

(1) *Du caractère de la dot.*

remède à cette déplorable situation. Ordinairement le mari, dans son testament, laissait à sa veuve sa dot ou tout au moins un legs équivalent. L'importance du *præ-legatum dotis*, dans l'ancienne jurisprudence romaine, atteste la généralité de cet usage. En outre, en supposant que le mari ait oublié de comprendre sa femme parmi ses héritiers institués ou ses légataires, il aura probablement appelé à sa succession les enfants issus de son mariage ; ces enfants seront tenus de nourrir et d'entretenir leur mère. Enfin, cette femme a conservé dans sa famille d'origine des droits de succession qui la mettront presque toujours à l'abri du besoin. Néanmoins, dans le cas de mariage libre, le prédécès du mari peut entraîner un inconvénient grave à l'égard de la femme.

Cet inconvénient n'est pas le seul, et le régime dotal primitif, tel qu'il nous apparaît dans la période que nous étudions, présente une grave lacune, l'absence de toute garantie contre les abus de pouvoir du mari. Maître absolu de la dot, il peut la détourner de sa destination propre, et dépouiller à jamais la femme et les enfants : conséquence fatale et nécessaire de la puissance du *pater-familias*, heureusement corrigée par les mœurs et par la crainte d'être noté d'infamie.

Mais les dangers qu'entraîne ce régime dotal vont s'accroître encore, lorsque le divorce, rare durant les cinq premiers siècles de Rome, mais non sans exemple, sera devenu plus fréquent. La femme répudiée perdra tous ses droits sur la dot, et se trouvera quelquefois complétement dépouillée de sa fortune et dans l'impossibilité de recourir à une nouvelle union. Cependant, il est permis de croire que le tribunal domestique, appelé à statuer sur la répudiation de la femme, pouvait lui accorder ou lui refuser, en tout ou en partie, la restitution de ses biens dotaux, suivant les circonstances de cette répudiation. Il déterminait ainsi ce que le mari pouvait équitablement garder, *quod melius æquius esset apud virum manere.*

En résumé donc, pendant cette première période de la législation romaine, l'usage de la dot est général ; elle est destinée surtout à pourvoir à l'établissement des enfants et à leur entretien ; elle a un caractère de perpétuité qui repousse toute idée d'action en restitution. Mais ce caractère même engendre des inconvénients sérieux, soit dans le cas de divorce, soit dans l'hypothèse du prédécès d'une femme non tombée *in manu mariti.* Nous allons voir, dans la seconde époque, comment la coutume atténua ces dangereuses conséquences.

DEUXIÈME ÉPOQUE.

Du VIᵐᵉ Siècle à la fin de la République.

A la fin du Vᵉ siècle la conquête de l'Italie est terminée (488). Annibal tient encore Rome en échec; mais le VIᵉ siècle ne s'achèvera pas, sans que Scipion ait définitivement vaincu, à Zama (552), l'homme qui, par sa persévérante énergie et la profondeur de son génie, faillit arrêter la ville éternelle dans sa marche vers l'empire universel. Au commencement du VIIe siècle Rome conquiert la Macédoine et l'Asie-Mineure, et voit, avec la chute de Corinthe, affluer chez elle les richesses, mais aussi la civilisation corrompue de la Grèce. A partir de ce moment, la soif de l'or, le luxe, l'attrait des plaisirs, viennent apporter une perturbation profonde dans les mœurs romaines, jusqu'alors si austères. Malgré les plaintes du vieux Caton, les femmes s'émancipent, les divorces se multiplient, le mariage se transforme en un honteux trafic ; le mari gardera la dot et répudiera sa femme pour en épouser une plus jeune et plus riche, comme Caton lui-même.

Privée de sa dot, la *filiafamilias* divorcée aura encore la ressource de ses paraphernaux et de l'héritage paternel ; mais la femme *in manu* répudiée, définitivement sortie de la famille où elle a perdu tous ses droits de succession, privée des biens apportés en dot, qui demeurent la propriété du mari, se trouve sans aucune ressource. Qui voudra épouser cette femme pauvre, quand l'acquisition future d'une dot est un des plus puissants attraits qui poussent les Romains dégénérés au mariage ? Faut-il ainsi laisser sans secours cette femme devenue étrangère à sa famille naturelle et à la famille de son mari ? N'est-ce pas la pousser fatalement dans les voies de la prostitution et de la débauche ? L'intérêt social exige qu'un correctif soit apporté à cette déplorable situation : *interest reipublicæ mulieres dotes salvas habere, propter quas nubere possint.*

Sous l'influence de cette nécessité sociale, très-probablement inconnue aux Romains des premiers temps, s'introduisit dans la jurisprudence l'obligation imposée

au mari qui répudierait sa femme, de restituer la dot
par lui reçue. Cette obligation présentait un double
avantage. En cas de répudiation, elle permettait à la
femme de convoler à de secondes noces. Elle avait une
portée plus morale ; en forçant le mari à restituer les
biens reçus, elle le retenait sur la pente trop facile du
divorce, et produisait, par voie de conséquence, l'heureux résultat de consolider les mariages. A défaut de
lien moral, un lien d'intérêt unissait les deux époux,
et si ce frein devenait impuissant, la femme divorcée
trouvait dans sa dot le moyen de contracter une nouvelle
union.

L'équité, l'humanité, l'intérêt public, tout se réunis-
sait pour exiger des modifications sérieuses. La dot dut
changer de nature. Elevée à la hauteur d'une institution d'ordre public, elle engendra la double utilité
de détourner du divorce et de faciliter les mariages.
Comment le régime dotal, tel qu'il nous est apparu dans
la première période, fut-il modifié et approprié à ces
nouveaux besoins ?

Cette réforme juridique s'accomplit lentement et sans
secousses, et il est facile d'en suivre par le raisonnement les diverses étapes. Lorsque les premiers cas de
divorce scandaleux se produisirent, et que Spurius
Carvilius Ruga répudia sa femme, l'usage s'introduisit,
d'après Aulu-Gelle et le jurisconsulte Servius Sulpicius,
d'exiger du mari, au moment de la réception de la
dot, la promesse verbale d'en rendre une partie en cas
de divorce. « *Dos interdum*, dit Boèce, *his conditionibus*
« *dare solebat, ut si inter virum uxoremque divortium*
« *contigisset, quod œquius melius esset, apud virum maneret,*

« *reliquum dotis restitueretur uxori* (1). » Pour s'acquitter de la promesse ainsi par lui contractée, le mari réu-
nissait, lors du divorce, un conseil de parents, image de
l'ancien tribunal domestique, qui déterminait, suivant
l'usage et l'équité, la partie de la dot que le mari devait
restituer et celle qu'il devait conserver, d'après le nombre
des enfants issus du mariage. On nous objectera peut-
être l'impossibilité d'une semblable promesse faite par
le mari, en présence de la *capitis deminutio* subie par
la femme tombée *in manu*, le mari devenant lui-même
acquéreur de la créance contractée au profit de sa future
épouse. Nous répondrons que la femme pouvait jouer
le rôle de stipulant, lorsqu'elle n'était pas tombée *in
manu*, le mari n'acquérant alors que les biens formellement apportés en dot. Dans ce cas, la créance était
acquise à la femme elle-même, si elle était *sui juris*,
à son père, si elle était *alieni juris*. Dans l'hypothèse où
le mariage était accompagné de *manus,* une distinction
est nécessaire. La femme était-elle *filiafamilias*, son
père devait stipuler lui-même, et dans cette stipulation,
se trouve l'origine de la théorie de la dot profectice.
Etait-elle *sui juris*, le mari s'engageait envers ses tuteurs,
à leur restituer tout ou partie de la dot, lors du divorce.
Les tuteurs avaient d'autant plus d'intérêt à faire cette
stipulation que, dans le cas de répudiation de la femme,
ils étaient obligés de prendre, sur les biens patrimoniaux
de celle-ci, de quoi lui fournir une seconde dot.

La *cautio rei uxoriœ*, conventionnelle à l'origine, se
transforma bientôt en obligation légale. Il s'opéra en

(1) Boèce, *Ad. Cic.* XVII, 66.

cette matière, sous l'influence de la coutume, et grâce
à l'intervention du préteur, un changement analogue à
celui qui se produisit plus tard dans la vente à l'égard
de la *stipulatio duplæ*. La convention de restitution fut
sous-entendue quand les parties l'avaient omise, et le
préteur ne fit que généraliser un usage répandu, en
accordant dans cette hypothèse, à la femme divorcée,
l'action *rei uxoriæ*. Nous invoquerons en ce sens le
témoignage de Caton lui-même : « *Vir, cum divortium*
« *fecit, mulieri judex pro censore est, imperium quod videtur*
« *habet.* » Le juge accomplit la mission autrefois remplie
par le censeur qui aurait obligé le mari, sous peine
d'infamie, à restituer une partie de la dot. Le juge
statue comme bon lui semble ; il n'a d'autres règles à
suivre que l'équité, les convenances et les bonnes
mœurs.

Nous pensons, avec M. Gide, que ces *cautiones rei
uxoriæ* et plus tard l'action elle-même, ont également
existé dans l'hypothèse où la femme était tombée *in
manu mariti*. Dans tous les cas, il y avait acquisition
dotis nomine, comme le dit Cicéron ; dans tous les cas,
la femme avait intérêt à recouvrer sa dot, et plus
encore dans l'hypothèse de *manus*, car, par l'abandon
de ses droits héréditaires dans la famille paternelle,
sa fortune se trouvait réduite aux biens dotaux restitués
par le mari ; dans tous les cas, l'équité voulait que le
divorce ne la laissât pas sans ressource ; dans tous les
cas enfin, l'intérêt social exigeait qu'elle pût convoler
à de secondes noces. En vain on objecterait que la
femme *in manu* ne peut pas être créancière de son
époux : l'objection serait sans valeur, car, au moment où

l'action dotale prend naissance, la *manus* a déjà pris
fin, et, comme nous le démontrerons plus bas, cette
action ne fut à l'origine qu'une sorte de secours personnel accordé à l'épouse répudiée, à raison même du
fait du divorce.

Mais cette action dotale dut bientôt être accordée à
la veuve. Les mœurs faisaient primitivement au mari
un devoir de comprendre sa femme parmi les héritiers
ou les légataires institués dans son testament. Man-
quait-il à cette obligation, l'équité voulait qu'on ne
laissât pas la veuve sans ressource, et l'action *rei uxoriæ*
lui fut accordée. Cette action qui existait déjà au
profit de la veuve, dès l'époque des Gracques (1), ne
lui était accordée que subsidiairement, pour suppléer
au défaut ou à l'insuffisance des dispositions testamentaires du mari. Ce qui le prouve, dit M. Gide, c'est
l'ancien édit *de alterutro*. La veuve, héritière ou légataire de son époux, devait opter entre la disposition
testamentaire et l'action *rei uxoriæ*. Acceptait-elle la
première, elle se privait du droit d'intenter la seconde ;
celle-ci n'était donc qu'un recours subsidiaire accordé
utilitatis causa.

Les considérations qui avaient fait établir l'action *rei
uxoriæ* en faveur de la veuve ou de la femme répudiée,
n'existaient plus, dans le cas où le mariage se dissolvait
par sa mort. Aussi cette action n'appartint-elle jamais
aux héritiers de la femme prédécédée. La dot restait
alors tout entière entre les mains du mari pour y
accomplir sa fonction fondamentale : servir à l'entretien

(1) L. 66, *pr.*, D., *Solut. Matr.* (24, 3).

des enfants. Ce principe persiste même à travers les
âges ; et en pleine époque classique, Ulpien nous enseigne que les héritiers de la femme prédécédée n'ont
jamais l'action dotale (1).

Mais ce refus de l'action parut inacceptable à l'égard
d'une personne jugée digne de la même faveur que la
femme, l'ascendant paternel, lorsqu'il a lui-même
fourni la dot. Le jurisconsulte Pomponius en donne
cette raison naïve, qu'il est dur pour le père de perdre
à la fois et son argent et sa fille. Les motifs réels sont
tout autres. L'action *rei uxoriæ* n'est qu'un développement de l'ancienne *cautio* fournie par le mari au père
de la *filiafamilias*, *cautio* sous-entendue plus tard. En
outre, la dot est devenue une institution d'utilité
publique, et le législateur comprend qu'il doit encourager les pères à constituer des dots à leur fille, en
leur faisant espérer que l'aliénation n'en sera pas définitive, et que cette dot pourra leur revenir un jour.
Plus tard, le législateur ne se contentera pas de cette
espérance, et il imposera au père l'obligation de doter
son enfant. Mais, dans ce cas, la restitution de la dot
profectice n'aura pas toujours lieu. Le père constituant
ne pourra la réclamer que si, le mariage étant dissous
par la mort de la femme, l'union a été stérile. Si, au
contraire, la femme laisse des enfants survivants, l'action
du père sera exclue ou réduite, car la dot conserve sa
causa, l'entretien de ceux auxquels la fille a donné le
jour.

Si le mariage est dissous par le divorce, le père ne

(1) *Ulp. Reg.* VI, § 4.

peut pas seul exiger la restitution de la dot profectice ;
il a besoin du concours de sa fille. D'où vient cette
différence entre le cas de prédécès de la femme et le
cas de divorce ? Nous répondrons avec Bechmann, qu'il
était à craindre qu'un père cupide, muni, en vertu de
sa puissance paternelle, du droit de rompre l'union
de sa fille et de son gendre, n'abusât de ce droit, et
ne prononçât le divorce dans le seul but de se faire
restituer la dot. Un tel abus était contradictoire avec
l'intérêt de l'Etat. La *res publica* exigeait la consolidation
des mariages ; la loi ne pouvait pas permettre que les
pères de famille fussent intéressés à les dissoudre. Le
consentement de la fille était donc nécessaire pour la
restitution de la dot.

Nous avons, dans cette étude des causes originaires
et des applications primitives de l'action *rei uxoriæ*,
heurté les opinions généralement reçues. Pour nous,
la dot a une cause perpétuelle, la fondation et l'entretien de la famille. L'action *rei uxoriæ* n'est qu'une exception, un secours alimentaire octroyé à l'épouse injustement répudiée, étendu par faveur à la veuve, par
intérêt social au père constituant. L'origine de cette
action n'est pas dans la *datio dotis*, mais dans le fait
du divorce, du veuvage, dans le désir de pousser les
pères à doter leurs enfants. Cette doctrine, à laquelle
nous nous sommes permis d'ajouter quelques développements accessoires, est toute récente ; elle a été produite en France par M. Gide, le savant lauréat de l'Institut, et à l'étranger par M. Bechmann, professeur à
Erlengen, et M. Czyhlarz, professeur à Prague. Nous
croyons qu'elle est l'exacte traduction de la condition

juridique de la dot, avant la fin de la république romaine.

Nous pouvons actuellement déterminer en quelques mots les véritables caractères de l'action *rei uxoriæ*. Sa cause n'est pas dans un préjudice pécuniaire que la femme souffrirait, car, à défaut de restitution, l'avantage dont elle serait privée est complétement en dehors de son patrimoine. Le préjudice causé à la femme est moral et essentiellement personnel. Le principe générateur de l'action dotale se trouve, aux yeux des jurisconsultes romains, dans l'impossibilité pour la femme privée de dot de se remarier, et de chercher dans une nouvelle union les avantages de fait qu'elle a perdus. Si telle est bien la base de l'action, celle-ci prend naissance en dehors du patrimoine; elle n'en fait pas partie. Pécuniaire dans son objet, elle n'est point pécuniaire dans son principe ; *in bonis non computatur*. Plusieurs textes, postérieurs il est vrai par leur date, mais qui n'en sont que plus démonstratifs, établissent nettement ce caractère de l'action dotale. Comment s'expliquer autrement que cette action puisse appartenir à la *filiafamilias* qui n'a point de patrimoine, ou à la femme dont les biens ont été confisqués ? *Dos ipsius filiæfamilias proprium patrimonium est* (1). L'action dotale a si peu pour origine et pour cause la *datio dotis*, que son objet peut être augmenté et accru par des pactes intervenus pendant le mariage (2).

De ce caractère de l'action dotale vont découler les conséquences suivantes :

(1) L. 8 et 9 D., *De Capit. min.* (4, 5).
(2) L. 1, D., *De Pact. dot.* (23, 4).

Elle est essentiellement personnelle à la femme, elle est individuelle, c'est-à-dire attachée non pas à la personnalité juridique de l'ayant droit, mais à son individualité physique. Par suite, l'action ne sera pas perdue par la *capitis deminutio* (1), qui n'atteint que la personne civile et laisse survivre l'être physique. Tout au contraire, et à l'inverse de la plupart des autres actions, elle s'éteindra par la mort naturelle. L'être physique, la femme n'est plus ; l'action ne se transmettra pas aux héritiers. Comme l'action d'injures, elle est la réparation d'un préjudice exclusivement personnel. Il n'y a action que si la femme juge à propos d'agir. Seule, elle déterminera si la dot peut ou non lui être utile pour se remarier. Devenue veuve, seule, elle optera entre la restitution de sa dot ou la continuation de la vie commune auprès de ses enfants.

L'action *rei uxoriæ*, intransmissible, ne passe donc point en principe aux héritiers de la femme. Ceux-ci ne pourront la recueillir que du jour où la femme ayant manifesté sa volonté, en mettant son mari en demeure, l'action deviendra pécuniaire et figurera comme telle dans le patrimoine de l'épouse. En effet, le préjudice résultant de la demeure doit être réparé ; les parties doivent être remises dans le même état que si le paiement avait eu lieu au moment même de la *mora* ; or, s'il y avait eu paiement, les biens dotaux restitués seraient entrés dans le patrimoine de la femme, et auraient passé à ses héritiers.

Si la fille est sous la puissance paternelle, le carac-

---

(1) L. 8, D., *De Capite min.* (4, 5).

tère personnel de l'action dotale s'oppose à ce que le *paterfamilias* intente l'action sans l'assentiment et sans le concours de sa fille. Tant que le droit de la femme sur la dot n'a pas été transformé en une valeur pécuniaire, par le paiement, la novation, la délégation, la *litis contestatio*, ou tout autre mode équivalent, le droit appartient exclusivement à la fille. Si, antérieurement à l'un de ces actes, elle est libérée de la *patria potestas* l'action la suivra; le *paterfamilias* ne pourra pas réclamer la dot (1). Au contraire, un acte juridique est-il venu transformer le droit de la femme en un droit pécuniaire, celui-ci figure immédiatement dans le patrimoine du *paterfamilias* ; ce dernier peut seul l'exercer et l'action *rei uxoriæ* sera comprise dans la confiscation de ce patrimoine (2).

La L. 31, § 2, D., *Solut. matr.* (24, 3) paraît contredire notre assertion. Le père mourant après avoir intenté l'action *rei uxoriæ*, d'après le texte l'action *judicati* appartient non aux héritiers du père, mais à la fille elle-même. Dans l'espèce prévue par la loi, le père n'a pas agi; l'action a été intentée par un *procurator*. Or la *litis contestatio* engagée avec le *procurator* n'entraînait pas la *consumptio juris*. Par suite, la *litis contestatio* n'a pas nové et réalisé le droit de la femme sur la dot, et il lui appartient encore spécialement lors du décès de son père.

Ce point est hors de doute. Et quand les textes nous disent que la dot est commune au père et à la fille, *dos communis est patris et filiæ*, les jurisconsultes expri-

_____

(1) L. 42, *pr.*; L. 66, § 2, D., *Solut. matr.* (24, 3). — L. 8, L. 9, D., *De Capite min.* (4, 5).
(2) L. 10, § 1, D., *De bonis damn.* (48, 20).

ment l'idée que l'acte qui transformera en valeur pécuniaire le droit sur la dot, et en enrichira le patrimoine
du père, ne peut être réalisé que par le concours des
volontés du père et de la fille.

Le second caractère de l'action *rei uxoriæ* est qu'elle
a un objet indéterminé et dépendant dans une large
mesure de la libre appréciation du juge. Cet objet, en
effet, n'est pas précisément la dot; c'est une portion
de celle-ci, *quod æquius melius est apud virum non manere*. N'étant pas la sanction d'un droit pécuniaire,
l'action dotale rentre dans la catégorie des actions *in
bonum et æquum conceptæ*. Ces actions ne doivent pas
être confondues, comme le remarque fort bien de Savi-
gny (1), avec les actions de bonne foi. Si dans l'action
bonæ fidei, le juge a une certaine liberté d'appréciation,
il doit néanmoins se régler, pour l'estimation du litige,
sur les usages du commerce. Au contraire, dans l'action *in bonum et æquum concepta*, le juge se livre à cette
estimation au gré de son appréciation personnelle (2).
Et ce qui prouve bien que l'action *rei uxoriæ* ne doit
pas être rangée parmi les actions de bonne foi, malgré
l'imprudente affirmation de Justinien, c'est qu'elle ne
figure point dans l'énumération de ces actions, telle
qu'elle nous est donnée par Cicéron et Gaius (3). Or,
l'absence de l'action *rei uxoriæ* dans Cicéron est d'autant
plus remarquable, qu'il vient de parler de cette action

---

(1) *Syst.*, t. II, p. 92.

(2) L. 1, *pr.*, D., *De his qui effud. vel dej.* (9, 3). — L. 3, § 1, D.,
De Sepul. viol. (47. 12).

(3) Cic., *De Off.*. III, 17. — Gaius, IV. § 62.

dans le passage précédent de son traité *de officiis.*

Lorsque la restitution de la dot eut pris le caractère d'une institution d'ordre public, on ne tarda pas à voir apparaître les dangers du pouvoir sans limite donné au juge de l'action. Aussi une loi restée inconnue vint-elle opérer la détermination légale du *quid œquius melius,* marquer d'une façon précise la limite du droit de la femme, dont l'équité était tout à la fois le fondement et la mesure. A cette intervention du législateur se rattache la théorie des *retentiones.* Le mari retiendra une partie de la dot en vertu du principe qui lui conférait sur elle un droit perpétuel, principe dont l'action dotale ne doit écarter l'application que dans la mesure exigée par l'équité. Est-il juste que la femme reprenne sa dot tout entière, lorsque les enfants issus du mariage restent à la charge de l'époux ; est-il juste que la femme s'enrichisse des impenses à l'aide desquelles le mari a amélioré le fonds dotal ; est-il juste que la femme reprenne toute sa dot sans tenir compte au mari des pertes que sa légéreté lui a fait éprouver ? Non évidemment, et si plus tard ces *retentiones* elles-mêmes subissent l'action transformatrice du temps, leur origine n'en est pas moins dans le caractère arbitraire de l'action dotale combiné avec l'idée de la perpétuité de la dot.

Après l'introduction de l'action *rei uxoriæ,* la dot a revêtu un caractère nouveau. Le mari, seul propriétaire des biens apportés par la femme, peut les aliéner ou même les dissiper. Mais ses pouvoirs de maître ont subi une première restriction au profit de la femme. Si la dot a toujours pour objet de subvenir aux charges du mariage, elle en a un second, celui de faciliter à la femme répudiée une nouvelle union. La dot n'est plus un don gratuit au profit du mari ; c'est un apport fait pour le temps du mariage et qui devra être généralement restitué à sa dissolution. A l'époque où nous en sommes arrivé, le droit de la femme sur sa dot, qui ne prend naissance qu'à la dissolution du mariage, n'est ni un droit de propriété, ni un droit de réserve contre le mari ou ses héritiers. C'est un avantage moral, un secours personnel ; aussi, malgré l'introduction de l'action *rei uxoriæ*, les anciennes *cautiones* ne cessent pas d'être pratiquées, car la législation présente de graves lacunes. Si le mariage, d'indissoluble qu'il était, s'est transformé en une union temporaire, où le caprice et l'humeur changeante des époux n'auront plus de frein, il est difficile de s'accommoder d'une législation qui fait passer sur la tête du mari la fortune de la femme, en ne lui laissant pour équivalent qu'un avantage moral, qu'une action dont l'efficacité était variable d'après les idées que le juge de l'action se faisait sur les intérêts de la femme et du mari. Inconvénient grave, qui laissait la femme soumise à une dangereuse éventualité.

D'un autre côté, si l'union avait été stérile, la femme devait souhaiter que sa dot retournât à sa famille au lieu d'être acquise au mari où à ses parents. Enfin, si le mari a fait à la femme des libéralités testamentaires, celle-ci est tenue, par l'édit de *alterutro* de choisir entre la libéralité et l'action *rei uxoriæ*. Les rétentions que le mari a le droit d'opérer, peuvent aussi diminuer la dot assez sensiblement, pour que l'épouse divorcée ne trouve plus avec facilité un nouvel époux.

Tous ces inconvénients seront évités, si la femme stipule la restitution de sa dot à la dissolution du mariage. Au moment de la constitution, grâce à la stipulation, la femme ou le père va acquérir contre le mari une véritable créance analogue à celle du prêteur contre l'emprunteur. En effet, en stipulant la restitution de sa dot, la femme obtenait une restitution intégrale, non limitée au *quid æquius melius*, exempte de restriction et de retenue, en un mot une action pécuniaire figurant dans le patrimoine, et par suite transmissible à ses héritiers.

Cependant la garantie est encore insuffisante. Malgré l'action *ex stipulatu,* la dot n'en reste pas moins unie à la fortune du mari, maître de la dissiper. La nouvelle créance de la femme ne lui offre qu'une mince sécurité. Le mari est-il insolvable, elle viendra en concours par contribution, avec les créanciers de son conjoint; elle n'á donc qu'une faible espérance de recouvrer sa dot ; elle peut être réduite à la misère, ainsi que ses enfants. Bien plus, a-t-elle pour son époux l'affection sincère d'une femme aimante et dévouée, cette affection même est un nouveau danger pour elle. Confiante, elle se portera caution des opérations du mari dont son ignorance des affaires ne lui permet pas d'apprécier la portée; la dot sera ainsi engagée indirectement au profit des créanciers du mari. Généreuse, la femme pour témoigner son amour à celui auquel elle s'est unie, lui fera des libéralités ; et, quand viendra le divorce, alors que sa jeunesse s'est envolée et sa beauté évanouie, elle se trouvera en présence d'une dot amoindrie par ses donations. La coutume, il est vrai, vient de corriger ce dernier incon-

vénient; les donations entre époux sont interdites (1).
Mais les autres dangers persistent. Et cependant la
corruption croissante, la facilité des divorces, la transformation de la famille imposent la nécessité d'offrir
à la femme des garanties nouvelles et contre sa propre
faiblesse, et contre l'insolvabilité de son mari. Ces
changements vont être l'œuvre d'Auguste, quand la paix
matérielle aura succédé dans le monde romain aux
luttes intestines de Sylla et de Marius, de Pompée et
de César.

TROISIÈME ÉPOQUE.

Législation Impériale.

Sous le régime aristocratique qui fut la base de la
constitution républicaine, le principe de la conservation
des biens dans les familles, avait placé la femme dans
la dépendance de ses parents et de ses agnats. Sous le
régime à la fois démocratique et despotique des Césars,
d'autres principes durent prévaloir. Un jour vint, où
tous les liens domestiques qui enserraient autrefois la
femme, et la retenaient, frémissante peut-être, mais
néanmoins domptée, dans l'intérieur de la famille,
tutelle, *manus*, puissance maritale, tribunal de famille,
se trouvèrent en même temps ou relâchés ou rompus.

(1) Les donations entre époux étaient encore permises à l'époque
de la loi Cincia, vers 550; elles ne furent interdites que vers la fin
de la République.

Tous les pouvoirs subissent une décadence irrémédiable; les tuteurs légitimes sont d'abord remplacés par les tuteurs testamentaires, dont le choix pourra être laissé à la femme, tuteurs de pure forme qui, en réalité, ne serviront qu'à éluder les règles de la tutelle des agnats. Puis viendront les tuteurs datifs, puis enfin l'expédient par lequel la femme substituera des tuteurs de son choix à des agnats. A l'aide d'une *conventio in manum* le lien d'agnation sera rompu, et quand le coemptionateur aura renoncé à son pouvoir, la femme placée sous sa tutelle dérisoire, lui imposera ses caprices et ses volontés (1).

Auguste va affranchir de toute tutelle la femme mère de plusieurs enfants. Claude supprimera la tutelle légitime des agnats. Adrien accordera à la femme la faculté de tester, et Marc-Aurèle enfin, appellera les enfants à la succession de leur mère au détriment de ses agnats (2).

La femme acquiert une plus grande indépendance. Devenue riche malgré les lois Oppia et Vóconia, elle peut abuser de sa fortune, abandonner la réserve naturelle à son sexe, se ruiner par ses prodigalités, ou être ruinée par celles de son mari.

D'autre part, la corruption des mœurs et la fréquence des divorces rendent la conservation de la dot et plus difficile et plus nécessaire. La femme, obligée par la loi Papia Poppea de recourir au mariage, de convoler à

(1) Gaius, I, § 148: §§ 173 à 180, § 190; II, § 122. — Ulp. *Reg.*, XI, 20 à 23.

(2) Gaius, I, §§ 145, 157. 171, 194; III, 44.

de nouvelles unions, dans le délai de deux ans, à partir de la mort de l'époux, de 18 mois après le divorce, pour donner des enfants à l'Etat (1), ne pourra remplir cette obligation sociale, que si sa fortune personnelle et sa dot sont mises à l'abri de ses imprudences, et de la prodigalité du mari. Voyons comment la législation nouvelle essaya de garantir la femme contre ce double péril.

La création de l'action dotale a fait de l'épouse une véritable créancière à l'égard du mari ; mais son droit est fragile, il dépend de la solvabilité de son débiteur. La femme doit être protégée contre le double danger des aliénations consenties par le mari, et du concours des créanciers de ce dernier. Au premier danger, la loi Julia *de adulteriis* vient apporter un correctif. Proposée par Auguste, elle défend au mari d'aliéner les biens dotaux les plus précieux, ceux qui forment le véritable fondement de la fortune, les immeubles italiques. Mais cette inaliénabilité du fonds dotal n'est qu'un accessoire de l'action dotale elle-même, car la femme peut autoriser le mari à l'aliéner. La loi Julia en réprimant l'adultère, pousse le mari vers une union dont la femme ne peut plus se faire un jeu. Celle-ci ne sera pas détournée du mariage par la nécessité de confier une dot au mari, puisqu'elle a la certitude, que du moins les immeubles ainsi confiés ne pourront être transmis à des tiers qu'avec son consentement (2). En retirant au mari le droit de disposer des immeubles italiques

(1) Ulp., *Reg.*, XIV.

(2) Demangeat, *Du fonds dotal*, p. 61.

dotaux, sans le consentement de la femme, la loi Julia
enlève à cette dernière la crainte de voir sa créance
dotale paralysée par un droit réel, constitué par le
mari sur le fonds dotal, ou acquis par usucapion, grâce
à sa négligence.

Si l'on en devait croire Justinien, dans ses Institutes,
la loi Julia aurait aussi interdit au mari l'hypothèque
de l'immeuble italique dotal, même avec le consentement de la femme. Nous pensons au contraire que cette
prohibition adressée aux deux époux est le résultat de
la combinaison de la loi Julia et du sénatus-consulte
Velléien dont nous allons parler : de l'application de
la loi Julia, car il eût été illogique de permettre au
mari d'affecter hypothécairement le fonds dotal à son
créancier, avec le droit pour ce dernier de le vendre
à l'échéance, à défaut de paiement, alors que le mari
ne pouvait aliéner lui-même : du sénatus-consulte
Velléien, car, sans lui, la femme aurait pu valider par
son consentement la constitution d'hypothèque· ou de
gage, comme elle pouvait valider l'aliénation faite par
le mari.

En consentant à ce que le fonds dotal fût affecté
d'un gage ou d'une hypothèque, la femme faisait une
intercession prohibée par les édits d'Auguste et de
Claude, plus tard par le sénatus-consulte Velléien.

Voici les principales conséquences de cette inaliénabilité. Le mariage vient-il à se dissoudre, et le mari
s'est-il indûment dessaisi du fonds dotal, il devra céder
à la femme son action en revendication, car cette action
constitue une valeur dotale dont la femme peut exiger
la restitution avec les autres biens dotaux. Le mari se

refuse-t-il à cette cession d'action, le magistrat autorisera la femme à intenter une *rei vindicatio utilis*, comme si la cession avait été accomplie. La femme agit alors, non point en son nom personnel, elle n'est pas propriétaire, mais au nom de son mari, et le résultat final est atteint. Au fond des choses, elle a un droit de suite, qui lui permet d'aller atteindre l'immeuble indûment aliéné.

La réforme de la loi Julia est incomplète. Elle ne protége qu'une partie de la dot, les immeubles italiques. Elle abandonne tous les meubles dotaux, au *jus abutendi* du mari. Celui-ci les a-t-il aliénés, ils sont définitivement acquis par les tiers. Lacune grave, dont le danger est augmenté par l'insolvabilité possible du mari. En outre, si par la loi Julia, la femme est garantie contre les tiers acquéreurs de l'immeuble dotal aliéné sans son consentement, elle ne l'est point contre le concours des créanciers chirographaires du mari. En cas d'insolvabilité, l'immeuble dotal est aliéné avec la masse des autres biens de l'insolvable, et passe aux mains du *bonorum emptor* (1).

La femme créancière de sa dot, obligée d'attendre pour exercer ses droits la dissolution du mariage, verra cette dot entièrement employée à désintéresser les créanciers du mari. Elle-même n'aura conservé qu'une créance illusoire. Comment tolérer que les droits du mari produisissent de pareilles conséquences, alors que la dot elle-même s'élevait à la hauteur d'une institution d'ordre public, que sa conservation intéressait l'Etat, la société tout entière! Le remède radical eût été de

(1) Demangeat, *Loc. cit.*, p. 159.

proclamer le droit de propriété de la femme, et de restreindre celui du mari à un simple droit de jouissance
sur la dot mobilière ou immobilière. Mais tout inno-
vateur, désireux de faire accepter son œuvre, doit tenir
compte des usages passés, de la coutume, des mœurs,
s'il ne veut pas susciter de sourdes et tenaces résistances, qui rendent inutiles les meilleures lois. Cette
nécessité, Auguste dut la subir. En outre, le droit de
propriété du mari avait sa cause originaire dans l'obligation de pourvoir aux charges du ménage, obligation
qui subsistait toujours.

Le législateur eut recours à un double moyen pour
écarter les inconvénients signalés. En cas d'insolvabilité
constatée du mari, la femme peut désormais agir immédiatement pour obtenir la restitution de la dot. De
plus, pour garantir cette restitution, on lui accorde
une action privilégiée lui permettant dans la plupart
des cas, d'être payée sur les biens du mari par préférence aux créanciers chirographaires (1). Bien que la
date précise de l'époque à laquelle le privilége de la
femme fit son apparition, ne nous soit pas connue, il
est permis de présumer qu'il est contemporain de la
loi Julia. En effet, si celle-ci garantit la femme contre
les aliénations directes, le privilége ne lui est pas moins
utile pour empêcher le mari de dissiper indirectement
la dot, en contractant des dettes. Les deux institutions
se complètent l'une l'autre.

Ce privilége présentait un caractère particulier;
tout en atteignant la généralité des biens du mari, il

_____

(1) Demangeat, *Loc. cit.*, p. 86.

frappait plus spécialement les biens dotaux et les
choses acquises avec les deniers dotaux. Ainsi, quand
l'action s'exercera *de peculio* contre le père du mari (1),
la femme sera préférée au père, mais seulement sur
les choses dotales. Du reste, comme tous les priviléges,
celui-ci n'était que l'accessoire d'un simple droit de
créance.

La protection de la dot est-elle suffisante? Le législateur ne le croit pas ; la femme pourra encore aliéner
indirectement l'avantage que lui procurera la restitution de la dot. Il suffit pour cela qu'elle vienne garantir
les obligations contractées par son mari ; les créanciers
de ce dernier écartés par elle, grâce à son privilége,
l'actionneront directement et trouveront ainsi entre les
mains de la femme, les valeurs que celle-ci a reprises
par l'action dotale privilégiée. Il est à craindre que le
mari n'use de son influence, et n'entraîne la femme à
assumer la responsabilité de ses obligations. Le système
dotal n'est donc pas complet. Après avoir protégé la
dot contre les dissipations du mari, il faut la défendre
contre les entraînements de la femme. Auguste achève
ses réformes en rendant un édit qui défend à la femme
de cautionner son mari. Claude reproduit la prohibition.
Ces deux édits sont conçus dans un esprit de défiance
à l'égard du mari, de protection envers la femme. L'Etat
est intéressé à ce que la femme ne se ruine pas pour un
premier mari : en cas de divorce, elle doit pouvoir en
trouver un second ou un troisième. Plus tard, le sénatus-consulte Velléien vient augmenter les sûretés atta-

(1) L. 22, § 13, D., *Solut. matr.* (24, 3).

chées à la conservation de la dot, en défendant à la femme de s'engager pour la dette d'autrui. Ce n'est point encore assez. La loi Papia défendra à la femme de libérer son époux de l'obligation de la restitution, en recevant la dot pendant la durée du mariage (1). Tout pacte par lequel la femme consent à abandonner ou à restreindre ses droits dotaux est annulé par la jurisprudence comme contraire à l'ordre public.

Par ces diverses réformes, de profondes modifications sont apportées aux droits réciproques des époux. Restriction des pouvoirs du mari, inaliénabilité de l'immeuble dotal, privilége de l'action dotale, incapacité d'intercession, tout a été combiné pour sauvegarder l'intérêt social, pour rendre plus faciles les nouvelles unions et la reconstitution de l'antique race romaine. « *Interest republicæ dotes mulieribus conservari, cum* « *dotatas esse fœminas ad sobolem procreandam, replen-* « *damque liberis civitatem maxime sit necessarium* (2). »

Cependant le but n'est pas complétement atteint. Garantie contre bien des vicissitudes, la dot est encore exposée à de graves dangers. Dans la destruction du patrimoine du mari, elle peut périr : son intégrité n'est pas toujours certaine. En effet, que la femme consente à l'aliénation de l'immeuble dotal, et sa ruine est possible. Au point de vue spécial de cette étude, le danger est encore plus grave. Propriétaire des meubles dotaux, le mari peut seul valablement les aliéner ou les hypothéquer. Si la femme a une action pour en réclamer la

---

(1) Pellat, *Textes sur la dot*, p. 346.

(2) L. 1, D., *Solut. matr.* (24, 3).

valeur, son privilége ne passe, même sur les biens dotaux conservés, qu'après les hypothèques conférées aux créanciers du mari. Elle peut donc se trouver entièrement ruinée par les actes de son époux. Cinq siècles plus tard, Justinien essaiera de combler ces lacunes; nous verrons s'il a réussi dans sa tentative.

Malgré l'imperfection du système créé par Auguste, néanmoins le régime dotal est désormais fondé. Les traits principaux qui en déterminent le caractère et le tempérament, sont nettement accusés. Par ce lent travail de réformes que nous avons exposé, il a revêtu une physionomie originale, un type particulier qui le distingue du régime dotal de nos jours. Mais de cette institution à la fois domestique et sociale, nous n'avons jusqu'ici étudié en quelque sorte que les contours extérieurs. Nous devons maintenant pénétrer plus avant dans notre sujet, et examiner ce que fut la dot mobilière dans la période du droit romain qui prend le nom d'époque classique, et dans celle qui l'a suivie, à partir de Dioclétien jusqu'au moment où monta sur le trône de Constantinople, ce législateur infatigable et abondant qui a mérité la qualification d'*uxorius*.

CHAPITRE II.

De la Dot mobilière d'Auguste à Justinien.

La dot, d'après Ulpien, se constitue de trois manières différentes : *dos aut datur, aut dicitur, aut promittitur* (1).

(1) *Reg.* VI, § 1.

La *datio* s'opère par les modes habituels de translation de la propriété : la *mancipatio* pour les *res mancipi*, la *traditio* pour les *res nec mancipi*, *l'in jure cessio*
pour les deux classes de choses. S'il s'agit d'une créance,
le constituant la transfère au mari par la délégation.

La *dictio dotis* est un contrat verbal consistant dans
une promesse faite par certaines personnes au mari,
mais sans interrogation préalable de la part de celui-
ci. Le futur débiteur prononce des paroles solennelles
probablement suivies de l'adhésion du mari. Ce dernier
point est tout à fait conjectural, car nous n'avons
qu'une phrase d'une comédie de Térence qui nous
autorise à penser qu'il en était ainsi. Cependant il est
à présumer que le poète reproduit exactement la formule employée, lorsqu'il fait tenir à ses personnages
le langage suivant (2) :

CHREMES.

.... *Dos, Pamphyle, est
Decem talenta* ....

PAMPHYLUS.

Accipio......................

Quoi qu'il en soit, il est indubitable que la *dictio
dotis* ne pouvait être employée que par certaines personnes déterminées : 1° la femme elle-même ; 2° son
débiteur ; 3° l'ascendant sous la puissance duquel elle
est placée. Quelle est la raison de cette singularité?
Nous la chercherions en vain, car elle est entièrement
inconnue.

(2) *Andria*, acte V, scène 4.

La *promissio* a lieu lorsque le mari stipule d'une personne quelconque un certain avantage, de manière à devenir créancier du promettant. Ce n'est que l'application à la dot, de la forme générale de la stipulation.

L'énumération donnée par Ulpien est loin d'être complète, et le même jurisconsulte nous enseigne (1) que la dot se constitue souvent par acceptilation. Cela a lieu lorsque le futur mari étant débiteur de la femme ou d'un tiers, son créancier lui fait remise de la dette dont il est tenu, *dotis constituendæ causa.*

Plusieurs textes nous apprennent également que le père de la femme peut léguer *per damnationem* une somme à son gendre, au nom de sa fille, c'est-à-dire pour la dot de celle-ci (2).

La constitution de dot peut précéder ou suivre le mariage (3) : « *Dos*, nous dit Paul, *aut antecedit aut se-* « *quitur matrimonium, et ideo vel ante nuptias, vel post* « *nuptias dari potest ; sed ante nuptias data earum expec-* « *tat adventum.* » Il suit de là que la dot peut aussi être augmentée pendant la durée de l'union conjugale (4).

Après ces quelques notions générales qu'il était bon de rappeler, nous avons à nous demander quels sont les droits de chacun des époux sur la dot mobilière. Nous étudierons ces deux questions séparément, en commençant par celle relative au mari.

(1) L. 43, pr., D., *De jure dot.* (23, 3).
(2) L. 48, § 1, D., *De jure dot.* (23, 3). — L. 71, § 3, D., *De condit.* *et dem.* (35, 1).
(3) *Fr. vat.*, § 110. — Paul Sent, II, 21 B., § 1.
(4) Inst., § 3, *De donat.* (II, 7).

4

SECTION PREMIÈRE.

Des droits du mari.

La dot mobilière peut comprendre ou des choses fongibles, ou des corps certains estimés, ou des corps certains non estimés. Examinons successivement ces trois hypothèses.

A). — Choses fongibles.

Nous remarquerons tout d'abord qu'il importe de distinguer les choses fongibles de celles qui, d'après leur nature, sont destinées à être consommées par le premier usage. La chose est fongible lorsque les parties, dans l'acte juridique auquel cette chose se rattache, n'ont considéré que le genre dont elle fait partie. Par suite, toute chose appartenant à ce genre, à cette catégorie, pourra servir au débiteur à exécuter son obligation. Mais il faut reconnaître, et c'est ce qui explique la confusion si fréquemment faite entre les choses fongibles et les choses de consommation, que lorsque l'acte juridique a pour objet des choses de consommation, il est à présumer que les parties ne les ont point considérées en elles-mêmes, mais seulement quant à leur espèce ou à leur genre. Une intention contraire devrait être formellement manifestée, pour que ces choses de consommation dussent être envisagées comme des corps certains.

Ces remarques préliminaires faites, quel est le droi du mari sur les choses de genre constituées en dot? I en devient nécessairement propriétaire; il en est également débiteur. Ce qu'il devra restituer, ce ne sont pas les choses elle-mêmes *in ipso corpore*, mais des choses appartenant au même genre. Il peut donc, sur celles qui lui sont ainsi remises, exercer tout acte de disposition, user du *jus abutendi ;* il est donc propriétaire. Aussi Gaius nous dit-il (1) que le mari supportera seul la perte des choses fongibles à lui données à titre de dot ; cette perte, même fortuite, ne le libérera pas de l'obligation d'en restituer une égale quantité et qualité.

B). — Choses estimées.

Lorsque des choses mobilières ont été apportées en dot au mari avec estimation, à moins de convention formelle, l'estimation vaut vente (2). Cette règle n'est que le résultat de l'interprétation de la volonté des parties. En l'absence de toute déclaration contraire, l'estimation faite ne peut recevoir qu'une seule explication ; les parties ont voulu que la dot conservât la valeur actuellement reçue par le mari. Or le seul moyen d'atteindre ce but, consiste à transformer une dette de corps certain susceptible de s'éteindre par la perte fortuite, en une dette de genre impérissable. Par conséquent, pour éviter à la femme de courir les risques de la perte des esclaves ou des autres objets mobiliers, qui ne présentent pas les conditions de durée et de permanence offertes par les immeubles, on procède à l'estimation de ces objets, et c'est en réalité

---

(1) L. 42, D., *De jure dot.* (23, 3).

(2) L. 10, pr. et § 5, D., *De jure dot.* (23, 3). — L. 9, § 3, D., *Qui potiores.* (20, 4). — L. 3, D., *Loc. cond.* (19, 2).

cette valeur qui va constituer la dot. L'intérêt de la femme est évident; quels que soient les événements futurs, sa dot sera sauvegardée. Et en présence de la nécessité de cette conservation, l'interprétation ainsi donnée à la volonté des parties est la seule acceptable.

Le mari étant un véritable acheteur, les risques seront à sa charge, que la perte provienne des cas fortuits, ou du fait même de la femme. Comme le dit Ulpien (1), quoique la femme ait usé les vêtements reçus en dot par le mari avec estimation, celui-ci en devra néanmoins la valeur. Nous supposons, bien entendu, que la chose a péri pendant le mariage, car si la perte était antérieure à la célébration, on appliquerait la théorie des risques en matière de vente conditionnelle. En effet, l'estimation n'emporte vente qu'à la condition, *si matrimonium secutum fuerit* (2); tant que cette condition n'est pas réalisée, la perte totale sera pour la femme et la perte partielle pour le mari, qui devra le montant intégral de l'estimation.

Par application du principe *æstimatio venditio est,* si le mari, à raison du mode employé, ou du caractère de la chose livrée avec estimation, n'en est pas devenu immédiatement propriétaire, il pourra l'usucaper *pro emptore,* mais seulement à partir du mariage, car, comme nous le dit Paul : « *Si æstimata res ante nuptias tradita* « *sit, nec pro emptore, nec pro suo ante nuptias usuca-* « *pietur* (3). »

---

(1) L. 10, *pr.*, D., *De jure dot.* (23, 3). — L. 69, § 8, D., *eod. Tit.*

(2) L. 17, § 1, D., *De jure dot.* (23, 3).

(3) L. 2, D., *Pro dote.* (41, 9)

Pareillement, le mari évincé des choses dotales estimées, aura l'action *ex empto* ou l'action *ex stipulatu duplæ*, pour en demander la garantie (1). Mais, à la différence d'un acheteur ordinaire, il ne pourra pas garder définitivement tout ce qu'il a reçu au-delà de l'estimation, parce qu'il n'y a pas ici une simple vente, mais une vente pour cause de dot, qui ne doit pas lui permettre de gagner au détriment de sa femme. « *Sufficit* « *maritum indemnem præstari*, nous dit Ulpien, *non* « *etiam lucrum sentire* (2). » Il devra donc, lors de la dissolution du mariage, restituer comme dot tout ce qu'il a reçu à raison de cette éviction.

Si le mari supporte tous les risques, il est juste qu'il gagne toutes les augmentations produites par les choses dotales ou à leur occasion. Aussi voyons-nous que s'il est né des enfants à la femme esclave estimée, ils appartiendront définitivement au mari, qui sera libéré envers sa femme ou le créancier de la dot par le paiement du prix d'estimation. De même, si des legs ou des hérédités ont été laissés à l'esclave dotal estimé, le mari en profitera, sans être tenu plus tard d'en rendre compte à sa femme.

Mais la règle *æstimatio venditio est,* n'est admise par les jurisconsultes que comme interprétation de la volonté des parties. Si celles-ci ont exprimé une intention contraire, la situation du mari ne sera plus la même. Cette manifestation peut s'être produite soit au moment de la constitution de dot, soit dans un pacte posté-

(1) *Fr. Vat.*, § 105.
(2) L. 16, *in fine*, **D.**, *De jure dot.* (23, 3).

rieur. Voyons dans les deux cas les effets de cette convention formelle.

Premier cas. — S'il a été convenu, lors de la constitution de dot, que les choses estimées seraient, malgré cette estimation, rendues elles-mêmes en nature, il n'y a plus vente de la part du constituant au mari, et celui-ci doit restituer les choses *in specie.* Il ne pourrait même pas les conserver, en offrant à sa femme le prix d'estimation. De ce qu'il n'y a pas vente, il suit que le mari évincé ne pourra pas intenter contre le débiteur l'action *ex empto.* A-t-on employé la *dictio* ou la *promissio,* il aura une *condictio* contre le promettant qui n'a pas exécuté son obligation ; celui-ci, en effet, avait promis au mari le transfert de la propriété, et l'éviction a démontré qu'il n'avait pas tenu sa promesse. Au contraire, la chose a-t-elle été donnée en dot sans promesse préalable, le mari n'aura aucune action, pourvu que le constituant ait été de bonne foi ; mais si celui-ci a été de mauvaise foi, le mari pourra agir par l'action *de dolo.* Dans le cas où c'est la femme elle-même qui a constitué la dot, le mari n'aura qu'une simple action *in factum,* car entre époux il ne peut jamais y avoir lieu à une action infâmante (1).

A quoi servira cette estimation accompagnant la constitution de dot, et qui n'emporte pas vente? A fixer le montant de la valeur de la chose : *intertrimenti, taxationis causa facta est,* nous dit Vinnius (2). Et cette estimation ainsi entendue produit les effets suivants :

(1) C. 1, C., *De jure dot.* (5, 12).
(2) *Comm.* Liv. II, tit. 8, § 1.

1 ° Elle détermine la somme que le mari devra payer, si, par sa faute, la chose a péri en totalité ; elle sert également à fixer proportionnellement l'indemnité qu'il devra supporter, si la chose a subi une perte partielle ou une détérioration provenant de la faute du mari.

2° L'estimation *taxationis causa*, a pour second effet d'accroître la responsabilité du mari. Elle l'oblige à une garde plus attentive, et elle met ainsi à sa charge des événements, tels que le vol ordinaire, dont il n'eût point été tenu si la chose lui avait été donnée sans estimation. Les seuls événements dont le mari ne répondra pas sont ceux qui, comme le vol à main armée, arrivent par l'effet d'une force majeure irrésistible, et que la surveillance la plus diligente a été impuissante à prévenir. En faisant suivre d'une estimation la constitution de dot, le constituant a prévu l'hypothèse où la chose serait perdue par la négligence du mari, et il a par cela même manifesté l'intention de compter sur toute sa diligence. Le mari se trouve alors dans une situation analogue à celle que nous indique Ulpien, relativement à l'associé : « *Quod si à furibus subreptum sit* « *(pecus), proprium ejus detrimentum est, quia custodiam* « *prestare debuit, qui (socius) æstimatum accepit* (1). »

3° L'estimation qui n'emporte pas vente a donc pour résultat de laisser à la charge de la femme les risques extraordinaires courus par la chose. Par voie de conséquence, la femme profitera des accroissements autres que les fruits, qui sont venus s'ajouter à la chose dotale. Elle aura donc droit, non seulement à la res-

(1) L. 52, § 3, D., *Pro socio* (17, 2).

titution de l'esclave estimée, mais aussi au part de cette femme esclave.

Dans l'hypothèse qui nous occupe, la situation de la femme est assez comparable à celle qui lui est faite, lorsque le mari a reçu une chose non estimée. Il y a cependant une double différence. La chose a-t-elle été estimée *taxationis causa,* le mari, dans le cas de perte mise à sa charge, doit payer la somme déterminée à l'avance. Au contraire, n'y a-t-il pas eu d'estimation, le mari, en le supposant responsable de la perte, doit la valeur qu'avait la chose au moment même où elle a cessé d'exister. La deuxième différence consiste en ce que le mari, quant à la chose non estimée, est seulement tenu de la *culpa levis in concreto,* tandis qu'à l'égard de celle estimée *taxationis causa,* il répond de la *culpa levis in abstracto.*

Deuxième Cas. — Postérieurement à la constitution de dot accompagnée d'estimation, est intervenu un pacte d'après lequel les choses elles-mêmes doivent être restituées. A partir de cette convention, la position du mari est identique à celle que nous lui avons reconnue dans l'hypothèse précédente, et il sera tenu de rendre tous les accessoires de la chose dotale, pourvu que ces accessoires soient nés depuis le pacte. Quant aux accroissements survenus dans l'intervalle qui sépare la constitution de dot de la convention, le mari les conservera, parce qu'il a couru tous les risques de la chose pendant cette même période de temps. L'estimation ne sert alors qu'à fixer la valeur de la chose pour le cas où elle aurait péri par la faute du mari.

Mais, soit lors de la constitution de dot, soit postérieurement, les parties peuvent avoir fait une convention d'un autre genre. Il a été dit que le mari restituerait au momènt du divorce, ou plus généralement à la dissolution du mariage, *tantidem œstimata* (1). Quel est le sens de ces mots? Voici, d'après nous, l'interprétation la plus exacte de la volonté des parties. Le mari restituera les esclaves elles-mêmes, si elles existent ; et si el les ont péri, même en dehors de toute faute de sa part, il rendra *tantidem*, c'est-à-dire la valeur d'estimation. Dans cette hypothèse, le mari, n'étant pas simplement responsable de la *culpa levis in concreto* ou de la *culpa levis in abstracto*, mais devant aussi supporter les risques provenant des cas fortuits, conservera, comme nous le disent Labéon, Pomponius et Javolenus, le part des femmes esclaves, *quia mancipia periculo ejus fuerint.*

Dans la L. 50, D., *Solut. matr.* (24, 3), Scœvola prévoyant la même espèce, se pose la question de savoir quand est-ce qu'il sera vrai de dire que les choses dotales existent encore. L'intérêt de la question est le suivant : la chose dotale est-elle déclarée existante, le mari devra la valeur de cette chose au jour de la dissolution du mariage, s'il ne la restitue pas en nature; est-elle considérée comme n'existant plus, le mari se libérera en payant l'estimation fixée à l'avance. Appliquant ces principes à l'hypothèse où les choses dotales ont été aliénées par le mari, Scœvola décide qu'elles doivent être considérées comme existant encore en nature, à moins que la femme n'ait consenti à leur aliénation. « *Perinde reddendas atque si nulla œstimatio* « *intervenisset.* »

(1) L. 18, D., *De jure dot.* (23, 3). — L. 66, § 3, D., *Solut. matr.* (24, 3).

En résumé, dans ces diverses lois, sur lesquelles les commentateurs ont exercé leur sagacité, les jurisconsultes s'attachent à cette vérité de sens commun, que les chances de gain doivent accompagner les chances de perte. Le mari conserve les accroissements des choses dotales, toutes les fois que ces choses ont été mises à ses risques et périls.

On pourra aussi avoir convenu que le mari rendra l'estimation ou les choses elles-mêmes (1). On appliquera alors les principes des obligations alternatives, et le choix appartiendra au débiteur, à moins qu'il n'ait été formellement réservé à la femme. Si la chose périt accidentellement, le mari en devra toujours l'estimation ; mais si, au lieu de périr en entier, elle est seulement détériorée, le mari, quand le choix lui appartient, pourra se libérer en la rendant dans l'état où elle se trouve, pourvu, bien entendu, que la détérioration ne provienne pas de sa faute (2). Dans la même hypothèse, et en supposant le choix laissé à la femme, Paul (3) se demande si la femme qui a préféré la restitution des esclaves au montant de l'estimation, a également droit aux enfants nés de ces femmes esclaves. Et voici la réponse du jurisconsulte. Puisque les esclaves ont vécu aux risques du mari qui aurait dû l'estimation si elles étaient mortes, il est équitable qu'en compensation des risques il ait l'avantage de conserver le part. Dans le cas, au contraire, où le mari

(1) L. 10, § 6, D., *De jure dot.* (23, 3).
(2) L. 11, D., *De jure dot.* (23, 3).
(3) *Fr. Vat.*, § 114.

aurait été libéré par la perte des esclaves, ce qui a lieu quand elles n'ont pas été estimées, il devrait restituer le part à la femme,' les accessoires suivant toujours les risques.

Dans tous les textes que nous venons de citer, la convention intervenue, soit au moment de l'estimation, soit plus tard, résulte d'un simple pacte; mais elle peut aussi résulter d'une stipulation (1). Dans les deux cas la femme n'agira pas de la même façon. Y a-t-il eu stipulation, elle aura l'action *ex stipulatu* pour réclamer les choses *in specie*; y a-t-il eu simple pacte, elle sera réduite à l'action *rei uxoriæ*.

C). — Corps certains non estimés.

Lorsque la dot mobilière se compose de choses fongibles-ou de corps certains estimés, tous les commentateurs reconnaissent, sans hésitation, que le mari en est propriétaire. Mais l'accord cesse lorsque la dot comprend des corps certains non estimés. Le mari en acquiert-il la propriété? C'est là une des difficultés qui ont le plus divisé les interprètes du droit romain, depuis le moyen âge jusqu'à la fin du siècle dernier. De nombreux systèmes ont été proposés. Avant d'examiner en détail les deux principaux, donnons une indication générale des théories plus ou moins insoutenables qui ont été émises.

Nous n'avons pas la prétention de présenter une énumération complète, car on peut presque dire, sans exagérer, que chaque jurisconsulte a eu une opinion par-

---

(1) C. 1, C., *Solut. matr.* (5, 18).

ticulière sur la question qui nous occupe. Il suffit, pour
s'en convaincre, de lire le passage suivant, extrait de
Vinnius (1): « D'après Doneau, le mari n'est proprié-
« taire que des choses de genre ou des *species* estimées,
« la femme restant propriétaire des corps certains non
« estimés. D'après Vulteius, la femme est propriétaire
« de la dot, le mari propriétaire du droit constitué
« sur cette chose. Vaudus et Joan. del Castill. n'ac-
« cordent au mari qu'un droit d'usufruit sur les objets
« qui composent la dot. Robertus concède au mari le
« *dominium* et lui refuse la propriété. Quelques-uns
« prétendent que le mari est propriétaire bonitaire, la
« femme propriétaire quiritaire, *inter quos* Perennot.
« D'autres comme Hotman, admettent la réciproque. »
On voit, d'après ces quelques lignes, combien il serait
long et superflu de passer en revue toutes ces opinions,
d'autant que l'énumération est incomplète, et que, sans
parler d'Accurse, d'Antoine Favre et de Cujas, dont il
est bien difficile de saisir la pensée, depuis l'époque
où Vinnius écrivait son commentaire, de nouvelles interprétations aussi bizarres qu'obscures se sont produites,
surtout dans l'école allemande.

En conséquence, nous nous en tiendrons aux deux
opinions opposées accordant un droit de propriété plein
et entier, l'une au mari, l'autre à la femme. Nous
adopterons la première sans hésitation ; et après avoir
montré qu'elle est la seule conforme aux textes des
jurisconsultes, nous réfuterons rapidement les arguments présentés à l'appui du second système, dont

_____

(1) *Comm.* Liv. II, tit. 8, § 2. *Quamvis ipsius sit.....*

Doneau a été le plus remarquable et le plus énergique défenseur.

PREMIÈRE OPINION. — *Le mari est propriétaire.* — Même en l'absence de tout texte, nous devrions proclamer le droit de propriété du mari. Les principes généraux suffiraient à eux seuls pour justifier une pareille solution. En effet, la dot a-t-elle été constituée par *datio*, la *mancipatio*, *l'in jure cessio*, la tradition, ont rendu le mari soit propriétaire *ex jure quiritium*, soit au moins propriétaire bonitaire. A-t-on employé la *dictio* ou la *promissio*, dès que le paiement a été effectué, la chose qui appartenait au constituant se trouve transférée au mari, *solutionis causa.* Dans tous les cas donc le mari est devenu propriétaire. Mais de nombreux textes viennent encore à l'appui de cette opinion.

1° Les §§ 62 et 63, II, Gaius, sont formels. Il arrive quelquefois, dit le jurisconsulte, qu'un propriétaire n'a pas le pouvoir d'aliéner; ainsi, aux termes de la loi Julia, il n'est pas permis au mari de disposer du fonds dotal sans le consentement de sa femme, quoique ce fonds lui appartienne. Vainement on soutiendrait que Gaius avait sur ce point une opinion particulière, ou qu'il s'est servi de termes impropres, car la loi Julia elle-même suppose la propriété du mari. En effet, pourquoi lui aurait-elle défendu d'aliéner, si, d'après le droit commun, il n'en avait pas eu le pouvoir, en d'autres termes, s'il n'avait pas été propriétaire? Sans doute, ce texte n'est relatif qu'au fonds dotal, mais n'est-on pas autorisé à conclure que, *à fortiori*, le mari doit être propriétaire des meubles dotaux? Comment, en effet, le mari ne deviendrait-il pas propriétaire des meubles

dont le législateur n'a pas exigé la conservation, lorsque, malgré son désir de protéger l'immeuble dotal,
ce même législateur n'a pas osé lui en dénier la propriété, et s'est contenté de restreindre ses pouvoirs ?

2° Dans la L. 47, § 6, D., *De peculio* (15, 1), Paul
met sur la même ligne la vente, le legs et la *datio
dotis*. N'est-ce pas dire que la constitution de dot est
une *justa causa adquisitionis*?

3° La L. 3, § 1, D., *De Publiciana* (6, 2), cite au
nombre des justes causes de tradition nécessaires pour
accorder l'action publicienne, la constitution de dot. Or,
comment admettre et la publicienne et l'usucapion, si
le mari ne devenait pas propriétaire, alors que l'usucapion n'a d'autre résultat que de faire acquérir la
propriété quiritaire?

4° Dans la L. 24, D., *De act. rerum amot.* (25, 2),
Ulpien s'exprime ainsi : « *Ob res amotas, vel proprias
« viri, vel etiam dotales, tam vindicatio quam condic-
« tio viro adversus mulierem competit : et in potestate
« est, qua velit actione uti.* » Le jurisconsulte assimile
complétement le cas où la femme a détourné des choses
appartenant en propre au mari, et celui où elle a
détourné des choses dotales, et dans les deux hypothèses
il accorde la revendication au mari. Or, si les choses
dotales sont traitées comme celles qui sont propres au
mari, celui-ci en est donc propriétaire.

5° Dans la L. 7, § 3, D., *De jure dot.* (23, 3), Ulpien
ne met pas le moins du monde en doute que le mari
ne devienne propriétaire de la dot; il suppose la question tellement résolue, qu'il s'inquiète seulement du
point de savoir à quel moment se réalisera la trans-

lation de cette propriété. Et il déclare que le mari
deviendra propriétaire par l'usucapion si la femme étant
elle-même propriétaire, lui a fait tradition d'une *res
mancipi* ou bien si elle était *in causa usucapiendi*, auquel
cas le temps de possession de la femme comptera pour
calculer les délais de l'usucapion. Si au contraire, on
a employé le mode translatif nécessaire, le mari deviendra propriétaire par l'effet même de la *datio*. Puis, com-
parant l'hypothèse où la constitution de dot a eu lieu
pendant le mariage avec celle où elle lui est antérieure,
le jurisconsulte décide, dans le premier cas, que le
mari devient instantanément propriétaire. Quant à la
dot constituée avant le mariage, Ulpien renvoie aux
règles admises en matière de donations à cause de mort.
La femme a-t-elle subordonné le transfert de la propriété à la célébration du mariage, ce transfert ne s'opè-
rera que lorsque la condition suspensive se sera réalisée,
et, si le mariage n'a pas lieu, la femme a la *rei vindicatio* pour reprendre les choses dotales. Au contraire,
la femme a-t-elle voulu rendre son mari immédiatement
propriétaire, et le mariage n'a-t-il pas eu lieu, elle ne
pourra plus agir par une action réelle. Comme le
donateur, dans la même hypothèse, elle aura seulement
une *condictio causa non secuta*, action personnelle pour
obliger le mari à lui transférer de nouveau la propriété.
Mais elle ne peut ni revendiquer, ni intenter la *condictio*, tant qu'un acte de répudiation n'est pas venu
détruire les fiançailles et manifester l'intention de ne
pas procéder au mariage. Il est à remarquer que Ulpien
n'adopte pas ici la solution qu'il proposait timidement
en matière de donations à cause de mort. Il n'étend

pas à la femme la faveur qu'il accorde au donateur d'agir par la revendication à la place de la *condictio* (1).

6° Dans la L. 21, D., *De manumiss.* (40, 1), nous voyons que le mari peut seul affranchir les esclaves dotaux. Or une des conditions exigées par la loi Ælia Sentia pour que l'affranchissement soit valable, c'est le titre de propriétaire chez celui duquel il émane. Si donc le mari peut affranchir les esclaves dotaux, c'est qu'il en est propriétaire.

7° Dans la C. 7, C., *De servo pignori* (7, 8) l'empereur Gordien assimile les esclaves apportés en dot à ceux achetés par le mari avec les deniers dotaux. Or il est incontestable que ces derniers sont la propriété du mari.

Nous ne pouvons mentionner tous les textes qui reconnaissent le droit de propriété du mari ; il nous suffira de citer parmi les décisions les plus formelles et ne demandant aucune explication, la L. 9, § 1 D., *De jure dot.* (23, 3); la L. 58, D., *Solut. matr.* (24, 3); la L. 49, § 1 D., *De furtis* (47, 2) et la C. 9, C., *De rei vind.* (3, 32).

DEUXIÈME OPINION. — *La femme est propriétaire.* — Cette opinion, professée par Perezius (2), Fontanella (3), Noodt (4) et Doneau (5), a été développée par ce dernier avec un soin et une habileté remarquables. Nous ne saurions mieux faire que de reproduire les parties

(1) L. 29, D., *De mortis causa don.* (39, 6).
(2) Perezius, *Prælecti in Codice*, liv. V, tit. 12, n°° 1 et 2.
(3) Fontanella, *De pactis dotalibus*, tom. II, tit. 3.
(4) Noodt, *Comm. ad Pandect.* liv. XXIII, tit. 3.
(5) Doneau, *Comm. de jure civili*, liv. XIV, ch. 4, § 9.

les plus importantes de son argumentation. Doneau commence par établir une distiinction entre les choses de consommation, les corps certains estimés et les *species* non estimées. Dans les deux premiers cas il reconnaît au mari un véritable droit de propriété ; mais dans la troisième hypothèse il ne lui accorde que le droit de revendication et l'usufruit.

Les attributs de la propriété, dit-il, sont au nombre de quatre : la perpétuité du droit, le pouvoir d'aliéner, le droit à tout ce qui naît de la chose et à tous les accessoires, la faculté d'avoir cette chose à soi et pour soi (*sibi habere, non alii*). Or le mari n'a pas un droit perpétuel, puisque, aussitôt après la dissolution du mariage, la chose cesse de lui appartenir comme si elle n'avait jamais été à lui, et comme si elle était toujours restée dans la propriété de la femme. En second lieu, le mari ne peut pas aliéner, et s'il lui est permis d'affranchir les esclaves dotaux, c'est seulement lorsqu'il est solvable, et *favore libertatis*. A la différence du propriétaire qui a droit à tous les produits de la chose, qu'ils aient ou non le caractère de fruits, le mari ne peut garder que les fruits, et s'il trouve un trésor dans le fonds dotal, il n'en aura que la moitié, absolument comme si le fonds avait appartenu à un étranger. Enfin, le propriétaire agit comme bon lui semble : si la chose se détériore, il n'en doit compte à personne ; le mari au contraire, est traité comme un administrateur de la chose d'autrui, et, devant rendre compte à la dissolution du mariage, il est tenu de son dol et de la faute qu'il ne commet pas dans ses propres affaires. « Ne disons pas que le mari est pro-

« priétaire, puisqu'il lui manque tous les attributs de la
« propriété. Qui donc est propriétaire de la dot pendant
« le mariage? La femme seule. » Et à l'appui de son
opinion, Doneau invoque la L. 75, D., *De jure dot.*
(23, 3); la L. 63, D., *De re judicata* (42, 1); la L. 7,
D., *De pact. dot.* (23, 4); la L. 3, § 5. D., *De minoribus*
(4, 4), et enfin la C. 30, C., *De jure dot.* (5, 12).

On pourrait croire, ajoute Doneau, que la propriété
de la femme n'est pas complète, et qu'il lui manque
un des éléments les plus importants, la revendication.
Mais ce serait une erreur. Car, en réalité, la femme
a la revendication, seulement elle l'exerce par l'intermédiaire de son mari ; celui-ci revendique pour sa
femme et non pour lui. Pourquoi avoir accordé au
mari l'exercice de cette action? C'est à raison de la
destination de la dot. Le mari doit percevoir les fruits
qui vont l'aider à supporter les charges du ménage,
mais il ne le peut que s'il a la chose en sa possession,
et, par suite, il faut qu'il puisse la revendiquer entre
les mains du tiers qui la possède. Cette revendication
n'est donc pas celle qu'aurait un véritable propriétaire,
mais plutôt celle qui confirme son droit de jouissance.

Une fois son système établi, Doneau examine quelques-unes des objections qui peuvent lui être faites,
mais il ne s'y appesantit pas; et, après avoir expliqué
d'une façon plus ou moins ingénieuse les premiers mots
de la L. 75, D., *De jure dot.* (23, 3), qui suffiraient à
eux seuls pour détruire son raisonnement, il s'exprime
ainsi : « A tous les textes qu'on peut m'opposer, voici
« mon unique réponse. Le mari est propriétaire de la
« dot, *non simpliciter, sed modo quodam et ex parte, nempe*

« *vindicatione tenus et fruendi potestate, in servis autem*
« *manumittendi et jubendi jure.* » Il continue ensuite
d'expliquer le droit laissé au mari d'affranchir les esclaves, en disant qu'il gère l'affaire de sa femme. Sa
conclusion définitive est la suivante : « Le *dominium*
« n'est pas *penes maritum*, mais *apud maritum*, c'est-à-
« dire que la propriété est plutôt déposée entre les
« mains du mari qu'elle ne lui est transférée. »

Reprenons un à un les arguments de Doneau, et
voyons s'ils peuvent résister à un examen sérieux et
impartial. Le mari, nous dit-il tout d'abord, ne peut
pas aliéner, donc il n'est pas propriétaire. S'il est
certain que la qualité de propriétaire est indispensable
chez l'aliénateur, il ne s'ensuit pas que quiconque ne
peut aliéner ne soit pas propriétaire. Doneau, dans son
raisonnement, a le tort de considérer ces deux idées
comme corrélatives l'une de l'autre. Il méconnaît qu'il
est des propriétaires qui ne peuvent point aliéner, et
notamment le pupille. En outre, la théorie de Doneau
serait tout au plus applicable à l'immeuble dotal, mais
elle n'a aucune portée en ce qui concerne la dot mobilière, la prohibition de la loi Julia n'ayant jamais été
étendue à celle-ci.

Le mari, continue le jurisconsulte, n'a droit qu'aux
fruits, donc il n'est pas propriétaire ; il est seulement
usufruitier. Nous répondrons qu'il est impossible d'assimiler le mari à un usufruitier. Celui-ci, en effet, n'a
aucun droit sur les produits dépourvus du caractère
de fruits ; ils ne lui ont jamais appartenu un seul instant. Le mari au contraire, en est propriétaire jusqu'à
la dissolution du mariage, ou, pour être plus exact,

jusqu'au moment où on intente contre lui l'action *rei uxoriæ*. Et maintenant, pourquoi ne les garde-t-il pas définitivement? Parce qu'ils ne sont pas destinés à être employés aux charges du ménage, qu'ils sont considérés comme un capital qu'un bon administrateur doit conserver *salvum et integrum*.

Mais, ajoute-t-on, le mari doit restituer la dot : donc il n'est pas propriétaire. Cet argument n'a aucune valeur. En effet, de ce qu'une personne est obligée, à un moment donné, de livrer une chose, il ne s'ensuit pas qu'elle n'en soit point propriétaire. Sinon, il faudrait dire que celui qui est tenu de la *condictio indebiti* n'est pas devenu propriétaire de l'objet qu'il doit restituer, que le mandataire obligé de remettre au mandant la chose reçue pour le compte de ce dernier, n'en est pas devenu propriétaire. Enfin, pour être logique, on devrait aller jusqu'à soutenir que le débiteur d'un corps certain et déterminé cesse d'en être propriétaire dès l'instant de la promesse. Rien ne s'oppose, et Doneau n'aurait pas dû l'oublier, à ce qu'une personne soit tout à la fois propriétaire d'une chose, et obligée de la rendre à un tiers à une époque déterminée. Malgré cette obligation, le droit de propriété n'en est pas moins perpétuel, car il ne s'éteint pas par la seule arrivée du terme, et il faudra l'emploi d'un *modus adquirendi*, pour que ce droit de propriété cesse de résider sur la tête du titulaire actuel.

Relevons enfin une dernière erreur de Doneau, celle d'après laquelle le mari exerce la revendication comme mandataire et dans l'intérêt de sa femme. S'il en était ainsi, comment expliquer que le mari ait le droit d'intenter cette action en revendication même après la dissolution du mariage, c'est-à-dire à une époque où ce prétendu mandat aurait cessé d'exister. Le mari ne pourrait agir que lorsque la femme y serait intéressée, de telle sorte que celle-ci détournerait impunément les choses dotales, sans avoir à craindre la revendication du mari. Cela n'est pas possible. Au reste, comme nous le verrons, le mari peut faire novation, acceptilation des créances dotales ; or, jamais un pareil pouvoir n'a appartenu à un mandataire, quelque étendu d'ailleurs que fût son mandat.

Examinons maintenant les textes qui servent de base à cette opinion.

1° Dans la L. 75, D., *De jure dot.* (23, 3), Tryphoninus s'exprime ainsi : « *Quamvis in bonis mariti dos* « *sit, mulieris tamen est;* » d'où on conclut que la femme est bien réellement propriétaire de la dot. D'ailleurs, ajoute-t-on, si elle n'était pas propriétaire, aurait-elle, en cas d'éviction, l'action *ex stipulatu duplæ* que lui accorde le jurisconsulte ? Cette dernière proposition ne nous paraît pas fondée. En effet, le texte suppose qu'une femme a acheté un fonds, et s'est fait promettre par le vendeur, pour le cas d'éviction, une somme double du prix. Elle a donné ce fonds à son mari, et de deux choses l'une : ou l'immeuble a été estimé, ou il ne l'a pas été. Dans le premier cas, le mari évincé aurait l'action *ex empto* contre sa femme, donc celle-ci a intérêt à agir elle-même à raison de cette éviction. Si au contraire, il n'y a pas eu d'estimation, il est bien vrai que le mari évincé n'a aucune action contre sa femme, d'où il semble qu'elle ne pourra agir

qu'au moment où elle souffrira de cette éviction, c'est-
à-dire lors de la restitution. Mais, même pendant le
mariage, elle a un intérêt puissant à ce que le fonds
reste entre les mains du mari, puisque les fruits seront
appliqués aux besoins communs, et destinés à faire face,
autant à ses dépenses personnelles qu'à celles de son
époux. Si donc celui-ci n'était pas indemnisé par le
vendeur des conséquences de l'eviction, les ressources
du ménage seraient diminuées ; la femme est par conséquent intéressée à intenter l'action dès à présent.

Mais de ce que la femme a l'action *ex stipulatu*, à
l'occasion d'une chose par elle apportée en dot, il ne
s'ensuit pas qu'elle soit propriétaire de la dot; l'action lui appartient en vertu du contrat de vente, et de
la stipulation qui l'a accompagné. C'est pour justifier
l'intérêt actuel qu'elle a d'agir, que Tryphoninus se
sert de l'expression *tamen mulieris est*. Mais il n'a jamais
eu l'intention de reconnaître à la femme un véritable
droit de propriété, et il le prouve suffisamment, en
disant, quelques lignes plus bas : « *quamvis apud maritum
dominium sit.* » Ce texte ne parle que du fonds dotal,
cependant il est général, et le principe qui y est consacré s'applique tout aussi bien à la dot mobilière qu'à
la dot immobilière. Si le jurisconsulte a choisi comme
exemple un *fundus in dotem datus*, c'est que presque
toujours la *stipulatio duplæ* intervenait en matière immobilière. Mais nous savons qu'on était dans l'usage
d'insérer une pareille stipulation toutes les fois que la
chose avait une certaine importance, sans distinction
entre les meubles et les immeubles, et notamment
quand il s'agissait d'esclaves.

2° On invoque également la L. 63, D., *De re judicata* (42, 1), d'où on fait résulter que la femme dotale peut intenter l'action en revendication, et, par conséquent, qu'elle est propriétaire. Mais telle n'est point l'hypothèse prévue dans ce texte. Il n'est nullement question d'une demande en revendication formée par la femme. Mentionnant les exceptions au principe que la chose jugée n'a d'autorité qu'entre les parties, voici comment s'exprime Macer : « *Scientibus sententia, quæ inter* « *alios data est, obest, cum quis de ea re, cujus actio vel* « *defensio primum sibi competit, sequenti agere patiatur :* « *veluti si creditor experiri passus sit debitorem de pro-* « *prietate pignoris ; aut maritus socerum vel uxorem de pro-* « *prietate rei in dote acceptæ ; aut possessor venditorem de* « *proprietate rei emptæ.* » A-t-il voulu dire que la femme ou le beau-père intentait l'action en revendication, ou bien qu'ils y défendaient ? On pourrait, il est vrai, soutenir avec Cujas, qu'il ne fait pas de distinction entre le cas où la femme est demanderesse et celui où elle est défenderesse, puisque dans la règle générale qu'il vient de formuler et dont ces quelques exemples ne sont que l'application, il se sert des mots *actio* et *defensio*. Mais c'est dénaturer complétement la pensée de Macer. Il prévoit uniquement l'hypothèse où un tiers agit contre la femme ou le beau-père pour revendiquer des choses qu'il ne savait probablement pas être dotales, sans quoi il eût dirigé la poursuite contre le mari ; et le jurisconsulte ajoute que si le mari connaît la revendication, et s'il n'intervient pas lui-même pour y défendre, c'est qu'il accepte d'ores et déjà le jugement qui terminera le procès.

Ce qui prouve bien que Macer n'avait pas d'autre hypothèse en vue, c'est que, si on n'adopte pas cette interprétation, l'exemple suivant devient inexplicable. Il s'agit d'un possesseur qui laisse plaider son vendeur sur la propriété de la chose vendue. Peut-il être question ici d'une action en revendication qui pourrait être intentée par le possesseur, et que celui-ci permettrait au vendeur d'exercer à sa place? Mais le rôle d'un possesseur n'est pas de revendiquer; il peut seulement défendre à la revendication dirigée contre lui. Donc il est bien certain que si le jurisconsulte avait voulu parler d'un vendeur exerçant une action en revendication, il ne se serait pas servi des mots : « *Si possessor* « *experiri passus sit.* » Cette expression suppose que le pouvoir d'agir de la part du vendeur est subordonné à la volonté du possesseur. Il ne s'agit donc que de l'exercice d'un droit appartenant au possesseur, et ce n'est pas assurément une demande en revendication à laquelle ce possesseur est complètement étranger. Comme le dit M. Demangeat : « Dans un cas, une per- « sonne qui a vendu et livré une chose est actionnée « en revendication par un tiers, et, de même, dans « l'autre cas, la revendication est exercée contre une « femme, au sujet d'une chose qu'elle a donnée en dot « à son mari. Cette loi 63 ne prouve donc en aucune « façon que la femme reste propriétaire des choses « qu'elle apporte en dot, car elle ne dit point que la « femme puisse encore revendiquer ces objets (1). »

D'ailleurs, la C., 9, C., *De rei vindic.* (5, 32), établit

(1) *De fundo dotali*, p. 12,

d'une manière évidente que la femme dotale ne peut jamais introduire une demande en revendication. Les empereurs Carus, Carinus et Numerianus, répondant à un mari qui les avait consultés, lui disent : « Prou-« vez, par devant le président, que l'esclave au sujet « de laquelle vous réclamez près de nous, était dotale ; « cette preuve une fois faite, il ne sera pas douteux « que l'esclave en question n'a pas pu être revendiquée « par votre femme. » Quelle était l'hypothèse qui avait donné lieu à ce rescrit? Nous n'avons pas de données suffisantes pour la reproduire d'une manière précise ; mais il y a un point certain, c'est que, la dotalité d'une chose une fois établie, cette chose ne peut pas être revendiquée par la femme ; en d'autres termes, la femme n'en est pas propriétaire. Cujas a essayé de chercher une explication de nature à prouver que ce texte est étranger à la matière qui nous occupe. D'après lui, la C. 9 signifie simplement que la femme ne pourra pas revendiquer contre son mari pendant le mariage, car celui-ci lui opposerait l'exception *rei in dotem datœ;* mais après le mariage il en serait autrement, le mari n'ayant plus à sa disposition ce moyen de défense. Cette interprétation pourrait être fondée, si les empereurs desquels émane ce rescrit avaient été postérieurs à Justinien qui, le premier, a accordé à la femme le droit de revendiquer les choses dotales, après la dissolution du mariage. Mais la constitution 9 a été promulguée en 283, c'est-à-dire deux siècles et demi avant l'époque où Justinien rendait la C. 30, C., *De jure dot.* (5, 12), de laquelle il résulte sans aucun doute que, antérieurement à cet empereur, la femme n'avait jamais eu l'action en revendication.

3° La L. 7, D., *De pactis dot.* (23, 4), fournit un autre argument à nos adversaires. On y lit : « *Si vero post* « *datam (dotem) pacisci vellet, utriusque persona in pa-* « *ciscendo necessaria est, quoniam jam tum acquisita mu-* « *lieri dos esset.* » Mais cela signifie-t-il que la femme est propriétaire? Pomponius établit une distinction suivant que le pacte intervient au moment de la constitution de dot, ou ultérieuremeut. Dans la première hypothèse, le constituant peut seul insérer les clauses que bon lui semblera; mais, la dot une fois constituée, le père et la femme doivent être présents, parce que dès lors la dot est acquise à la femme, en ce sens qu'elle aura un jour le droit d'en exiger la restitutiou, et que le pacte que ferait le père pourrait, s'il était désavantageux, diminuer ce droit éventuel. Il ne s'agit pas d'une question de propriété, mais de l'application du principe *res inter alios acta, nemini neque prodest neque nocet.*

4° On invoque aussi la L. 81, § 1, D., *Ad leg. Falc.* (35, 2), qui prévoit l'espèce suivante. Un mari, dans son testament, lègue à sa femme la dot qu'il a reçue, soit d'elle-même, soit d'un tiers, mais *nomine ejus*, et Gaius nous dit : « *Dos relegata, extra rationem legis Fal-* « *cidiœ est, scilicet quia suam rem mulier recipere videtur.* » On voit de suite l'argument qu'en tirent nos adversaires. Il est aisé de montrer que non seulement ce texte ne prouve rien contre nous, mais encore qu'il contient la réfutation la plus absolue de l'opinion que nous combattons. En effet, le jurisconsulte suppose certainement que le legs est valable; or, c'est un principe élémentaire que le legs de la chose qui est la propriété du légataire est de nul effet (1). Cette loi ne peut donc s'expliquer qu'en refusant à la femme tout droit de propriété sur la dot. Gaius fait seulement allusion à la créance dont la femme est investie, à l'action personnelle qui lui servira à recouvrer les choses dotales.

5° On cite encore d'autre textes où il est dit que la dot appartient à la femme (2). Dans toutes ces lois, les jurisconsultes ont en vue l'avantage très-réel que la dot procure à la femme pendant le mariage, ou bien le droit qu'elle aura, lors de la dissolution de l'union conjugale, de réclamer la dot apportée au mari. Comme le dit Pothier : « C'est par rapport à cette restitution « et en considération de cette restitution qui devait lui « être faite au jour de sa dot, que la dot est appelée « quelquefois dans les textes de droit, le bien et le « patrimoine de la femme (3). »

En résumé donc, si dans quelques fragments du Digeste, certains jurisconsultes ont employé des expressions trop générales pour justifier leurs décisions, il ressort néanmoins de l'étude à laquelle nous venons de nous livrer, qu'à l'époque classique, nul d'entre eux n'a admis le droit de propriété de la femme.

Le mari, propriétaire de la dot mobilière, en a la jouissance. Il percevra tous les fruits parce qu'ils ont précisément pour but de l'aider à supporter les charges du ménage. Leur donner une autre destination, serait contraire à la pensée du législateur. La rigueur de ce

---

(1) Inst. § 10, *De legatis.* (II, 20).

(2) L. 3, § 5, D., *De minor. vigenti quin.* (4, 4). — L. 43, § 1, D., *De adm. et peric. tut.* (26, 7). — L. 16, D., *De religiosis* (11, 7), etc.

(3) *Traité de la puissance du mari*, n° 80.

principe est telle, qu'Ulpien rapportant l'opinion de
Marcellus (1), déclare nul le pacte en vertu duquel le
mari, tout en supportant les dépenses communes, s'obli-
gerait à capitaliser les revenus pour les restituer avec
le montant de la dot, lors de la dissolution du mariage.
Par la même raison, ajoute le jurisconsulte, un pareil
pacte serait valable, si la femme se chargeait de pourvoir elle-même à ses propres dépenses, entre autres à
la nourriture et à l'entretien d'elle et des siens. Si le
mari n'a pas complètement employé les revenus, l'excédant lui appartiendra en pleine propriété, sans qu'il
soit plus tard obligé d'en rendre compte, sauf convention contraire (2).

Dans la L. 7, § 1, D., *De jure dot.* (23, 5), Ulpien
développant cette idée, distingue suivant que les fruits
ont été perçus avant ou pendant le mariage. Dans le
premier cas, le mari ne supportant pas encore de
charges, les fruits seront réunis à la dot qu'il devra
restituer un jour, à moins, bien entendu, qu'il ne résulte
de la volonté des parties que le mari les a perçus
comme donataire.

Quelles choses seront considérées comme fruits?
Nous renvoyons aux règles de l'usufruit, nous contentant de rappeler la différence qui existe entre le croît
des animaux et le part des esclaves (3).

Le mari est tenu d'administrer la dot, en même
temps qu'il en jouit. Il doit demander le rembourse-

---

(1) L. 4, D., *De pactis dot.* (23, 4).
(2) L. 60, § 3, D., *Mandati* (17, 1).
(3) L. 10, §§ 2 et 3, D., *De jure dot.* (23, 3).

ment des créances dotales exigibles, et réclamer les intérêts. Il est chargé de faire les dépenses nécessaires, ainsi que celles qui sont utiles, de combler avec le croît les vides qui se forment dans les troupeaux constitués en dot ; en un mot, il doit accomplir tous les actes que comporte une bonne administration.

Le mari est propriétaire de la dot, avons-nous dit ; néanmoins, quand il s'agit d'immeubles dotaux, la loi Julia avait apporté certaines limitations à son droit de propriété. Des textes nombreux et concluants prouvent que la propriété du mari n'est nullement restreinte, quant aux meubles dotaux, et qu'il a la faculté pleine et entière de les aliéner comme il l'entendra. Tous ces textes sont relatifs aux esclaves dotaux, mais il ne faut pas croire qu'on appliquait des règles différentes aux autres meubles. Deux motifs poussaient les jurisconsultes romains à s'occuper spécialement des esclaves. Ceux-ci étaient un des principaux éléments de la fortune mobilière. En outre, à leur égard, existait un mode particulier d'aliénation, l'affranchissement, générateur de conséquences importantes au point de vue des droits de patronage et de l'hérédité. Il était donc naturel que l'attention des jurisconsultes se portât sur les esclaves plutôt que sur les autres meubles.

L'affranchissement étant un acte plus grave que l'aliénation, et étant subordonné à des règles plus rigoureuses, tout ce qui va suivre s'appliquera *à fortiori* à l'aliénation.

Les décisions qui permettent au mari d'affranchir l'esclave dotal ne nous font pas défaut, et il nous suffira de citer la L. 21, D., *De manumis.* (40, 1).

Papinien met une condition à la validité de l'affranchissement, la solvabilité du mari. C'est une simple application de la loi Ælia Sentia, d'après laquelle un maître ne peut pas affranchir son esclave en fraude des droits de ses créanciers. Mais le jurisconsulte va plus loin, et il examine ce qui arrivera dans le cas où le mari n'aurait pas d'autres créanciers que la femme. Devra-t-on décider que l'esclave est *statuliber*, comme dans l'hypothèse où le maître fait un affranchissement en fraude de son créancier conditionnel, de telle sorte qu'il faudra attendre la dissolution du mariage pour connaître l'effet produit par cet affranchissement (1)? Papinien se prononce pour la négative. Immédiatement *libertas servi impedietur*, parce que, comme l'atteste Ulpien (2), le droit de redemander la dot compète à la femme du moment que les facultés du mari ne suffisent plus pour le paiement de cette dot. Il est à remarquer que la nullité de l'affranchissement provient uniquement de ce que le mari est déjà ou va être hors d'état de rendre la dot, et nullement de ce que l'esclave est dotal. La même solution serait admise pour l'esclave propre au mari, aux termes de la C. 7, C., *De servo pign.* (7, 8). Dans ce texte, les esclaves dotaux sont complétement assimilés à ceux achetés avec les deniers dotaux. Or ces derniers sont évidemment la propriété du mari, puisque la dot consiste ici dans le droit appartenant à la femme de se faire rendre une pareille somme d'argent.

(1) L. 16, § 4, D., *Qui et a quibus manum.* (40, 9).
(2) L. 24, D., *Solut. matrim.*, (24, 3).

Même après la dissolution du mariage, et jusqu'au moment où l'action *rei uxoriæ* sera intentée, le mari peut donner aux esclaves dotaux la liberté directe ou fideicommissaire, et ce bénéfice une fois acquis, n'est pas susceptible de révocation (1).

Au surplus, nous ne parlons pas d'un esclave dotal qui serait engagé ou hypothéqué à la femme, car le maître ne peut pas affranchir un esclave ainsi grevé au profit d'un créancier. Or, la circonstance que ce créancier est la femme elle-même, n'est pas de nature à autoriser une dérogation à la règle générale. Telle est la décision des empereurs Sévère et Antonin (2).

Jusqu'ici nous ne nous sommes occupé que de la dot comprenant des meubles corporels ; *quid juris?* lorsqu'elle se compose de créances sur des tiers. Les textes nous disent que le mari en a la pleine et entière disposition. La L. 35, D., *De jure dot* (23, 3), l'autorise à faire novation. La L. 49, D., *eod. tit.*, déclare valable l'extinction de cette créance par acceptilation. La L. 66 D., *Solut. matr.* (24, 3), consacre la même solution. Il faut décider également que si le mari recevait le paiement de la créance, il pourrait en faire donation à un tiers autre que l'ancien débiteur. Sans doute, les textes que nous venons de citer ne distinguent pas suivant que l'objet de la créance est mobilier ou immobilier ; mais, si on peut soutenir que la loi Julia défend d'aliéner les créances immobilières sans le consentement de la femme, comme cette même loi ne s'applique pas aux

(1) C. 3, C., *De jure dot.* (5, 12).
(2) C. 1, C., *De servo pign.* (7, 8).

meubles dotaux , il est incontestable que ces divers textes concernent tout au moins les créances mobilières, et que, par rapport à celles-ci, le droit de disposition du mari est à l'abri de toute controverse.

Si la créance dotale était garantie par une hypothèque , le mari, qui peut seul disposer de la créance, pourrait aussi disposer de l'hypothèque qui n'en est que l'accessoire. De même, et à plus forte raison, si le constituant ne se libérait pas à l'échéance, le mari pourrait faire vendre l'immeuble hypothéqué afin de se payer sur le prix. Le consentement de la femme ne serait pas nécessaire, car il ne s'agit pas de l'aliénation d'un fonds dotal, mais de la vente d'un bien du débiteur, c'est-à-dire d'un bien appartenant à autrui.

D). — Responsabilité du mari.

Le mari, propriétaire de la dot, en est également débiteur, car il est éventuellement tenu de la restituer; en conséquence, il sera responsable des fautes qu'il aura commises pendant la durée du mariage. Il est bien entendu que nous raisonnons dans l'hypothèse où il est obligé de rendre la chose en nature, au moment de la dissolution. Mais, comment apprécier sa responsabilité? Il sera évidemment tenu de son dol et de sa faute lourde; il devra aussi une diligence égale à celle qu'il apporte à ses propres choses, *quia causa sua dotem accipit* (1); et Ulpien nous apprend que toute conven-

---

(1) L. 17, D., *De jure dot*. (23, 3).

tion ayant pour but d'affranchir le mari de cette responsabilité, serait non avenue (1).

La L. 23, D., *De reg, juris* (50, 17) paraît mettre
sur la même ligne la *datio dotis*, le mandat, le commo-
dat, la vente etc..; d'où on pourrait conclure que le
mari est tenu de la *culpa levis in abstracto*. L'énumération confuse contenue dans cette loi doit être rejetée,
surtout en présence des LL. 17, D., *De jure dot.* (23,
3) et 24, § 5, D., *Solut. matr.* (24, 3). Dans ce dernier
texte, Ulpien nous dit en termes précis et formels que
le mari sera responsable lorsqu'il aura procédé à l'égard
de la dot autrement qu'à l'égard de ses propres affaires.
Ainsi donc, sauf cependant dans le cas d'estimation
taxationis causa où, pour des motifs que nous avons fait
connaître, le mari est tenu de la *culpa levis in abstracto*,
en général il est traité comme un associé. « Sans doute,
« dit M. Pellat, il n'y a pas entre les époux une
« société formelle ; le mari supporte les charges du
« mariage sur ses propres biens : les biens que la
« femme lui apporte en dot pour l'aider à subvenir à
« ses dépenses ne deviennent pas communs entre les
« époux, ils appartiennent exclusivement et en toute
« propriété au mari. Mais au fond, le but pécuniaire
« qu'il s'agit d'atteindre, savoir de soutenir les charges
« du ménage, est un but commun aux deux époux;
« les moyens d'atteindre ce but, la masse des biens sur
« laquelle se prendront les dépenses à faire, dans l'in-
« térêt des deux époux, se composent des biens pri-
« mitifs du mari et de ceux que la femme lui a

(1) L. 6, D., *De pact. dot.* (23, 4).

6

« apportés en dot. Il est donc vrai de dire qu'en se
« constituant cette dot, la femme se confie au mari
« comme à un associé, dans un intérêt pécuniaire
« commun (1). »

E). — Restitution de la dot et théorie des rétentions.

Nous avons précédemment exposé comment s'introduisit le principe de la restitution de la dot. Nous
avons raconté les phases successives par lesquelles il
était passé. A l'époque classique, ce principe est définitivement établi, mais il n'est pas absolu, et il se présente
des hypothèses où le mari sera dispensé de restituer
la dot, celle-ci n'étant plus appelée à remplir l'une de
ses fonctions, faciliter une nouvelle union.

Pour déterminer ces divers cas de restitution, nous
devons rappeler quelques idées générales. Si l'on considère le patrimoine duquel la dot a été extraite, la
source d'où elle procède, la dot est ou *profectice* ou
adventice. Profectice, est celle qui a été fournie par le
père ou par l'ascendant paternel, provenant de leurs
biens ou de leur fait (2). On lui donne cette qualification, parce qu'elle est appelée à faire retour au patrimoine d'où elle est sortie, *reversura est unde proficiscitur*.
Nulle distinction à établir entre le cas où la fille est
alieni juris et celui où, *sui juris*, elle reçoit une dot du
père qui l'a émancipée. « *Non jus potestatis*, dit Ulpien,
« *sed parentis nomen dotem profectitiam facit* (3). »

(1) Pellat, *Textes sur la dot.* p. 121.
(2) L. 5, pr., D., *De jure dot.* (23, 3). — Ulp., *Reg.* VI, § 3.
(3) L. 5, § 11, D., *De jure dot.* (23, 3).

Adventice, est celle qui est constituée par toute autre personne, la femme, un ascendant maternel, un parent quelconque, un étranger. Elle prend le nom de *receptitia*, lorsque le constituant a stipulé qu'elle lui serait rendue. Le mari sera toujours tenu de restituer la dot receptice au stipulant, de quelque manière que le mariage ait été dissous, bien que le constituant soit la femme elle-même et que le mariage ait pris fin par son prédécès.

Pour la restitution de la dot profectice, il faut distinguer deux hypothèses :

1° Le mariage est-il dissous par la mort de la femme, le père survivant reprendra la dot qu'il a fournie, sans qu'on ait à examiner si la femme, au moment de son décès, était émancipée ou encore sous puissance. Cette solution est la conséquence naturelle du principe formulé dans la L. 5, § 11, D., *De jure dot.* (23, 3). En matière de dot profectice, on s'attache non au droit de puissance, mais au titre d'ascendant paternel. Si la dot constituée pour une fille émancipée revient au père, il en est de même de la dot constituée pour une fille en puissance qui depuis a été émancipée. Des textes formels viennent à l'appui de notre assertion. Dans la L. 5, D., *De divortiis* (24, 2), Ulpien prévoyant l'hypothèse où une fille émancipée divorce dans l'intention de faire gagner la dot à son mari, et d'en frustrer son père, autorise ce dernier à redemander la dot, comme si la fille émancipée était décédée durant le mariage. Pomponius et Julien sont aussi positifs sur ce point (1).

---

(1) L. 10, *pr.*, L. 59, D., *Solut. matr.* (24, 3).

Cependant, d'après quelques auteurs, la dot profectice
ne fait retour au père que si la femme est encore sous
sa puissance au moment de son décès. Dans ce dernier
sens, on argumente de la C. 4, C., *Solut. matr.* (5, 18)
ainsi conçue : « *Dos a patre profecta, si in matrimonio*
« *decesserit mulier filiafamilias, ad patrem redire debet.* »
Donc, dit-on, si la femme eût été *sui juris*, on aurait
admis une autre solution. Nous répondons que le rescrit
d'Alexandre Sévère ne peut pas avoir la portée qu'on
lui attribue. L'Empereur n'a statué qu'en vue de l'hypothèse sur laquelle il était consulté. S'il parle d'une
fille de famille, c'est que la femme était dans cette
position juridique. Il suffit, pour que la dot profectice
retourne au père constituant, qu'il survive à sa fille,
et la cause de ce retour se trouve dans une raison plus
sérieuse que celle que nous donne Pomponius : « *Jure*
« *succursum est patri, ut filia amissa solatii loco cederet, si*
« *redderetur ei dos ab ipso profecta, ne et filiæ amissæ et*
« *pecuniæ damnum sentiret* (1). » On doit chercher le véritable motif dans cette idée précédemment développée :
le père sera d'autant plus disposé à doter ses enfants
que, après leur mort, il aura plus d'espoir de recouvrer
les biens dont il s'est dépouillé. On veut en quelque
sorte le récompenser d'avoir accompli un devoir que
lui impose non seulement son titre de père, mais encore
l'intérêt général.

Si le père est déjà décédé à l'époque où la mort de
la femme met fin au mariage, le mari conserve la dot.
En supposant une dot constituée par l'aïeul paternel

(1) L. 6, D., *De jure dot.* (23, 3).

de la femme, les jurisconsultes romains s'étaient posé
la question suivante : L'aïeul étant décédé avant sa
petite-fille, la dot, lors du décès de cette dernière, doit-
elle faire retour à son propre père, le fils du constituant?
Les jurisconsultes n'étaient point d'accord sur la solution de cette difficulté. Dans la L. 79, D., *De jure dot.*
(23, 3), Labéon et Servius refusent au père le droit de
reprendre la dot, *quia non potest videri ab eo profecta.*
Elle ne sort pas de ses biens, elle ne provient pas de
son fait, elle n'est donc pas profectice à son égard.
Tout autre est la décision de Celse (1). L'équité, dit-
il, veut que l'on considère comme donnée par le fils
la dot constituée par le grand-père à la petite-fille, au
nom de ce même fils. Le devoir de l'aïeul envers la
petite-fille est la conséquence du devoir du père envers
sa fille. Les deux opinions sont donc bien tranchées,
et Pothier se contente de remarquer que la décision
de Labéon est plus conforme aux principes rigoureux
du droit, tandis que la réponse de Celse est plus équitable. Bien des auteurs se sont évertués à concilier cette
antinomie ; aucune explication n'est satisfaisante, et
nous croyons avec Pacius (2), que tout se réduit à une
question d'intention. Suivant le motif qui a amené
l'aïeul à constituer la dot, on devra choisir la réponse
de Celse ou celle de Labéon. Dans la L. 79, l'aïeul a
été déterminé à doter sa petite-fille par affection pour
elle, et sans songer à rendre service à son fils. Dans la
L. 6, au contraire, l'aïeul a eu l'intention d'accomplir,

(1) L. 6, *De collat. bon.* (37, 6).
(2) Pacius, *Leges conciliat.* V, 55.

à la décharge de son fils, le devoir qui est imposé à celui-ci de doter sa fille; c'est à cause du fils et en sa considération que la dot a été donnée.

Mais il eût été injuste d'obliger ainsi le mari à restituer la dot profectice à l'ascendant paternel, lorsque des enfants issus du mariage survivaient à leur mère. Une des causes de la dot, fournir à l'entretien des enfants, continue dans ce cas de subsister. Si la seconde fonction, celle qui n'a apparu que plus tard, la conservation d'un patrimoine propre à la femme dans le but de faciliter une nouvelle union, si cette seconde fonction cesse d'exister, lors du décès de la femme, la première n'en reste pas moins avec toute son efficacité, et il est encore vrai de dire avec Paul, *dotis causa perpetua est.* Comment concilier alors cette double idée que la dot doit être restituée à l'ascendant, et qu'elle est néanmoins appelée à remplir sa principale et primitive fonction? Le jurisconsulte Ulpien nous répond: « *Quintis in singulos liberos in infinitum relictis penes* « *virum* (1). » Laissant à l'écart les calculs de Cujas et de Pothier, nous croyons avec M. Pellat qu'Ulpien a voulu tout simplement dire : le mari retiendra autant de cinquièmes qu'il y a d'enfants, et conservera la dot tout entière si le nombre des enfants est égal ou supérieur à cinq. *Infinitum* signifie sans autre limite que celle qui résulte de la nature des choses (2). La solution d'Ulpien et de Paul est commandée par le but et le caractère même de la dot. Elle a été constituée dans

(1) Ulp., *Reg.* VI, § 4.
(2) *Frag. Vat.,* § 108.

l'intérêt des enfants à naître du mariage. Or, ne serait-
il pas tout à la fois inique et illogique, de voir le père
de la femme venir dépouiller ses petits-enfants qui ne
seront pas au nombre de ses héritiers? Leur laisser une
partie de la dot, c'est donc remplir un devoir purement naturel.

Deux points sont incontestables ; en cas de prédécès
de la femme et de ses ascendants paternels, la dot
profectice reste au mari ; il gagne aussi la dot adventice,
lorsque la mort de la femme met fin au mariage.

2° Le mariage est-il dissous par le divorce, le mari
rendra la dot soit profectice, soit adventice sans distinction, à la femme seule, si elle est *sui juris*, au père
agissant avec le concours de sa fille, si celle-ci est *alieni*
juris (1).

Lorsque le mari est obligé de restituer la dot, il
n'est pas toujours tenu de la rendre en entier ; il a
quelquefois le droit d'en retenir une partie. Ces rétentions sont admises pour cinq causes différentes : « *Aut*
« *propter liberos*, *aut propter mores*, *aut propter impensas*,
« *aut propter res donatas, aut propter res amotas* (2). »

1° Quand le divorce provient du fait volontaire de
la femme ou du père sous la puissance duquel elle se
trouvait, le mari retiendra un sixième de la dot pour
chaque enfant, sans pouvoir cependant dépasser trois
sixièmes, quel que soit le nombre des enfants. Le but
de cette rétention est de permettre au mari de supporter plus facilement les charges du mariage qui per-

(1) Ulp., *Reg.* VI, § 6.
(2) Ulp., *Reg.* VI, § 9.

sistent même après sa dissolution, et, en second lieu, de punir la femme à qui le divorce est imputable. Cette dernière considération amène nécessairement à décider que la rétention *propter liberos* n'est pas admise si le divorce a eu lieu sans le fait de la femme (1). Si, au contraire, c'est le mari qui l'a provoqué, il n'a qu'à s'en prendre à lui-même de la rupture du lien matrimonial, et de l'obligation où il est de rendre la dot (2).

Sur la ponctuation du § 10, Ulp. *Reg.* VI, les manuscrits ne sont pas conformes entre eux, et plusieurs corrections ont été proposées. La plus généralement admise est celle qui place le point après le mot *tres*. De cette façon, la phrase précédente est très-claire, et a pour but de fixer le maximum du chiffre des rétentions du mari. Le motif de cette limitation n'est pas difficile à découvrir ; on se trouve en présence de deux intérêts contraires : d'un côté, le mari chargé de pourvoir à l'entrétien des enfants, de l'autre, la femme qui doit pouvoir se remarier. On comprend aisément qu'on ait cherché à concilier ces deux intérêts, en accordant à la femme un minimum de moitié. En admettant la correction indiquée, la dernière phrase du § 10 ne donne lieu à aucune difficulté. Ulpien a simplement voulu dire que le mari ne pourra jamais procéder par voie d'action, mais seulement par voie de rétention. Pourquoi lui a-t-on refusé une action? Nous croyons qu'Ulpien lui-même en donne la raison dans le § 11 :

« *Dos quæ semel functa est, amplius fungi non potest, nisi*

(1) *Frag. Julii Pauli*, Inst. II, *De dot.*
(2) Cic. *Top.*, ch. IV.

« *aliud matrimonium sit.* » Ce texte signifie qu'une dot
qui s'est une fois acquittée de sa fonction, ou qui a
rempli sa destination, ne peut plus avoir la même fonction, c'est-à-dire être traitée comme dot, s'il n'intervient
pas un nouveau mariage. Si telle est la vraie traduction
et c'est ainsi que l'entendent Cujas (1) et Schulting (2),
n'a-t-on pas l'explication naturelle de la place qu'occupe
cette proposition, uniquement destinée à donner la raison
de la particularité contenue dans la phrase précédente ?
Cette raison, comme le dit M. Schilling (3), est que la
dot, une fois sortie des mains du mari et rendue à
la femme, a cessé d'être dot, et qu'en conséquence, elle
ne peut plus être l'objet d'une demande ou d'une restitution qui présupposerait chez elle la qualité de dot.

2° A raison des mœurs, le mari pouvait opérer des
rétentions ainsi fixées : le sixième, si la femme avait
commis un adultère qualifié de *mores graviores;* le
huitième seulement, s'il s'agissait de toute autre faute
qualifiée de *mores leviores* (4). Lorsque c'était le mari
qui avait porté atteinte aux *mores* soit *graviores,* soit
leviores, il encourait aussi une peine, mais différente de
celle qui frappait la femme (5). Dans le cas d'une dot
restituable par tiers en trois ans, le mari doit la
rendre sur le champ, si la faute est grave ; par tiers,
de six mois en six mois, si la faute est légère. Quant

(1) Cujas, *Notæ ad tit. Ulp.*

(2) Schulting, *Jurisprud. vet. antejust.,* p. 585.

(3) Schilling, *Bemerkungen über Römische Rechtsgeschichte : eine
Kritik, über Hugo's, Lehrbuch,* 1829, p. 369.

(4) Ulp., *Reg.* VI, § 12.

(5) Ulp., *Reg.* VI, § 13.

à la dot restituable immédiatement après la dissolution du mariage, le mari doit rendre sur les fruits la quantité qui correspond au temps dont la restitution est avancée pour la dot remboursable en trois ans.

3° Le mari peut encore exercer des rétentions à raison des impenses qu'il a faites pour les choses dotales. Ulpien (1) nous donne des définitions très-exactes des impenses nécessaires, utiles ou voluptuaires, mais il ne dit pas, ou plutôt nous ne savons pas, dans quels cas les impenses donnent lieu à une rétention. Pour les impenses nécessaires, pas de difficulté ; elles diminuent la dot *ipso jure* (2). Quant aux dépenses utiles, elles donnent seulement lieu à un droit de rétention (5). Mais il faut, relativement à ces dernières, rechercher si elles ont été faites avec ou sans le consentement de la femme. Celle-ci a-t-elle consenti ou du moins les connaissait-elle, le mari a le droit de se les faire rembourser. N'a-t-elle pas été consultée, le mari ne pourrait s'en faire tenir compte qu'autant que ce remboursement n'exigerait aucun sacrifice de la part de la femme. Relativement aux impenses voluptuaires, il ne peut être question de rétention.

4° La quatrième cause de rétention se trouve dans les donations faites par le mari à sa femme pendant la durée du mariage. Les donations entre époux étaient interdites, et nous avons précédemment déterminé l'époque probable de cette interdiction. Elle eut pour

---

(1) Ulp., *Reg.* VI, §§ 15, 16 et 17.
(2) L. 5, *pr.*, D., *De impensis* (25, 1).
(3) L. 7, § 1, D., *De impensis* (25 1).

cause la crainte qu'un époux avide n'abusât de la
tendresse de son conjoint pour s'enrichir à ses dépens, ou ne lui arrachât des libéralités sous la menace
d'une répudiation. La paix du ménage eût été ainsi
achetée à prix d'argent. Mais à ce principe, le Sénatus-
Consulte proposé par Septime Sévère et Antonin Cara-
calla, avait apporté une notable dérogation. Les donations restaient valables, si le donateur les confirmait
par testament. En outre, les donations entre époux
n'étaient interdites qu'autant qu'elles produisaient le
double effet d'appauvrir le donateur et d'enrichir le
donataire. Enfin, la donation à cause de mort, et la
donation pour cause de divorce étaient licites, ne devant
toutes deux produire leurs effets qu'à une époque où le
mariage n'existera plus.

Hors ces divers cas d'exception, l'époux donateur qui
veut reprendre l'objet donné, peut le revendiquer, car
la propriété n'a pas été transférée au donataire. Si
l'objet donné n'existe plus, le donateur peut intenter
contre le donataire une *condictio ex injusa causa,* à concurrence de l'enrichissement. En supposant que le mari
ait joué le rôle de donateur, et qu'il veuille reprendre
la valeur des objets donnés, il jouit d'un nouveau moyen,
la rétention de la dot.

5° La cinquième cause de rétention est la soustraction que la femme peut avoir commise, en vue du
divorce, d'objets appartenant à son mari. Bien que cette
soustraction réunît tous les caractères du vol, du *furtum,*
on ne voulut pas qu'elle donnât lieu à l'action pénale
furti, à cause des liens qui unissent les deux époux.
On se contenta d'établir une action en restitution ou

en indemnité, appelée action *rerum amotarum*, qui pouvait être indifféremment intentée par le mari contre la femme ou par la femme contre le mari. Mais dans le cas de détournement de la part de la femme, outre l'action, le mari jouit encore d'un droit de rétention sur la dot.

Lorsque le mari est tenu de rendre la dot, voyons maintenant ce qu'il doit restituer.

Si la dot comprend des choses fongibles, le mari se libérera en donnant l'équivalent de ce qu'il a reçu, conformément aux règles établies en matière de *mutuum*. La femme aura également droit aux intérêts à partir du jour de la dissolution du mariage, pourvu qu'elle agisse par l'action *rei uxoriæ*. Prend-elle au contraire la voie de l'action *ex stipulatu*, à cause du caractère de cette action où tout est de rigueur, elle ne pourra obtenir que ce qui est dans la stipulation. Au reste Justinien, comme nous le verrons plus loin, a fait disparaître cette différence. Le mari, propriétaire des choses fongibles, de l'argent donné en dot, a pu, comme le dit Gaius (1), en disposer à son gré, *ut eas maritus ad arbitrium suum distrahat*. Il doit restituer une somme pareille. La dot consiste dans une quantité et non dans les choses acquises par le mari ; ces dernières lui appartiennent irrévocablement. Mais alors, que veut dire le même jurisconsulte dans le passage suivant : « *Res* « *quæ ex dotali pecunia comparatæ sunt, dotales esse viden-* « *tur*(2)?* » Si Gaius a en vue des choses achetées avec

(1) L. 42, **D.**, *De jure dot.* (23, 3).
(2) L. 54, **D.**, *eod. tit.*

l'argent dotal par le mari, du consentement de la femme, aucune difficulté ne s'élève. L'objet de la dot est changé ; il y a une véritable conversion parfaitement permise, et le mari devra restituer, non une somme égale à celle qu'il a reçue, mais l'objet nouvellement acquis (1). Dans ce cas, comme le dit Ulpien, la chose devient véritablement dotale ; elle n'est pas seulement réputée dotale. Quelle est donc la signification de l'expression *dotales esse videntur*? Gaius a simplement voulu dire qu'une chose qui n'est pas à proprement parler dotale, peut, sous certains rapports, être considérée et traitée comme telle. Reste à savoir sous quels rapports et dans quels cas. Sur ce point une vive controverse s'est produite. Diverses explications ont été fournies relativement à ce fragment de Gaius. Nous ne les reproduirons pas ; la plupart d'entre elles sont plus que bizarres. Du reste, un pareil examen nous écarterait trop de notre sujet. Nous croyons avec M. Pellat, que cette proposition, détachée d'un raisonnement où elle figurait, n'a été placée dans le Digeste que pour lui donner un sens général en harmonie avec les constitutions de Justinien. La loi 54 ferait allusion au droit qu'aurait eu la femme, en cas d'insolvabilité du mari, d'exercer un privilége et même une *rei vindicatio utilis* sur les choses achetées avec l'argent dotal, comme si elles étaient dotales. Telle est l'opinion de Cujas, de Noodt et de Glück. Il est bien évident que ce ne pouvait être la pensée de Gaius ; mais il est impossible de la déterminer d'une façon précise, en présence de ce fragment extrait d'un passage inconnu.

(1) LL. 25, 26, 27, 32, D., *De jure dot.* (23, 3).

Quand la dot se compose de meubles estimés, le mari est considéré comme un acheteur ; il est par conséquent débiteur du prix. Il en serait autrement, si l'estimation n'emportait pas vente, et était faite seulement *taxationis causa* ; cette estimation ne produirait aucun effet au point de vue de la restitution, et on devrait suivre les règles que nous exposerons en parlant des corps certains. Dans le cas où l'estimation est pure et simple, nous avons dit qu'on l'assimile à une vente ; il y a cependant quelques différences. Tout d'abord, l'estimation a-t-elle été faite au-dessous de la juste valeur, et la femme a-t-elle entendu faire donation de l'excédant à son mari, on ne devra pas en tenir compte, car elle déguise une donation prohibée entre époux (1). Mais si la femme prétend s'être trompée dans l'estimation, comme le mari ne doit pas spéculer, on autorisera la femme à demander la réparation de la lésion, quel qu'en soit le chiffre. Bien plus, en vertu de ce principe que l'un des époux ne doit pas s'enrichir aux dépens de l'autre, le mari lui-même sera recevable à demander la diminution d'une estimation supérieure à la valeur réelle des choses qu'il a reçues (2).

Quand la dot se compose de corps certains, le mari doit les rendre en nature, et restituer non seulement ce qu'il a reçu, mais encore tous les accessoires et tous les produits qui n'ont pas le caractère de fruits. S'agit-il d'une esclave dotale, le mari est tenu de restituer les legs et hérédités qu'il a pu acquérir par son inter-

(1) L. 12, *pr.* D., *De jure dot.* (23, 3).
(2) L. 12. § 1, D., *eod. tit.*

médiaire, ainsi que tous les enfants nés de cette esclave. Il n'a droit en principe qu'aux fruits, sans distinguer s'il les a consommés ou non. Cependant, dans certains cas, il doit en restituer une partie. S'il a perçu tous les fruits qui doivent l'aider à supporter les charges du ménage pendant l'année entière, et si le mariage vient à se dissoudre dans le courant de cette année, la femme aura droit à une part proportionnelle à la fraction d'année qui restait encore à courir (1).

Quid ? lorsque le mari a reçu en dot l'usufruit de meubles susceptibles de produire des fruits. Il semble à première vue, que le mari usufruitier ne pouvant avoir autant d'avantages que s'il était propriétaire, doit restituer les fruits qu'il a perçus et ne garder que les revenus des fruits considérés comme un capital. Sans doute il en sera ainsi, si telle a été l'intention des parties ; mais, à défaut de convention spéciale, le mari, d'après Ulpien, se libérera en restituant le droit d'usufruit, sans être obligé de rendre compte des fruits perçus pendant la durée du mariage (2).

Les règles que nous venons de tracer, sont d'une simplicité telle que leur application ne paraît devoir donner lieu à aucune difficulté. Cependant il n'en est pas toujours ainsi, et Celse signale une hypothèse où il pourrait y avoir doute (3). Une femme à qui Titius avait promis l'esclave Pamphila, a plus tard épousé son débiteur, en se constituant en dot le montant de

---

(1) L. 7, § 1, D., *Solut. matr.* (24, 3).

(2) L. 7, § 2, D., *De jure dot.* (23, 3).

(3) L. 58, § 1, D., *eod. tit.*

la promesse. Que comprend la dot? Est-ce l'esclave
Pamphila, ou la libération de l'obligation? On voit de
suite l'intérêt de la question. Si c'est l'esclave, la femme
encourra les risquês, et par cela même, elle aura droit
à la restitution du part. Si, au contraire, la dot consiste
dans la libération du promettant, celui-ci sera seulement tenu de remettre les choses dans l'état où elles
se trouvaient avant la constitution de dot, et il ne devra
ni part ni accessoires. Le jurisconsulte résout la question
au moyen d'une distinction. Au moment du mariage,
Titius possédait-il l'esclave, il est réputé l'avoir livrée
à la femme qui de son côté la lui a donnée en dot,
et l'esclave sera un bien dotal, et devra être restituée
cum sua causa. Le mari n'était-il pas en possession
de l'esclave, ou bien celle-ci était-elle la propriété d'un
tiers (car la promesse de la chose d'autrui est valable),
la dot consistera dans la libération de l'obligation et
l'esclave seule fera l'objet de la restitution.

Si la dot a été constituée au moyen d'une *delegatio*
faite par la femme, le mari est devenu créancier. A la
dissolution du mariage, il restituera ce qu'il aura reçu.
A-t-il été payé par le débiteur délégué, il rendra la somme
ou la chose qui lui a été remise. Le paiement est-il
encore dû, il restituera la créance contre le débiteur,
en faisant à la femme cession de son action, en la
constituant *procurator in rem suam*.

Mais que décider si le débiteur délégué est devenu
insolvable? Cette insolvabilité est-elle à la charge du
mari délégataire, à moins que la femme n'ait fait la
délégation à ses risques et périls, ou bien est-elle,
en principe, encourue par la femme, retombant excep-

tionnellement sur le mari qui a négligé de poursuivre en temps utile, ou qui a pris les risques à sa charge? Ce point est l'objet d'une controverse assez vive entre quelques commentateurs.

D'après Muhlenbruck (1) et de Vangerow (2), le mari serait dans la position de tout créancier délégataire ; celui-ci supporte l'insolvabilité du débiteur délégué, sauf convention contraire. Même dans le cas où pareille convention intervient, le délégant ne répond de la solvabilité du délégué que si le délégataire n'a pas négligé de faire les diligences 'nécessaires pour obtenir paiement, alors que le débiteur était solvable. Le mandataire ne peut pas, en effet, se faire indemniser par le mandant de ce qu'il a perdu par sa faute (3). En conséquence, sauf la convention qui mettrait la solvabilité du débiteur aux risques de la femme, le mari serait responsable envers elle de l'insolvabilité.

Cette opinion nous paraît inacceptable. Avec Hasse (4) et Glück (5), nous pensons que le mari n'est pas dans une position identique à celle d'un créancier auquel un débiteur délègue son propre débiteur pour se libérer de sa dette. Le créancier veut recevoir son paiement, et dans ce but il libère le débiteur primitif en prenant à la place un autre débiteur avec lequel seul il aura

_____

(1) Muhlenbruck, *Cession.*, p. 433.

(2) De Vangerow, *Pandekten*, p. 217.

(3) L. 35, D., *De reb. cred.* (12, 1). — LL. 22, § 2, 26, § 2, 45, § 7, D., *Mandati* (17, 1). — L. 18, D., *De fidej.* (46, 1). — L. 68, § 1, D. *De evict.* (21, 2).

(4) Hasse, *Die kulpa des ræm. Rechts.*, ch. XII, p. 436.

(5) Glück, *Pandekten*, tom. 25.

7

affaire. Le mari, au contraire, veut recevoir une dot qu'il restituera, après qu'elle aura subvenu aux charges du mariage. Comment peut-on lui demander de restituer ce qu'il n'a pas reçu? Il ne doit être tenu que de rendre ce qu'il a acquis, ou ce qu'il a manqué de recevoir par sa faute. Quand le délégué est insolvable, le mari n'a rien reçu et il n'a rien à restituer. Sa position doit être identique à celle qu'il a, au cas où des choses corporelles ont été constituées en dot. Quoique devenu propriétaire, il n'en supporte pas la perte, à moins qu'il n'y ait faute à lui imputable. De même pour les créances, quoique devenu créancier par délégation, la perte ne doit pas être à sa charge, sauf le cas de faute. Si le mari se libère de l'obligation de rendre la dot corporelle, en restituant ce qui reste des choses dotales, il doit de même se libérer en restituant ce qui reste de la créance, l'action contre le débiteur. La convention que la délégation se fait aux risques et périls de la femme doit donc toujours être sous-entendue, sauf clause contraire (1).

Mais si le mari a assumé les risques, en prenant la créance à son compte personnel, *si secutus est nomen debitoris*, il répondra de l'insolvabilité. Seulement, à l'inverse du délégataire ordinaire, cette volonté du mari ne peut pas se présumer. Elle résulte de certaines circonstances spéciales. Par exemple, le mari a accepté la délégation, quoiqu'il connût l'état d'insolvabilité du débiteur, il a fait crédit au débiteur en recevant de lui des intérêts, ou bien encore, sans le consentement

(1) L. 41, § 3, L. 56, D., *De jure dot.* (23, 3).

de la femme, il a fait novation avec le débiteur (1).

La loi 6, D., *De pact. dot.* (23, 4) invoquée par les partisans de l'opinion contraire, s'applique justement à ces divers cas, dans lesquels il sera utile au mari de convenir que le risque de l'insolvabilité du débiteur sera pour la femme. En résumé donc, en matière de constitution dotale, la responsabilité des risques pèse sur la femme, exceptionnellement sur le mari.

Nous avons dit, en étudiant les droits du mari, qu'une des conséquences de sa propriété sur les biens dotaux était la faculté pour lui d'affranchir seul les esclaves constitués en dot. Mais, au point de vue de la restitution, il y a intérêt à savoir si la femme a protesté contre cet affranchissement ou y a consenti. Papinien signale cet intérêt, dans le cas où le mari a été institué unique héritier par l'affranchi (2). Si la femme s'est opposée, *manumittenti refragatur*, le mari n'aura droit à aucune partie de l'hérédité ; bien plus, il devra restituer immédiatement la fraction qui lui était en quelque sorte due à titre de patron, et la femme, pour l'y forcer, agira par la *condictio ex lege Julia et Papia*. Quant à la portion dont l'affranchi pouvait disposer en faveur d'un étranger, le mari la restituera en même temps que la valeur de l'esclave affranchi. Si la femme ne s'est point opposée à la *manumissio*, elle aura également droit à tout ce que le mari a acquis *ut patronus*, mais le surplus constitue un bénéfice pour le mari qui doit être considéré comme un étranger par rapport à cette sorte de quotité disponible.

(1) L. 35, L. 41, § 3, L. 49, L. 71, D., *De jure dot.* (23, 3).
(2) L. 61, D., *Solut. matr.* (24 3).

Ce n'est pas le seul cas où on s'inquiète de l'assentiment de la femme. Modestin, prévoyant l'hypothèse où l'esclave dotal est institué héritier par un *extraneus*, décide que, pour que les droits de la femme soient pleinement sauvegardés, elle devra être consultée, et le jurisconsulte indique la façon dont on s'y prendra (1).

Nous ferons remarquer que le mari, en affranchissant l'esclave dotal, n'a pas modifié la nature de l'obligation dont il est tenu ; il était débiteur d'un corps certain, il doit toujours être réputé tel. Sans doute, il ne pourra pas restituer l'esclave en nature, il en devra seulement la valeur qu'il aurait au moment de la dissolution, mais on lui appliquera les règles relatives à la restitution de corps certains non estimés.

A quel moment la restitution doit-elle être faite ? Immédiatement, lorsque la dot comprend des corps certains, parce qu'il est censé en avoir toujours la possession. Mais si elle consiste en choses qui s'estiment au nombre, au poids ou à la mesure, comme le mari peut ne pas être prêt à les restituer aussitôt après la dissolution toujours incertaine du mariage, on lui accorde un délai de trois ans pour s'acquitter complétement, et il devra se libérer chaque année, jusqu'à concurrence d'un tiers.

La destination de la dot subsiste pendant toute la durée du mariage, *dotis causa perpetua est :* la dot est fournie pour contribuer aux charges du ménage. De là, la conséquence que le mari ne peut pas être obligé à la restitution de la dot pendant le mariage. Mais à

(1) L. 58, D., *Solut. matr.* (24, 3).

côté de cette règle, les jurisconsultes en formulent une deuxième : le mari ne peut pas restituer la dot pendant le mariage.

La première règle est considérée par tous les commentateurs comme la conséquence, la suite indispensable de la nature, du caractère de la dot. Celle-ci allége pour le mari les charges du mariage, à l'aide des fruits et revenus qu'il en retire (1). On ne peut donc, tant que durent les charges, obliger le mari à abandonner l'émolument, en considération duquel il les a acceptées. Cette première règle ne souffre exception que dans le cas où le mari est insolvable. Dans cette hypothèse, l'existence de la dot est mise en péril. Pour la sauver, il est nécessaire que la femme puisse en demander la restitution, quoique le mariage n'ait pas encore pris fin. On lui donne l'action qu'elle aurait eue à la dissolution du mariage, en supposant qu'un divorce est intervenu. Justinien supprimera la nécessité de cette fiction (2).

La détermination de l'origine de la seconde règle qui interdit au mari de restituer la dot pendant le mariage, a donné lieu à une vive controverse, surtout parmi les jurisconsultes allemands. Hasse et Glück (3) rattachent cette règle à la prohibition des donations entre époux. Francke (4) et de Vangerow (5), dont les idées ont été

---

(1) L. 1, L. 7, L. 56, § 1, D., *De jure dot.* (23, 3).

(2) C. 30, C., *De jure dot.* (5, 12).

(3) Glück, *Pandekt.*, tom. 27, p. 223-236.

(4) Francke. *Archiv.*, 1834, tom. 17 et tom. 18.

(5) De Vangerow, *Leit faden*, tom. 1, p. 320.

adoptées par M. Pellat (1), la font découler du principe plus général qui interdit toute convention par laquelle les époux, le mariage contracté, voudraient changer la destination de la dot; aussi la promesse de restitution est-elle encore plus rigoureusement interdite que la restitution elle-même. Cette promesse ne produira pas d'action, même dans les cas exceptionnels, où la restitution effectuée serait valable. L'ordre public est intéressé à la conservation des dots, *propter quas nubere possint mulieres, et liberos procreare reipublicæ.*

La prohibition de la restitution de la dot pendant le mariage, et la prohibition des donations se ressemblent en un point : le mari peut répéter la dot, comme il pourrait répéter la donation qu'il aurait faite. Mais si ces deux prohibitions ont ainsi des points de contact, elles sont néanmoins différentes par leur origine, leur cause et leurs effets.

La prohibition des donations entre époux s'est établie vers la fin de la république : elle n'existait pas vers l'an 550; car la loi Cincia mentionne les époux parmi les personnes exceptées de ses restrictions (2). Elle a pour but d'assurer à chaque époux son patrimoine contre sa propre faiblesse et contre la cupidité de son conjoint, *ne mutuato amore invicem spoliarentur* (3).

La prohibition de restituer la dot découle probablement de la loi Julia *de maritandis ordinibus,* ou de la loi Papia Poppea. En effet, on admet que les exceptions apportées à cette règle ont été introduites par une des lois Julia. Il est permis de croire que la défense elle-même a été établie par une de ces lois ; rien n'autorise à considérer la défense comme plus ancienne que les exceptions (1). Elle tend au même but que la législation d'Auguste, conserver la dot à la femme, nécessité inéluctable en présence d'une dissolution du mariage, toujours imminente, grâce à la fréquence des divorces.

Cette dissemblance dans l'origine et dans la cause, donne la raison de la différence existant entre les effets des deux prohibitions. La prohibition des donations tendant à conserver à chaque époux la substance de son patrimoine, l'époux peut librement disposer des revenus destinés à être dépensés, et ne répètera pas ceux qu'il a abandonnés à son conjoint : la répétition de la chose donnée suffit à elle seule pour atteindre le but de la prohibition (2). Au contraire, les revenus des biens dotaux ont une destination spéciale, qui ne peut être changée pendant le mariage. Les fruits de la dot prématurément restituée, seront compris dans la répétition de cette dot. Or, il est à remarquer que les jurisconsultes qui posent cette règle, sont précisément ceux qui déclaraient valable la donation des fruits et intérêts, et qui en refusaient la répétition à l'époux donateur (3).

Le paiement effectué par un époux à l'autre d'une dette non échue est valable, quoique fait avec l'inten-

---

(1) L. 27, § 1, D., *De relig.* (11, 7).

(2) L. 15, § 1, L. 31, § 6, D., *De donat. inter vir. et ux.* (24, 1).

(3) L. 21, § 1, D., *De donat. inter vir. et ux.* (24, 1). — C. 8, C., *De donat. inter vir. et ux.* (5, 16). — C. 20, C., *De jure dot.* (5, 12).

tion de faire jouir le créancier de l'*interusurium*. Or, si la restitution anticipée de la dot n'était qu'une donation entre époux, elle serait du nombre de celles qui ne peuvent être répétées ; car le mari est débiteur de la dot à terme incertain. Il n'y aurait qu'un paiement anticipé d'une dette non échue ; par suite, ni donation ni répétition (1).

La prohibition des donations ayant pour but la sauvegarde de l'intérêt du donateur, seul celui-ci peut attaquer l'acte accompli. Si donc la défense de restituer la dot se reliait à cette prohibition, le mari seul pourrait attaquer cette restitution, valable à l'égard de la femme qui se trouverait ainsi payée d'avance. Il n'en est rien. La défense de restituer, établie dans l'intérêt de la femme, s'oppose à la libération du mari. A la dissolution du mariage la femme pourra encore réclamer la dot, qu'elle a imprudemment dissipée (2).

Enfin, les exceptions apportées à la prohibition des donations, et celles admises en matière de restitution de dot, ne sont pas identiques, ce qui devrait être, si les deux règles avaient même cause et même but.

L'examen des exceptions admises à l'égard de la défense de restituer la dot, fait clairement apparaître le but de la défense : ne pas laisser la femme disposer frivolement d'une dot qui lui sera plus tard nécessaire. Ces exceptions sont contenues dans la L. 73, § 1, D., *De jure dot.* (23, 3) et dans la L. 20, D., *Solut matr.* (24, 3). Il résulte de ces textes que la femme recevra

(1) L. 31, § 6. D., *De donat inter vir. et ux.* (24, 1).

(2) L. 27, § 1, *De religiosis.* (11, 7). — L. 1, § 5, *De dote præleg.* (33, 4).

valablement la dot pendant le mariage, « *ut sese suos*
« *que alat, ut æs alienum solvat, aut prædia idonea emat,*
« *ut in exilium, ut in insulam relegatio parenti præstet*
« *alimonia, aut ut egentem virum, fratrem, sororemve*
« *sustineat, vel ut parentes ex hostibus redimat.* »

Le mari ne doit rendre la dot qu'à une femme sensée
et économe. Si le caractère de celle-ci lui fait craindre
qu'elle ne perde la dot, le mari pourra lui-même faire
l'emploi projeté.

Le mari qui a restitué la dot, dans un des cas prévus, à une femme bonne ménagère, a satisfait à toutes
ses obligations. Il n'est pas responsable des événements
ultérieurs. Mais ne peut-il point redemander la dot
restituée dans un cas qui ne s'est pas réalisé ; par
exemple, le parent qu'on voulait secourir est mort ou
est revenu à meilleure fortune? Nous adoptons l'affirmative. La restitution a été faite avec une destination
positive ; il y a *datio ob causam ;* la dot restituée n'ayant
pas été appliquée à cette destination, le mari aura une
condictio ob rem dati, re non secuta.

La défense de restituer la dot ne peut s'appliquer
à la dot *receptitia.* La dot receptice ne devant pas revenir à la femme, lors de la dissolution, celle-ci n'a
aucun intérêt à sa conservation : la prohibition n'a plus
sa raison d'être. Si donc le mari restitue cette dot au
constituant, il effectue un paiement anticipé d'une dette
non échue ; cette restitution est inattaquable.

En principe, un débiteur doit être condamné au paiement intégral de sa dette , sans que le juge ait à se
préoccuper des moyens que possède ce débiteur pour
acquitter son obligation. Cependant, il n'en est pas

toujours ainsi. Dans certaines circonstances, à raison
des rapports de parenté, de reconnaissance ou d'association, existant entre le créancier et le débiteur, celui-
ci peut n'être condamné que jusqu'à concurrence de
ses facultés. Ce bénéfice, appelé par les interprètes du
droit romain, *bénéfice de compétence*, appartient à l'ascendant poursuivi par son descendant, au patron actionné
par son affranchi, à l'associé contre lequel est intentée
l'action *pro socio* (1). Il a été étendu au mari, mais
seulement dans l'hypothèse où la femme agit par l'action
rei uxoriæ. Ce bénéfice a été introduit dans un but
d'équité et d'humanité ; aussi, tout pacte par lequel
le mari s'interdirait le droit de l'invoquer est-il réputé
non avenu « *quippe contra reverentiam, quæ maritis exhi-*
« *benda est, id esse apparet* (2). » Le motif donné par
Ulpien s'appliquerait évidemment aussi bien au cas où
la femme agit par l'action *ex stipulatu* qu'à celui où
elle intente la *rei uxoriæ*. La femme doit toujours de
la déférence à celui qui fut son époux. La distinction
existant entre les deux cas, tient au caractère particulier de l'action *rei uxoriæ*. Cette action, avons-nous dit
dans notre premier chapitre, s'est introduite peu à peu,
et s'est substituée à l'obligation imposée au mari par
le tribunal domestique, de restituer quelque chose sur
la dot. Or, nous n'avons pas besoin d'insister sur cette
idée, que le tribunal domestique ne dut jamais condamner le mari au-delà de ses facultés. Il déterminait
le *quid æquius melius*, et il n'eût certes pas été équita-

---

(1) Inst., § 38, *De act.*, IV, 6.

(2) L. 14, § 1, D., *Solut. matr.* (24, 3).

blé d'obliger le mari à plus qu'il ne pouvait. Le *judex* de l'action dotale ayant remplacé le tribunal domestique, et l'action ayant conservé ce caractère de suprême équité, le juge dut suivre la même règle, et tenir compte de l'étendue des facultés du mari. Le bénéfice de compétence n'est donc, pour nous, qu'une suite, une conséquence du droit conféré au mari de faire déterminer par le tribunal domestique, le montant d'une restitution conforme à l'équité. C'est une application du caractère de l'action *rei uxoriæ*, plutôt qu'à proprement parler, un véritable bénéfice. Que les interprètes du droit romain lui aient donné ce nom, peu importe ; pour nous, il n'est pas une faveur, une dérogation, mais l'application des principes généraux. On s'explique alors aisément que le mari ne puisse pas l'invoquer, lorsqu'il est poursuivi par l'action *ex stipulatu*. On rentre dans la règle générale : la *condemnatio* et l'*intentio* doivent être calquées sur la *promissio* elle-même.

C'est donc à la différence essentielle existant entre le caractère des deux actions qu'il faut rattacher les règles spéciales au bénéfice de compétence. Le mari, pour jouir de ce bénéfice, n'a pas besoin de faire insérer une exception dans la formule ; car, le juge de l'action *rei uxoriæ* ne doit jamais statuer que sur le *quid æquius melius*. Le bénéfice de compétence est, si l'on peut s'exprimer ainsi, inhérent et essentiel à l'action dotale, il y est virtuellement et fatalement compris. Aussi, le juge s'est-il trompé, et a-t-il condamné le mari au delà de ses facultés, quand la femme intentera contre son époux l'action *judicati*, pour obtenir l'exécution de la première condamnation, celui-ci lui opposera une exception de dol, car la femme commet un véritable dol en voulant retirer du mari plus qu'il ne peut donner. Mais comme le droit de la femme a été transformé par la *litis contestatio* et par la *condemnatio* intervenue sur l'action *rei uxoriæ*, le mari a alors besoin d'une exception proprement dite pour écarter l'action *judicati*, cette dernière ne présentant pas ce caractère *in bonum et æquum concepta*, propre à l'action *rei uxoriæ* (1).

Mais la femme a-t-elle définitivement perdu le droit de réclamer le surplus, et en supposant que le mari revienne à meilleure fortune, pourra-t-il opposer l'exception *rei judicatæ* à la demande formée par la femme pour recouvrer l'intégralité de sa dot? D'après les principes rigoureux, le mari est évidemment libéré de toute obligation civile ; il est tout au plus tenu naturellement. Aussi est-il probable que la femme, avant le jugement, exigeait que le mari prît l'engagement formel de payer le reliquat de la dot, dès qu'il le pourrait. Ce droit définitivement admis pour l'associé (2), fut plus tard appliqué à toutes les personnes qui étaient condamnées *in id quod facere possint*. Justinien mentionne cette *cautio* sans aucune réflexion et comme un usage pratiqué depuis longtemps (3). Une constitution de Dioclétien et Maximien va même plus loin, et elle permet à la femme d'agir ultérieurement contre le mari qui a

(1) L. 17, § 2, D., *Solut. matr.* (24, 3).

(2) L. 63, § 4, D., *Pro socio.* (17, 2)

(3) C. 1, § 7, C., *De rei ux.* (5, 13).

acquis de nouveaux biens, ou contre les héritiers de celui-ci, sans promesse préalable (1). A cette époque était tombé en désuétude le principe, qu'il n'est pas permis de renouveler une action déjà intentée.

Comment le juge déterminera-t-il le *quantum facere potest?* En estimant la valeur actuelle des biens, sans défalquer de cet actif brut le montant des dettes, de telle sorte qu'en présence d'un mari dont les autres dettes seraient égales ou supérieures à l'entier patrimoine, la femme n'en obtiendra pas moins une condamnation contre lui pour le montant de sa dot. Tout au contraire, s'il s'agissait d'un donateur, le juge devait défalquer le passif de l'actif, et ce n'était que sur l'excédant, déduction faite encore de ce qu'il lui fallait pour vivre, que le donateur pouvait être condamné. En matière de dot, le mari sera, dans tous les cas, condamné à concurrence de la valeur actuelle de ses biens, mais la femme ne sera payée que si elle se présente la première, ou si elle peut invoquer son *privilegium* contre les autres créanciers (2).

SECTION DEUXIÈME.

Des droits de la femme.

Nous ne reviendrons pas sur la question de savoir qui, du mari ou de la femme, est propriétaire des choses dotales. Nous croyons avoir suffisamment établi le droit de propriété du mari. Si quelques textes parais-

---

(1) C. 8, C., *Solut matr.* (5, 18).

(2) L. 17, L. 19, D., *De re judic.* (42, 1).

sent l'attribuer à la femme, ils visent l'espérance qu'elle
a de recouvrer un jour sa dot. Ils font allusion à la
créance éventuelle qui lui appartient pour la restitution
de sa dot, et à l'*émolument actuel* qu'elle retire, puisque
les fruits des biens dotaux sont appliqués aux besoins
communs, aux siens propres comme à ceux du mari.

Quelle sera donc la situation de la femme pendant
le mariage? Investie de l'action *rei uxoriæ*, elle est
créancière soit de la chose elle-même si la dot comprend
des corps certains non estimés, soit d'une somme déterminée représentant l'estimation ou la valeur des choses
fongibles remises au mari. Cette qualification ne peut
lui être contestée, au moins à partir de l'époque où les
pouvoirs illimités laissés au juge de l'action *rei uxoriæ*
pour la détermination du *quid æquius melius*, furent
reconnus dangereux, et où la coutume, peut-être une
loi inconnue, vint fixer le *quantum* de la restitution.
Lui refuser ce titre, serait méconnaître la véritable
pensée des jurisconsultes romains ; car, chaque fois
qu'ils ont eu à parler de la femme dotale, ils l'ont assimilée à une véritable créancière. Ainsi, nous n'avons
reconnu au mari le droit d'affranchir les esclaves dotaux,
que sous la condition de sa solvabilité. Cette condition
fait-elle défaut, l'affranchissement sera nul par application de la loi Ælia Sentia. Or, une pareille décision
n'est-elle pas la preuve que la femme est créancière,
puisqu'on la fait bénéficier des dispositions d'une loi
rendue exclusivement dans l'interêt des créanciers?

Mais quels sont ses droits, relativement à la créance
dotale dont elle est investie contre son mari? Peut-
elle en disposer comme peut le faire tout créancier,

ou bien a-t-on apporté quelque entrave à son droit de disposition? La réponse n'est pas douteuse ; cette créance n'est nullement frappée d'inaliénabilité entre les mains de la femme, et elle peut faire tous les actes qu'elle jugera convenables, pourvu bien entendu qu'ils ne constituent pas une violation de la règle qui prohibe les donations entre époux.

Par application de ce dernier principe, la femme ne pourra faire remise à son mari ni de la totalité ni d'une partie de la créance qu'elle a contre lui. L'interdiction ne tient pas au caractère de la créance, elle découle des qualités respectives du débiteur et du créancier. La prohibition est générale, et s'applique à toutes les créances de la femme contre le mari. L'acceptilation ou le pacte *de non petendo* consentis par la femme, contiennent une véritable donation. Si donc nous nous trouvions dans une de ces hypothèses où les donations entre époux sont permises, la raison de la prohibition n'existant plus, la femme pourrait valablement renoncer en faveur de son mari à demander la restitution de la dot. Ainsi, a-t-elle consenti *animo donandi* à l'affranchissement d'un esclave dotal, le mari n'est pas tenu de restituer les divers profits qu'il retire de cet affranchissement (1).

A l'égard de toute autre personne que le mari, la femme a un droit de disposition absolu sur ses créances. Elle peut s'en dépouiller définitivement au moyen d'une cession s'effectuant en la forme d'une *procuratio in rem suam,* ou en employant la délégation. Relative-

(1) L. 63, L. 64, D., *Solut. matr.* (24, 3).

ment à la délégation, un texte formel (1) lui reconnaît
ce pouvoir, et voici dans quelle hypothèse. Un père
constitue une dot à sa fille ; quelque temps après, il
la stipule lui-même de son gendre, ou bien il la fait
stipuler par un tiers, et la fille donne son consentement. Ulpien décide que la fille mineure de vingt-cinq
ans, lésée au sujet de sa dot, aura la *restitutio in integrum*, car la dot est le patrimoine propre de la fille. On
peut conclure de ce passage que la promesse faite par
le mari serait valable, si la fille eût été majeure, car
le bénéfice de la *restitutio in integrum* n'est accordé qu'aux
mineurs de vingt-cinq ans. Il est donc certain que la
femme mariée peut très-bien déléguer à un tiers le
mari débiteur de la dot et renoncer à sa créance en
faveur de tout autre que son époux. Sans doute,
le texte ne dit pas d'une façon formelle que cette
délégation a eu lieu pendant le mariage, mais d'après
les termes mêmes employés par Ulpien, il est évident
qu'il en est ainsi. En effet, si la promesse fût intervenue
au moment même de la constitution de dot ou après
cette constitution, mais avant le mariage, le jurisconsulte n'aurait pas parlé du consentement de la fille qui
eût été inutile. Jusqu'à la célébration du mariage, le
constituant peut faire toutes les conventions qu'il voudra, *etiam citra personam mulieris* (2). Au contraire,
aussitôt mariée, la femme a un droit acquis, et par conséquent on ne peut ni la dépouiller de ce droit, ni le
diminuer malgré elle. Si donc la femme a été appelée

---

(1) L. 3, § 5, D., *De minoribus* (4, 4).

(2) L. 7, D., *De pact dot.* (23, 4). — L. 29, D., *Solut. matr.* (24, 3).

à donner son consentement, c'est qu'elle était mariée. La L. 36. D., *De jure dot.* (25, 3), reconnaît également à la femme le droit de disposer de sa créance dans l'espèce suivante. Le mari avait reçu en dot une créance que la femme possédait contre un tiers ; puis, il fait acceptilation sur l'ordre de sa femme. Le jurisconsulte nous dit que la créance est éteinte, *res mulieri perit.* Il est incontestable que si la femme n'avait pas pu valablement disposer de sa créance, Sabinus n'aurait pas employé cette expression. De deux choses l'une : ou il aurait annulé l'acceptilation, ou il aurait fait supporter la perte au mari.

En résumé donc, la femme peut se dépouiller de sa créance comme elle l'entendra, et au profit de toutes personnes, pourvu que cette remise ne constitue pas une donation prohibée entre époux. Mais pourquoi lui avait-on permis de disposer de sa créance ? Ce droit d'aliénation n'est-il pas incompatible avec le soin pris par les jurisconsultes romains de protéger la femme contre elle-même ? Alors qu'on ne lui permettait ni les constitutions d'hypothèque, ni les intercessions, n'aurait-on pas dû rendre également sa créance inaliénable ? Cela ne parut point nécessaire. Comme pour l'aliénation du fonds dotal, les effets résultant de l'extinction de la créance sont tellement immédiats et apparents, que la femme n'aura pas pu se faire illusion. Par suite, nul besoin d'établir une règle d'incapacité ou d'indispossibilité pour la protéger contre sa faiblesse.

Mais peut-elle valablement renoncer aux sûretés qui garantissent sa créance ? Ces garanties sont ou légales ou conventionnelles. La garantie légale se trouve dans

8

le caractère privilégié de l'action *rei uxoriæ*. La femme
avait le droit de se faire payer avant tous les créanciers
chirographaires du mari. Ce *privilegium inter personales
actiones,* était exclusivement attaché à sa personnalité
physique, de telle sorte que ses héritiers ne pouvaient
pas l'invoquer. Etabli dans un but d'intérêt général,
les motifs qui l'avaient fait introduire avaient paru
tellement puissants, qu'on avait accordé la même garantie
à la *condictio* destinée à réclamer les sommes livrées à
titre de dot. Ainsi une fiancée donne une dot et ne se
marie pas, ou bien le mariage est nul pour défaut de
puberté ; ceux qui auraient le droit d'exercer l'action
rei uxoriæ, pourront intenter une *condictio ob rem dati
re non secuta* (1). Si la femme agit elle-même, cette
condictio sera privilégiée, car la femme doit pouvoir
reprendre des biens qui lui serviront de dot dans une
nouvelle union (2).

Du moment que ce privilége a été introduit dans
un intérêt public, il ne peut pas être permis à la femme
d'y renoncer pendant le mariage, car *privata conventio
juri publico nihil derogat* (3). Mais, après le mariage,
lorsque l'action *rei uxoriæ* a réellement pris naissance,
rien n'empêche la femme d'éteindre cette action par
n'importe quel moyen, et de perdre par là même le
privilegium garantissant sa créance. Paul, supposant
le cas où la femme divorcée fait novation avec le mari
ou avec un tiers, nous dit que le privilége de la dot

(1) L. 74, D., *De jure dot.* (23, 3).

(2) L. 17, § 1, L. 18, L. 19, D., *De rebus auct. jud.* (42, 5).

(3) Paul Sent. 1, i, § 6.

est éteint (1). C'est absolument comme si, après avoir reçu les valeurs dotales, elle en avait fait l'objet d'un nouveau contrat avec le mari ou le tiers. C'est ainsi que Julien annule ou valide le pacte ayant pour but de retarder l'époque de la restitution, suivant qu'il a été fait avant ou après le divorce (2).

Outre le privilége établi par la loi pour garantir la créance dotale, la femme peut avoir exigé des sûretés conventionnelles, telles qu'un droit de gage ou d'hypothèque sur les biens personnels du mari et même sur les biens dotaux. Le mari peut aussi avoir fourni des fidéjusseurs ou d'autres cautions, au moins jusqu'à la fin du IVe siècle, car c'est seulement à partir de la C. 1, C., *Ne fidej.* (5, 20), que les fidéjusseurs ou autres répondants ne purent plus intervenir pour garantir la restitution de la dot.

Est-il permis à la femme de renoncer à ces garanties conventionnelles ? Une semblable renonciation ne viole aucun principe d'ordre public, car il s'agit de sûretés obtenues à la suite d'une convention spéciale ; y renoncer sera revenir au droit commun. Mais ne pourrait-on pas voir là une *intercessio* prohibée par le sénatus-consulte Velléien, ou une donation entre époux? L'intercession, défendue par le Velléien, suppose un engagement de la femme ou de ses biens avec l'espérance d'un recours contre celui pour lequel l'intercession est intervenue. Or, aucun de ces éléments constitutifs ne se rencontre ici. Il y a aliénation, et le Velléien n'atteint pas les

(1) L. 29, D., *De novat.* (46, 2).

(2) L. 18, D., *De pact. dot.* (23, 4).

aliénations, qui ne peuvent laisser à la femme aucune illusion. C'est la solution contenue dans la L. 8, D., *Ad Sen. Vell.* (16, 1). Ulpien, supposant le cas où la femme a fait remise de l'hypothèque au tiers qui la lui avait concédée, déclare qu'il n'y a pas intercession. Il en est de même lorsque le constituant du gage ou de l'hypothèque est le mari. Au surplus, des textes positifs proclament le droit qu'a la femme de renoncer à l'hypothèque conventionnelle en faveur de son mari propriétaire des biens affectés à la restitution de la dot. Voici comment s'expriment les empereurs Philippe : « *Etiam constante matrimonio, jus hypothecarum seu pig-* « *norum marito remitti posse, explorati juris est* (1). » Ailleurs, Ulpien prévoit le cas où une femme achète de son mari *prædia quæ ob dotem acceperat*, et le jurisconsulte décide que si la vente n'est pas faite *donationis causa*, elle sera valable ; la femme deviendra propriétaire, et par suite perdra son hypothèque (2). Or cette décision implique d'une façon évidente que la femme peut se dépouiller valablement des sûretés garantissant sa créance.

La renonciation de la femme peut être expresse ou tacite. Tacite, elle résultera du consentement donné par elle à certains actes du mari. Par exemple, la femme intervient dans la vente que le mari consent à un tiers du bien hypothéqué à la sûreté de la dot. Cette intervention n'est-elle pas une intercession prohibée ? Il dut y avoir des doutes sur ce point, et c'était probablement

(1) C. 11, C., *Ad Sen. Vell.* (4, 29).

(2) L. 7, § 6, D., *De donat. inter vir. et ux.* (24, 1).

pour les dissiper que fut promulguée la constitution d'Anastase (1). Telle est du moins l'opinion générale. Cependant déjà dans la C. 11, C., *Ad Sen. Vell.* (1, 29), promulguée en 245, c'est-à-dire plus de deux siècles avant celle d'Anastase, la renonciation de la femme ne soulevait aucune difficulté.

Mais si la renonciation de la femme au gage ou à l'hypothèque, faite en faveur du mari, ne constitue pas une intercession prohibée, n'est-elle pas du moins une donation entre époux, et par suite interdite à ce titre? La question avait dû être controversée ; néanmoins, elle avait été résolue dans le sens de la négative, comme l'indique Papinien. « *Verior sententia est nullam fieri* « *donationem existimantium* (2). » En effet, une des conditions indispensables de la donation, l'enrichissement du donataire, fait défaut ; car, quoique la femme ait renoncé à son hypothèque, le mari sera toujours tenu de restituer la dot à la dissolution du mariage.

Les garanties que nous venons d'étudier, auraient été presque toujours illusoires, si la femme n'eût pas été protégée contre les dissipations de son mari. Aussi avait-on introduit une exception à la règle d'après laquelle elle ne peut pas demander sa dot pendant le mariage. Elle est autorisée à intenter son action en restitution, du moment où il apparaît très-évidemment que les facultés du mari ne suffisent plus pour le paiement de sa dot (3). Une fois remise en possession, elle ne

(1) C, 21, C., *Ad Sen. Vell.* (4, 29).

(2) L. 18, D., *Quæ in fraudem* (42, 8).

(3) L. 24, pr., D., *Solut. matr.* (24, 3).

jouira pas de tous les droits que le mari avait sur ces biens ; ils seront inaliénables entre ses mains ; elle en aura seulement la garde et l'administration, et devra employer les revenus aux besoins du ménage.

Malgré toutes ces garanties, le but que l'on s'était proposé, sauvegarder la dot de la femme, était loin d'être atteint, surtout à l'égard de la dot mobilière. En effet, le mari pouvant aliéner les meubles dotaux, la femme n'avait aucun recours contre les tiers acquéreurs de ces biens. Le *privilegium inter personales actiones* ne lui conférant aucun droit réel, elle était primée par les créanciers auxquels le mari avait concédé des droits de gage ou d'hypothèque ; elle ne jouissait d'aucun droit de suite contre les tiers acquéreurs des biens du mari. Son privilége lui-même s'effaçait devant d'autres priviléges.

La législation romaine accordait des priviléges personnels : 1° au fisc (1) ; 2° aux cités, lorsque l'empereur le leur avait formellement concédé dans la *lex municipalis* (2) ; 3° aux ex-mineurs pour les créances existant contre leurs tuteurs à l'occasion des actes de tutelle (3) ; 4° pour les frais funéraires (4) ; 5° au créancier de prêt d'argent pour la construction, la réparation et la conservation de la chose du débiteur (5) ; 6° enfin, à l'individu qui avait déposé de l'argent chez un banquier

(1) Paul Sent, V, xii, § 10. — L. 6, *pr.*, D., *De jure fisci* (49, 14).

(2) L. 10, D., *Ad municipalem* (50, 1).

(3) L. 19, § 1, D., *De rebus auct.* (42, 5).

(4) L. 45, D., *De relig. et sumpt.* (11, 7).

(5) L. 25, D., *De rebus cred.* (12, 1).

sans en recevoir d'intérêts, mais seulement dans le cas de déconfiture du banquier, et *si nummi extent* (1). Vainement cherchera-t-on des dispositions précises contenant un classement entre ces divers priviléges. Les jurisconsultes romains traitent dans les textes relatifs à cette matière, du concours de quelques-uns d'entre eux, mais ils ne nous offrent pas une théorie complète et d'ensemble sur cette question délicate. Les commentateurs allemands se sont surtout occupés de cette difficulté, mais leurs systèmes varient à l'infini, chacun interprétant à sa manière les rares textes que nous possédons.

Le conflit peu s'élever entre le privilége de la femme et celui du fisc. Nous rencontrons tout d'abord un édit de Tibérius Alexander, préfet d'Egypte, relatif à cette hypothèse. Cet édit, gravé sur le premier pylône du temple d'El-Khargeh, découvert par Cailliaud en juillet 1818, et rendu sous l'empereur Galba l'an 68 de l'ère chrétienne, décide que la femme du comptable peut se faire rendre sa dot par préférence au fisc à l'égard duquel le comptable est resté reliquataire. Le fisc ne pourra pas se payer sur la totalité du patrimoine, de manière à rendre impossible pour la femme le recouvrement de sa dot. La femme est donc privilégiée à l'égard du fisc. Plusieurs auteurs, parmi lesquels M. Demangeat, interprétent ainsi l'édit d'Alexander, mais ils ajoutent que la fiscalité impériale ayant fait des progrès, cet ordre de choses fut interverti. Nous

(1) L. 24, § 2, D., *De rebus auct.* (42, 5). — L. 7, § 2, D., *Dep. vel contra* (16, 3).

oserons repousser l'opinion du savant romaniste pour les raisons suivantes. Le préfet d'Egypte suppose que les biens dotaux de la femme existent encore en nature dans le patrimoine du mari. Il admet que la femme peut les prélever comme siens, et les faire sortir par voie de distraction de la masse sur laquelle le fisc cherche à se payer. Nous invoquerons en ce sens les termes mêmes de l'Edit : « ἀλλοτριας οὖσας κἁι ὀυ τῶν ἐιληφότων « ἀνδρῶν....., ἐκ τὀυ φίσκου ταῖς γυναιξιν αποδιδοσθαι. » Alors que les biens apportés par la femme sont distinctement reconnaissables des autres biens du mari, on comprend qu'il ait paru injuste à Galba et au préfet d'Egypte de laisser le fisc se payer au détriment des droits de la femme, et qu'ils aient accordé à celle-ci la faculté de prélever les biens dotaux à l'encontre du fisc. Mais rien ne nous démontre que l'on eût donné à la femme le droit d'être désintéressée avant le fisc, si, simple créancière d'une valeur, elle se fût présentée pour en être payée sur l'ensemble du patrimoine. C'est ainsi que le texte est entendu par M. Bachofen (1).

Si donc nous laissons à l'écart cet édit, à l'occasion duquel se sont produites les opinions les plus divergentes, il résulte de l'ensemble des textes du Digeste et du Code, qu'on doit distinguer à l'égard du fisc entre les diverses créances dont il est nanti ; les unes sont garanties par une hypothèque privilégiée ; d'autres, par une simple hypothèque ; d'autres enfin sont pures et simples. Le fisc a une hypothèque privilégiée pour la créance relative aux impôts arriérés, et pour le reliquat du

(1) Bachofen. *Traité de l'hypothèque*, Bâle, 1847, t. I, p. 243.

compte du *primipilus*. Cette hypothèque privilégiée passe avant le *privilegium exigendi* de la femme, car elle prime toutes les créances quelles qu'elles soient (1). Si le fisc agit *ex contractu*, il n'a qu'une simple hypothèque, et en cas de concours avec d'autres créanciers hypothécaires, il faut lui appliquer la règle générale *prior tempore, potior jure* (2). Le fisc poursuit-il le recouvrement de ses amendes, il n'a pas de privilége, et d'après un fragment de Papinien, simple créancier chirographaire, il suit la loi commune, et vient en concours avec les autres créanciers chirographaires (3). Cependant deux autres textes semblent admettre que le fisc ne viendra, pour les amendes qui lui sont dues, qu'après tous les créanciers même non privilégiés (4). L'opinion de Papinien nous paraît préférable. Donc, quand le fisc se trouve en concours avec la femme, voici comment nous réglerons le conflit. Le fisc est-il créancier pour la première cause indiquée, il passe avant la femme. S'agit-il de l'hypothèque attachée à ses créances contractuelles, le privilége de la femme ne lui permettant pas de primer les créanciers hypothécaires, elle ne viendra qu'après le fisc. La C. 9, C., *De jure dot.* (5, 12) paraît donner une solution opposée ; mais la contexture de ce texte montre qu'il est question d'une femme ayant obtenu une hypothèque conventionnelle du mari. La

---

(1) C. 1, C., *Si propter publicas...* (4, 46). — C. 3, C., *De primipilo* (12, 63).

(2) L. 21, D., *Qui potiores.* (20, 4). — L. 28, D., *De jure fisci* (49 14). — C. 2, C., *De privil. fisci.* (7, 73).

(3) L. 37, D., *De jure fisci.* (49. 14). — De Vangerow, t. III, p. 232.

(4) L. 17, D., *De jure fisci.* (49, 14). — C. 1, C., *Pœnis fisc.* (10, 7).

constitution applique alors la règle *prior tempore, potior jure*. Le fisc est-il enfin créancier pour la troisième cause, la femme lui sera préférée. Cujas pensait que, en cas de concours entre le privilége de la femme et celui du fisc, celui-là l'emportait toujours qui était préférable en date. Nous croyons que le grand jurisconsulte aurait dû distinguer comme nous venons de le faire.

Le privilége des frais funéraires doit dans tous les cas avoir le premier rang ; il primera donc le privilége du fisc, et par suite celui de la femme (1).

Quant aux cités, la L. 38, § 1, D., *De reb. auct.* (42, 5), semble leur accorder un droit de préférence sur tous les créanciers chirographaires. Elles viendront donc en quatrième ligne.

Nous n'examinerons pas, car le sujet est étranger à notre thèse, les grandes difficultés que soulève le classement du privilége accordé au déposant qui a mis des fonds chez un banquier. Des textes contradictoires d'Ulpien, probablement tronqués par les maladroits conspilateurs du Digeste, ont donné naissance à plusieurs systèmes de conciliation. Quant au cas spécial qui nous occupe, celui d'un conflit entre les droits de ce créancier et ceux de la femme, nous pensons qu'il faut le résoudre de la façon suivante. Si les écus existent encore entre les mains du banquier, le déposant primera tous les autres créanciers privilégiés, y compris la femme, car, se présentant comme propriétaire, il agira par la revendication. Au contraire, les écus ont-ils été con-

(1) Paul, Sent. I, xxi, § 15. — L. 15, D., *De religiosis*. (11 7). — De Vangerow, t. III, p. 234.

sommés, le déposant aura pour sa créance un recours sur l'ensemble du patrimoine de l'*argentarius*, mais il ne viendra qu'après les autres créanciers privilégiés, par conséquent après la femme. Telle est l'opinion soutenue en Allemagne par Flister et de Vangerow (1). D'après Cujas, la L. 7, § 2, D., *Depositi vel contra* (16, 3), prévoirait la même hypothèse que la L. 24, § 2, D., *De reb. auct.* (42, 5). Cette interprétation, appuyée sur l'autorité des Scholiastes sur les Basiliques, a été adoptée par Muhlenbruch et Unterholzner. Schulting, Puchta, Zimmern ont proposé d'autres explications qui ne sont nullement satisfaisantes ; aussi n'en parlerons-nous pas.

Le privilége de la femme se classera encore après les frais d'inventaire et ceux exposés pour parvenir à la vente des biens. Notre droit actuel a adopté les mêmes principes. Les frais faits pour permettre aux créanciers la réalisation de leur gage doivent être payés avant ces mêmes créanciers (2).

En résumé donc, dans la Rome classique, la femme était primée par certains créanciers privilégiés, par tous les créanciers hypothécaires, et n'avait pas d'action contre les tiers acquéreurs soit des biens propres du mari, soit des meubles dotaux. Si la femme pouvait, par sa résistance aux désirs du mari, sauver la dot immobilière, ses efforts étaient impuissants à l'égard de la dot mobilière. Elle n'était jamais assurée de la

(1) L. 24, § 2, D., *De reb. auct.* (42, 5). — L. 7, §§ 2, 3, D., *Depositi vel contra.* (16, 3). — C. 8, C., *Depositi* (4, 34).

(2) L. 72, D., *Ad leg. Falcid.* (35, 2). — C. 22, § 9. C., *De jure delib.* (6, 30).

recouvrer dans son intégrité. Le législateur n'avait donc pas encore atteint le but proposé : *interest reipublicæ mulieres dotes salvas habere, propter quas nubere possint.* Dans la période suivante, Justinien s'efforcera de corriger cette législation défectueuse. Nous aurons à apprécier le mérite de ses réformes.

Une double action peut venir sanctionner pour la femme le droit qu'elle a de réclamer la restitution de sa dot. Nous avons déjà, dans le premier chapitre, mentionné ce double droit, en racontant la naissance et le développement de l'action *rei uxoriæ*. Contentons-nous de préciser en quelques mots les analogies et les différences qui existent entre celle-ci et l'action *ex stipulatu.*

Analogies. — 1° Ces deux actions sont personnelles, civiles, *in jus.*

2° Elles ne peuvent en général être intentées avant la dissolution du mariage ; il n'y a d'exception à ce principe que lorsque la dot est mise en péril.

3° Elles sont privilégiées *inter personales actiones.*

Différences. — 1° L'action *rei uxoriæ* est *in bonum et æquum concepta.* La plus grande latitude sera accordée au juge ; il pourra rechercher *quidquid æquius melius est ;* c'est l'action de bonne foi par excellence, puisque les pouvoirs du *judex* sont sans bornes. L'action *ex stipulatu* est une action *stricti juris ;* l'*intentio* est calquée sur les termes de la stipulation, et il est défendu au juge de sortir des limites de la formule.

2° Introduite dans le but de favoriser les secondes noces, et pour réparer le préjudice qu'éprouverait la femme si elle était privée de sa dot, l'action *rei uxoriæ* est essentiellement personnelle à la femme. Elle ne passera aux héritiers que si celle-ci, ayant survécu à la dissolution du mariage, a mis le mari ou ses héritiers en demeure de restituer sa dot. L'action *ex stipulatu*, au contraire, est, comme toute action née d'un contrat, transmissible de plein droit aux héritiers de la femme.

3° Dans l'action *rei uxoriæ* on voit apparaître une dérogation aux principes de la puissance paternelle. Le père ayant sa fille sous puissance, ne peut pas seul intenter l'action *rei uxoriæ;* il a besoin, comme nous l'avons vu, du consentement de la fille. C'est qu'en effet la femme est tellement intéressée à la conservation de sa dot, que le père n'inspirait pas au législateur une confiance suffisante pour qu'il lui fût permis d'agir seul. En exigeant le consentement de la femme, on sauvegarde ses intérêts, et si elle donne une autorisation à la légère, et que le père dissipe les biens dotaux, elle n'a qu'à s'en prendre à elle-même. Dans l'action *ex stipulatu,* on suit les règles ordinaires, d'après lesquelles le père a seul le droit d'intenter les actions à lui acquises par une personne soumise à sa puissance.

4° La femme, étant émancipée pendant le mariage, conservera son action *rei uxoriæ*. Cette solution est toute naturelle, l'action ayant été créée pour réparer le préjudice que souffre personnellement la femme, par l'effet du divorce ou du décès du mari. Qu'importe qu'elle soit, ou non, émancipée; le préjudice n'en est ni moins réel ni moins étendu? Au contraire, quoique émancipée, elle n'a aucun droit à l'action *ex stipulatu,* qui reste dans le patrimoine du *paterfamilias*.

5° Lorsque le débiteur subissait une *capitis deminutio*, l'action dont il était tenu s'éteignait *ipso jure* (1). Ainsi donc le mari ayant encouru une-*capitis deminutio*, ne pourra plus être poursuivi par l'action *ex stipulatu*, à moins que le créancier n'obtienne à la place, une action *utilis fictitia*, accordée par le préteur. L'action *rei uxoriæ* n'étant pas pécuniaire dans sa cause, survit à la *capitis deminutio*, et par conséquent le créancier n'aura pas besoin de recourir à une restitution (2).

6° Nous avons expliqué pourquoi et comment le bénéfice de compétence était une conséquence forcée de la nature de l'action *rei uxoriæ*. Le mari ne jouira plus de cette faveur dans l'action *ex stipulatu*, car il est tenu en qualité de promettant, et non en qualité de mari.

7° Pour les mêmes raisons, la théorie des rétentions ne reçoit d'application que lorsqu'on agira par l'action *rei uxoriæ*.

8° Si la dot se compose de choses fongibles, le mari poursuivi par l'action *rei uxoriæ*, aura un délai de trois années pour en faire la restitution. Par l'action *ex stipulatu*, il devra restituer la dot immédiatement.

9° Enfin, si le mari mourant *in matrimonio*, avait fait une libéralité *mortis causa* à sa femme, celle-ci, en vertu de l'édit *de alterutro*, devait opter entre le bénéfice de cette disposition, et l'action *rei uxoriæ* (3). Le préjudice que cette action avait pour but d'écarter, n'existant plus en présence de la libéralité faite par le mari, il

(1) Gaius, III, § 84.
(2) L. 8, D., *De capit. min.* (4, 5).
(3) C. 1. C., *De rei uxoriæ* (5, 13).

aurait été injuste que la femme reçût à la fois et sa dot et le montant du legs. Elle se serait ainsi enrichie au détriment des héritiers du mari, qui presque toujours seront ses enfants. Il lui suffit d'être garantie contre le préjudice prévu, et comme il s'agit dans l'action *rei uxoriæ* d'un véritable bénéfice, on ne lui impose pas l'obligation de s'en tenir au legs ; on lui laisse l'option. Rien de semblable en matière d'action *ex stipulatu* ; elle pourra tout à la fois intenter son action et réclamer la libéralité.

CHAPITRE III.

De la Dot mobilière sous Justinien.

Près de cinq siècles se sont écoulés depuis les lois Julia et Papia Poppea, et pendant cette longue période de temps, des réformes nombreuses et considérables se sont accomplies ; certains points de la législation ont été complétement modifiés. Au milieu de tous ces changements, le régime dotal paraît inébranlable, et le principe de la restitution de la dot a pénétré si profondément dans les mœurs, que vouloir le détruire serait jeter le trouble dans toute la nation. L'antique communauté universelle résultant de la *manus* n'est plus qu'un lointain souvenir, conservé par les écrits des anciens jurisconsultes.

Auguste, en accentuant dans un but sur lequel nous ne reviendrons pas, la séparation entre les intérêts du mari et ceux de la femme, a jeté les bases d'une institution qui ne doit pas périr. Avec le temps se consolide la formation d'un patrimoine propre à la femme et soustrait autant que possible aux dilapidations et aux abus d'influence du mari. Tout concourt à rendre plus énergique et plus nette la séparation des patrimoines des époux. Tandis qu'à l'époque primitive, les enfant recueillaient les biens de leur mère confondus dans la succession du père, les sénatus-consultes Orphitien et Tertullien viennent rendre plus sensible cette distinction des patrimoines paternel et maternel, en appelant les enfants à succéder à leur mère, et la mère à succéder à ses enfants.

A l'époque donc où Justinien monta sur le trône, depuis plus de cinq siècles la loi et les mœurs avaient tracé une démarcation profonde entre les intérêts des époux, et le principe de la restitution de la dot lors de la dissolution du mariage était passé à l'état d'un de ces axiomes qu'on adopte sans discussion. Justinien l'accepta, et, loin de songer à l'abolir, il ne visa qu'à le rendre plus assuré et plus certain.

Mais, en conservant l'institution dotale dans ses caractères essentiels, il fallait la justifier par des raisons en harmonie avec le nouvel état de choses. L'ancienne cause a disparu : la dot ne doit plus être restituée pour favoriser les seconds mariages. Depuis longtemps, en effet, le Christianisme est devenu la religion officielle de l'Empire. Au lieu d'encourager le mariage, les Pères de l'Eglise le considèrent comme contraire à la doctrine du maître. La virginité du célibat est l'état parfait et naturel des deux sexes. « Mettons la main à « la cognée, s'écrie saint Jérôme, et coupons par ses

« racines l'arbre stérile du mariage (1). » Les propa-
gateurs de la nouvelle religion n'ont pas d'expressions
assez énergiques pour flétrir les secondes noces, qu'ils
considèrent au fond comme un adultère. Saint Jérôme
nous montre, dans ses lettres, la descendante d'une des
plus grandes familles romaines, Fabiola, condamnée à
des pénitences publiques devant la basilique de Latran.
Quel était donc son crime? Elle s'était remariée, après
avoir eu recours au divorce à cause de l'adultère de son
premier époux. Comment, si le divorce et les secondes
noces sont proscrits, peut-on conserver un régime dotal
créé pour faciliter les nouvelles unions? Comment, si
dans la jeune société chrétienne tout doit être commun
entre les époux : honneurs, travaux, fortune, droits sur
les enfants ; comment, si liés l'un à l'autre par de mu-
tuels devoirs, ils ne doivent plus former qu'une même
chair et qu'un même esprit; comment admettre, non-
seulement le maintien, mais l'aggravation d'un régime
qui crée la séparation des intérêts? Pourquoi la communauté des patrimoines n'accompagne-t-elle pas la
communauté des devoirs, des pensées, la *communicatio
divini atque humani juris?*

Les Pères de l'Eglise vont encore nous fournir l'explication de cette apparente anomalie. Le christianisme
a accepté la tradition biblique, d'après laquelle la
déchéance de l'homme est due à la faiblesse de la femme.
Depuis la première faute, la femme, aux yeux de bien
des Pères, n'est plus qu'un instrument de tentation,
une occasion de chute. « Femme, s'écrie Tertullien, tu

(1) Saint Jérôme, Ep. 22. *Ad Eustoch.* I, p. 144

« es la porte du démon. C'est toi qui as corrompu celui
« que Satan n'osait attaquer en face ; c'est à cause
« de toi que Jésus-Christ est mort (1). » Ainsi se
trouve rajeunie et perpétuée dans la doctrine des Pères,
et dans le droit canonique, la tradition païenne sur la
légèreté et sur la faiblesse de la femme. La supériorité
morale de l'homme passe à l'état de croyance religieuse.
« L'homme seul a été créé à l'image de Dieu, mais
« non la femme ; en conséquence, celle-ci doit être la
« subordonnée et presque la servante et l'esclave de
« l'homme (2). »

En raison même de cette infériorité, la femme devient
la plus grande ennemie de la conservation de la dot.
La condescendance, la soumission absolue que lui impose la religion, la rend incapable de résister à son
mari, lorsqu'il lui demandera de consentir à l'aliénation de la dot. *Quis enim earum non misereatur propter*
obsequia quæ maritis præstent (3). Et cependant, sous
l'influence des doctrines de saint Paul, recommandant
aux parents de travailler et d'amasser pour leurs
enfants (4), l'inaliénabilité a été considérée comme le
sûr moyen, non plus seulement de conserver la dot à
la femme, mais aussi d'assurer l'avenir des enfants,
l'influence de la famille. Faut-il laisser ces intérêts
communs à la discrétion de celle qui, par faiblesse ou
légèreté, est capable de toutes les fautes ? Non, la dot

---

(1) Tertullien, *De cultu fæminarum*. I, p. 126.

(2) *Canon*, 13, 19.

(3) C. 12, C., *Qui pot.* (8, 18).

(4) Saint Paul, *Ep. aux Corinthiens*, XII, 14.

doit être protégée contre cette ennemie particulière qui se nomme l'épouse, et nous nous expliquons alors que Justinien, dans ses Institutes, présente ses réformes comme dictées, commandées par la crainte, « *ut sexus « muliebris fragilitas in perniciem substantiæ earum con- « verteretur.* »

Telles sont les idées générales qui dominent dans les réformes de Justinien, et qui apparaîtront nettement, quand nous en examinerons les détails.

Mais les conditions du régime dotal, telles que nous les ont fournies les Constitutions impériales, sont-elles suffisantes pour atteindre le but proposé ? Non. Lorsque la dot comprend des objets mobiliers, et c'est la seule qui nous occupe, la loi Julia est impuissante à protéger la femme. Si le mari a aliéné les meubles dotaux, s'il les a donnés en gage ou hypothéqués, la femme réduite à son *privilegium dotis* est désarmée contre les créanciers gagistes ou hypothécaires. La dot immobilière est mieux garantie, mais elle peut encore s'évanouir, si la femme a eu la faiblesse de consentir à son aliénation.

Pour obvier à ces inconvénients, pour mettre la dot en harmonie avec la nouvelle fonction qu'elle était appelée à remplir, pour la soustraire entièrement aux chances de ruine provenant du fait du mari et de la légèreté, de la faiblesse, de la condescendance de la femme, deux mesures radicales auraient dû être adoptées par le législateur. Refuser au mari le droit de propriété sur les biens dotaux, le réduire à un simple droit de jouissance, eût été la première. Rendre la femme complétement incapable d'autoriser

l'aliénation directe ou indirecte des biens dotaux, conserver ainsi à la femme elle-même et à la famille cette
dot constituée pour subvenir à leurs besoins, eût été
la deuxième. Mais nul législateur ne va ainsi droit au
but. Même dans les époques de trouble et de révolution, il ne sait pas, il ne peut pas faire abstraction
des institutions et des règles antérieures. Malgré lui,
l'état de choses précédent exerce sur ses réformes une
influence latente, mais incontestable. Ce n'est que par
des moyens détournés qu'il essaie d'atteindre le but,
laissant au législateur de l'avenir, le soin de compléter
l'œuvre. Comme tout autre, Justinien subit cette loi
générale. Ses réformes trahissent de l'hésitation, et la
gravité remarquable de quelques-unes, se dissimule sous
un style dont l'incorrection et l'obscurité sont les moin-
dres défauts. Ce ne sera pas une tâche facile que d'essayer de débrouiller l'écheveau confus des réformes du
législateur *uxorius*; les plus célèbres commentateurs
sont en désaccord sur l'interprétation des textes qui les
contiennent.

Les innovations de Justinien sont renfermées dans
trois constitutions successives, séparées par un intervalle
d'une année, et corroborées par les dispositions des
novelles 61 et 134.

La première, promulguée en 529, forme la C. 30,
C., *De jure dot.* (5, 12).

La seconde, de 530, forme la C. *un* C., *De rei ux.*
(5, 13).

La dernière, de 531, forme la C. 12, C., *Qui pot.*
(8, 18).

Pour apprécier la marche progressive suivie par Justinien, la méthode la plus logique consisterait à étudier séparément et en détail chacune de ces Constitutions; mais, nous préférons rester fidèle au plan que nous avons adopté jusqu'ici, et examiner dans deux sections : 1° les droits du mari ; 2° les droits de la femme.

SECTION PREMIÈRE.

Des droits du mari.

Le mari est-il, comme dans la période précédente, propriétaire des meubles dotaux, ou bien Justinien a-t-il innové sur ce point? La réponse à cette question se trouve dans la constitution 30, C., *De jure dot.* (5, 12). Mais elle y est présentée, suivant l'habitude familière de l'Empereur, sous une forme tellement confuse, que ce texte a donné naissance à de très-vives controverses sur le point de savoir quelle interprétation il fallait lui donner. Reproduisons le passage sur lequel porte la discussion. « *Volumus itaque eam in rem actionem in* « *hujusmodi rebus quasi propriis habere, et hypothecariam* « *omnibus anteriorem possidere: ut sive ex naturali jure* « *ejusdem mulieris res esse intelligantur, sive secundum* « *legum subtilitatem ad mariti substantiam pervenisse* « *(videantur) per utramque viam, sive in rem, sive hypo-* « *thecariam, ei plenissime consulatur.* » Que trouvons-nous dans ce fragment? Tout à la fois l'affirmation du droit de propriété du mari *jure civili*, et celle d'un droit de propriété naturelle au profit de la femme. Qu'est-ce que ce double droit de propriété? que signifie cet antagonisme, au moins apparent, entre le droit du mari et celui de la femme? Mais cet antagonisme même n'est-il pas la reconnaissance la plus explicite du droit de propriété du mari? D'après Cujas, Justinien n'aurait fait que consacrer l'opinion déjà admise à l'époque classique, à savoir que le mari et la femme étaient à la fois, à des titres divers, propriétaires de la dot; et, grâce à la constitution 30, le grand jurisconsulte trouve le moyen de concilier tous les textes que nous avons cités en examinant à qui appartient la propriété des biens dotaux. D'autres interprètes voient dans ces deux domaines une véritable innovation introduite par la constitution 30, et voici, d'après eux, la traduction de la pensée de Justinien. « Jusqu'à présent, aurait dit l'Empereur, le mari n'a été considéré comme proprié-taire que par suite de subtilités inacceptables; en réa-lité, la femme n'a jamais cessé de l'être. Aussi, voulant rétablir la vérité des choses, nous décidons que la femme aura une propriété naturelle dont la revendica-tion est le complément indispensable. Quant au mari, il ne continuera d'être appelé propriétaire que par une pure fiction. »

Nous n'adoptons ni l'une ni l'autre interprétation. Nous posons d'abord comme un principe incontestable que, sous l'empire de cette constitution, le mari est encore le propriétaire civil de la dot mobilière. Il serait bizarre que Justinien eût conservé au Digeste, promul-gué le 16 décembre de l'an 533, les nombreux textes où il est question du droit de propriété du mari; il serait absurde qu'il eût affirmé dans les Ins-titutes, ouvrage élémentaire, promulguées aussi en 533, le droit de propriété du mari, s'il avait décidé dans une constitution antérieure de trois années, que la femme serait désormais considérée comme propriétaire de la dot mobilière. Ni Tribonien ni Dorothée n'auraient commis une pareille erreur. Ajoutons que, pour une innovation aussi importante, aussi capitale, Justinien ne se fût pas contenté d'une phrase presque incidente. On connaît suffisamment les habitudes pompeuses du législateur oriental pour être convaincu qu'il aurait chanté ses propres louanges sur tous les tons. — Mais alors qu'a voulu dire l'Empereur, quand il parle du domaine naturel de la femme?

Voici l'explication donnée par de célèbres commentateurs; nous osons la leur emprunter. Après avoir créé au profit de la femme une hypothèque privilégiée, Justinien veut expliquer cette hypothèque par la nature des choses. Pour justifier la faveur accordée à la femme de primer les créanciers du mari sur les biens dotaux, il ne trouve rien de mieux que d'imaginer une propriété naturelle. A l'aide de ce droit plus fort, la femme pourra écarter les créanciers du mari. Si elle est restée propriétaire des biens dotaux, ne serait-il pas inconséquent qu'elle eût à souffrir de l'existence d'hypothèques établies sur ces biens du chef du mari? Après ce raisonnement, Justinien attache à cette propriété naturelle un effet pratique, en permettant à la femme de recouvrer sa dot par une action réelle, la revendication.

Le mari est donc toujours propriétaire des meubles dotaux. Mais peut-il les aliéner comme dans la période précédente, ou bien Justinien a-t-il mis sur la même ligne la dot mobilière et la dot immobilière? C'est encore une question délicate qui a soulevé jadis de grandes controverses.

Ceux qui veulent voir dans la constitution 30 l'assimilation, au point de vue des pouvoirs du mari, de la dot mobilière et de la dot immobilière, raisonnent de la manière suivante. L'empereur accorde à la femme une action en revendication relativement aux biens dotaux. Or, une telle action peut, par sa nature, s'exercer *erga omnes*; la femme pourra revendiquer contre les tiers acquéreurs. S'il en est ainsi, que signifie le pouvoir d'aliéner du mari? quels droits transmettra-t-il aux tiers? Si les aliénations sont maintenues, de quelle utilité sera pour la femme le nouveau droit qu'on lui confère? Sans doute, ajoutent les partisans de l'inaliénabilité, Justinien n'a pas formellement retiré au mari le droit de disposition, mais en créant au profit de la femme une action en revendication, il a rendu ce droit tellement illusoire, qu'il n'est plus qu'un vain titre, dépourvu de toute efficacité. Qu'est-ce, en effet, que ce droit qui permettrait au mari de consentir des aliénations subordonnées à la volonté de la femme, et dont le maintien ou l'annulation dépendrait uniquement de ses caprices et de son bon plaisir? Revendication de la femme, faculté d'aliénation pour le mari, sont inconciliables et incompatibles. L'existence de l'un de ces droits amène nécessairement l'extinction de l'autre. On doit se résoudre à choisir lequel des deux doit seul subsister. Or, poser la question, n'est-ce pas la résoudre? Justinien accorde à la femme une action en revendication ; il a donc entendu modifier les anciens principes. Il a voulu sacrifier le droit de disposition du mari, à moins qu'on ne prétende que ce législateur a foulé aux pieds toutes les règles du bon sens et de la raison, en laissant coexister deux institutions dont l'une est la négation absolue de l'autre.

Cette argumentation est serrée, et il serait impossible de la réfuter, si l'on admettait comme point de départ de la discussion, que Justinien a accordé à la femme une véritable action en revendication, atteignant les tiers acquéreurs. Mais cette base du raisonnement précédent est elle-même fortement controversée, comme nous le dirons plus loin. On ne s'entend nullement sur le caractère et la portée de cette prétendue revendication.

Du reste, sans prendre parti sur ce dernier point, il est facile de démontrer que la constitution 30 n'a point enlevé au mari la faculté d'aliéner les meubles dotaux. En effet, un an après cette constitution, Justinien en promulgue une seconde, dans laquelle il réforme le système établi par la loi Julia, et décide que le mari ne pourra jamais aliéner le fonds dotal, même avec le consentement de sa femme (1). Qu'est-ce à dire? sinon que l'année précédente il n'avait pas touché aux pouvoirs du mari, et que celui-ci avait toujours le droit d'aliéner, conformément à la loi Julia encore en vigueur. Par la constitution de 530, Justinien modifie la loi Julia; il en étend les prohibitions, mais seulement en matière immobilière, à l'égard du fonds dotal. Il laisse subsister les règles du droit ancien relatives à la dot mobilière. On ne peut donc en aucune façon

(1) C. un. C., *De rei uxoriæ* (5, 13).

argumenter de la constitution 30, pour faire triompher l'inaliénabilité de la dot mobilière.

Battus sur ce point, les partisans de l'idée que sous Justinien le mari a perdu le droit d'aliéner les meubles dotaux, se retranchent derrière la novelle 61. Elle a été surtout invoquée par les commentateurs du XIVᵉ et du XVᵉ siècle.

Dans cette novelle, Justinien aurait complété ses réformes en étendant l'inaliénabilité aux meubles dotaux, à l'exception toutefois de ceux qui, n'étant pas susceptibles de se conserver, peuvent, à raison de leur nature, figurer dans une aliénation. Voici comment s'exprime Barthole (1) : « *De jure Digestorum et Codicis, solum-* « *modo alienatio fundi prohibita est, non autem alienatio* *rei mobilis. Hodie vero, per hanc Authenticam, res dotales* « *quæ servari possunt, non possunt alienari.* » Le jurisconsulte de Pérouse fait allusion à l'Authentique *Sive a me* tirée de la novelle 61, et insérée à la suite de la C. 21, C., *Ad Sen. Vell.* (4, 29). Mais cette novelle est loin d'avoir la portée qu'on lui attribue, et il suffit, pour s'en convaincre, de rappeler les termes dans lesquels est conçue la rubrique : « *Ut immobilia antenup-* « *tialis donationis neque hypothecæ dentur, neque omnino* « *alienentur a viro, nec consentiente uxore, nisi postea satis-* « *fieri uxori possit : hæc vero etiam in dote valere.* » Cette novelle a donc pour objet d'interdire l'aliénation des immeubles compris dans une *donatio ante nuptias.* Interdiction absolue, si la femme ne consent pas à l'aliénation, interdiction qui s'efface aux trois conditions

---

(1) Barthole, *Ad Cod.*, I. *un.* (5, 13); *Ad Dig.*, L. 24, l. 1, nº 18.

suivantes : consentement de la femme, consentement renouvelé deux ans après, solvabilité du mari. Ces règles posées relativement à la *donatio ante nuptias*, comme elle est pour Justinien le pendant de la dot, la pensée de l'Empereur se reporte vers celle-ci, et il ajoute : « *Et* « *multo potius hæc in dote valebunt, si quid dotis aut* « *alienetur, aut supponatur : jam enim hæc sufficienter* « *delimata atque sancita sunt.* »

Les partisans de l'inaliénabilité tirent argument de ce dernier passage. Barthole s'empare de l'expression *si quid dotis*. Il la rend générale et applicable à toute dot, en l'isolant du reste du texte, en la séparant de la phrase qui la renferme. La novelle tout entière n'a trait qu'aux immeubles ; la logique veut qu'on interprète les expressions employées *secundum subjectam materiam*. Justinien rappelle que la matière de la dot est traitée ailleurs. Qu'importe ? Barthole décide, qu'en vertu de cette novelle, le mari ne peut plus, absolument et sans le concours de la femme, aliéner la dot mobilière. Le maître avait parlé, et de célèbres romanistes, parmi lesquels Perezius, Wisembach et Faber adoptèrent son opinion, sans même se rendre compte de sa valeur. La difficulté paraissait à tout jamais résolue en ce sens, lorsque Cujas vint démontrer que cette doctrine ne reposait sur aucune base sérieuse. Le revirement d'opinions fut complet : les commentateurs, postérieurs à Cujas, Noodt, Voet, Vinnius, etc..., mirent autant d'empressement à se ranger à son opinion, que les partisans de Barthole en avaient mis à partager l'erreur du maître. De nos jours, aucun jurisconsulte, à notre conaissance du moins, ne soutient que la novelle 61 a créé l'incapacité pour le mari d'aliéner la dot mobilière. La théorie de Barthole est définitivement condamnée.

Une considération que nous appellerons extrinsèque, étrangère au sujet en lui-même, eût dû arrêter l'école des Bartholistes. Comment pouvait-on admettre que Justinien, réputé par le soin tout particulier avec lequel il indique ses réformes, et les entoure de développements pompeux et emphatiques, ait tout d'un coup rompu avec ses habitudes? Comment croire que par ces simples mots, *si quid dotis*, perdus et comme enfouis dans les détails de la novelle 61, il ait consacré une si grande innovation? S'il eût voulu appliquer à la dot mobilière les règles qu'il posait relativement aux immeubles, il s'en serait expliqué en termes positifs et avec sa prolixité ordinaire.

Nous devons signaler un dernier argument présenté par Gregorius Tholosanus, relativement à la distinction faite par Barthole entre les meubles susceptibles de conservation, *quæ servari possunt*, et ceux que l'usage détériore, *quæ servando servari non possunt* (1). L'argument est tiré de la C. 22, C., *De adm. tut.* (5,37), où il est dit que le tuteur ne pourra aliéner les meubles du pupille *sine interpositione decreti, exceptis his duntaxat vestibus quæ detritæ usu, seu corruptæ servando servari non potuerunt.* Mettant sur la même ligne le tuteur et le mari, Gregorius Tholosanus arrive absolument aux mêmes conséquences que Barthole et ses disciples. Mais l'analogie n'est qu'apparente; la situation de ces deux

(1) Gregorius Tholosanus, L. 9, C. 12, nᵒˢ 13, 14, p. 172.

classes de personnes est loin d'être identique. Le tuteur, en effet, n'étant pas propriétaire des biens du pupille, a besoin, pour pouvoir aliéner, d'une loi spéciale qui l'y autorise. Dans l'ancien droit, non-seulement il lui était permis de vendre les objets mobiliers et les maisons, mais encore il y était obligé sous sa responsabilité personnelle. A partir de la constitution de Constantin (1), ses pouvoirs furent limités, et l'incapacité d'aliéner devint pour lui le droit commun. Le mari, au contraire, est propriétaire de tous les biens dotaux ; il peut donc les aliéner, à moins qu'une loi ne lui en enlève le pouvoir ; c'est ce qu'ont fait la loi Julia et la C. *un.* C., *de rei ux.* (5, 13) pour l'immeuble dotal. Quant à la dot mobilière, aucun texte n'étant venu restreindre l'exercice de son droit de propriété, on doit appliquer les principes généraux. L'argument de Gregorius Tholosanus n'est donc point concluant, et il sert tout au plus à montrer la différence existant entre un propriétaire et un non propriétaire, au point de vue de l'aliénation.

En résumé, le mari reste propriétaire et capable d'aliéner la dot mobilière. Justinien n'a restreint ses pouvoirs qu'en ce qui concerne le fonds dotal. La distinction nécessaire entre les meubles et les immeubles dotaux, est encore nettement indiquée dans un ouvrage du XIe siècle, *Petri exceptiones legum romanarum*. Il n'est pas possible d'admettre qu'elle eût antérieurement été abandonnée.

Les innovations de Justinien n'ont donc nullement

(1) C. 22, C., *De adm. tut.* (5, 37).

modifié les droits du mari sur la dot mobilière. Mais à l'égard de la femme, ses réformes sont nombreuses et considérables; nous allons immédiatement les étudier.

SECTION DEUXIÈME.

Des droits de la femme.

Nous avons déjà signalé les inconvénients pratiques du régime dotal, tel que l'avaient fait les constitutions impériales, la loi et la coutume. Nous avons indiqué quelles réformes radicales Justinien eût dû accomplir pour atteindre le but que se proposait sa pensée. Mais il craignit d'aller trop loin et il se contenta de mesures qui, comme toute disposition incomplète ou mal conçue, bouleversèrent la législation sans réaliser de grands progrès.

Ces mesures sont renfermées dans trois constitutions célèbres dont l'étude trouve naturellement ici sa place.

La première, qui est devenue la C. 30, C., *De jure dot.* (5, 12), a donné lieu à de grandes difficultés d'interprétation. Justinien veut essayer de corriger l'inconvénient pratique qu'offre le *privilegium* de la femme, primée par les créanciers hypothécaires, préférée aux seuls chirographaires. Comment résout-il le problème ? D'après l'explication générale (1), cette constitution renferme deux innovations distinctes : 1° la femme a une hypothèque privilégiée sur les biens apportés en dot; 2° elle pourra, au lieu de l'action hypothécaire,

(1) Demangeat, *Loc. cit.*, p. 88. — Pellat, *Loc cit.*, p. 246, 247.

exercer la revendication. Une opinion récemment produite (1) refuse le caractère d'hypothèque à la préro-
gative accordée par Justinien à la femme : il n'aurait
fait qu'améliorer le privilége personnel, en lui donnant
le pas sur les créanciers chirographaires ; d'autre part,
aucun droit de revendication n'appartiendrait à la
femme. Nous examinerons ce second point tout à l'heure.
Sur le premier, relativement à l'hypothèque privilégiée,
quel que soit le talent incontestable avec lequel M. Gide
a soutenu cette théorie, elle nous paraît inadmissible.
Nous ne comprenons pas que Justinien ait pu refuser à
la femme un droit de suite, appartenant aux créanciers
hypothécaires, alors qu'il veut lui faire une position
exceptionnelle et la traiter beaucoup mieux qu'eux.
Comment l'Empereur pourrait-il dire : *Volumus eam
actionem... et hypothecariam omnibus anteriorem possidere?*
Enfin, pourquoi, dans la seconde partie de la constitution, se serait-il occupé d'usucapion et de prescription
s'accomplissant contre la femme, si celle-ci n'était pas
nantie d'un droit de suite? Tout, dans cette constitution,
se rattache à l'idée d'une hypothèque privilégiée sur
les objets apportés en dot. Il n'est point nécessaire,
pour qu'elle puisse exercer cette hypothèque, que la
chose soit *dotale*, dans le sens strict du mot. Toute
chose acquise par le mari *dotis causa* est soumise à
l'hypothèque privilégiée de la femme. Ainsi, lorsqu'un
objet est apporté en dot avec estimation, ce qui est
dotal, c'est le montant de l'estimation et non l'objet
lui-même. Justinien dit nettement que le droit de la

(1) Gide, *Du caractère de la dot*, p. 51.

femme s'appliquera, que les meubles aient été ou non estimés. Bien plus, dans une constitution postérieure, il fera également porter l'hypothèque sur la chose achetée par le mari, *ex pecunia dotali* (1).

Si le mari a reçu en dot une créance sur un tiers, cette créance sera tout aussi bien qu'un meuble corporel, affectée de l'hypothèque de la femme, et on appliquera les règles du *pignus nominis*. Le *nomen* existe-t-il encore au moment de la dissolution, la femme peut le vendre ou se faire payer à l'échéance. Le débiteur s'est-il libéré pendant le mariage, il faut distinguer entre le cas où il a accompli son obligation en nature, et celui où il l'a éteinte au moyen d'une *datio in solutum*. A-t-il versé entre les mains du mari les deniers dont il était débiteur, on ne permettra pas à la femme, à la différence d'un créancier gagiste ordinaire, de se payer immédiatement, parce qu'elle recouvrerait la dot pendant le mariage, ce qui lui est expressément défendu. Au contraire, le débiteur s'est-il acquitté en fournissant un corps certain, l'hypothèque de la femme frappera cet objet.

Une nouvelle difficulté s'élève lorsqu'il s'agit d'interpréter le « *si tamen extant,* » qui se trouve en tête de la constitution 30. Justinien a-t-il voulu dire que la femme pourrait exercer son hypothèque dans le cas seulement où les biens se trouveraient dans le patrimoine du mari, ou s'est-il borné à proclamer cette idée, que les objets sur lesquels porte cette hypothèque doivent ne pas avoir péri au moment où la femme

(1) C. 12, C., *Qui potiores*. (8, 18).

veut agir? En d'autres termes, outre le droit de préférence à l'encontre des créanciers hypothécaires du mari, Justinien accorde-t-il ou refuse-t-il à la femme un droit de suite contre les tiers acquéreurs des objets dotaux valablement aliénés par le mari?

L'éminent auteur, qui ne voit dans la constitution 30, que le privilége personnel de l'ancien droit amélioré de manière à assurer à la femme un droit de préférence sur les créanciers hypothécaires, exige naturellement que les biens dotaux figurent encore dans le patrimoine du mari. Il argumente de ces mots, *si tamen extant,* en les traduisant ainsi : « Si les biens dotaux sont encore dans le patrimoine du mari. » Il invoque également deux textes (1), dans lequels les mots *res extantes* sont opposés aux mots *res alienatæ.* Tel ne peut être notre sentiment. Nous avons déjà reconnu, dans le droit créé par Justinien au profit de la femme, une véritable hypothèque privilégiée. La logique exige que nous autorisions la femme à poursuivre, par l'action hypothécaire, contre les tiers acquéreurs, les meubles dotaux aliénés par le mari.

Les arguments de textes invoqués dans l'opinion contraire sont loin d'être concluants. La C. 6, C., *De sec. nupt.* (5, 9), doit rester étrangère à cette discussion. Elle appartient aux empereurs Léon et Anthémius ; soixante ans environ la séparent de celles de Justinien. Or nous ne voulons, en ce moment, que déterminer les innovations de ce prince. Vainement nous opposerait-on

---

(1) C. 12, § 1, C., *Qui potiores.* (8, 18). — C. 6, § 3, C., *De sec. nupt.* (5, 9).

qu'en reproduisant la constitution 6 dans son code, Justinien se l'est appropriée, et que le mot *extantes* est employé par opposition au mot *alienatæ*. En effet, Scœvola, dans la L. 50, D., *Solut. matr.* (24, 3), considère comme *extantes* les choses qui ont été aliénées par le mari sans l'assentiment de la femme. Le verbe *extare* n'a donc point, dans les textes du droit romain, une signification parfaitement précise et déterminée.

Nous l'avons déjà dit : il est impossible d'admettre que la femme préférée par Justinien aux créanciers hypothécaires, soit placée dans une condition inférieure à la leur.

Que signifie donc le *si tamen extant*? Voici, croyons-nous avec M. Demangeat, la véritable pensée de l'Empereur : « La femme a une hypothèque privilégiée sur « tous les objets apportés en dot, même sur les ani-« maux et les esclaves, qui sont pourtant destinés à « périr plus vite que la plupart des objets inanimés ; « mais, bien entendu, cette hypothèque suppose un « objet encore existant au moment où elle peut être « exercée (1). » Mais n'est-ce pas faire dire une naïveté à Justinien? Nous ne le pensons pas. En effet, la femme peut être créancière de son mari de la chose dotale elle-même ou de la valeur de la chose, esclave ou animal, que le mari a laissé périr par sa faute. Dans le premier cas, la créance est accompagnée de l'hypothèque privilegiée, parce que l'objet dotal existe encore ; dans le deuxième, quoique créancière au même titre, comme femme dotale, elle ne peut avoir d'hypo-

(1) Demangeat, *Loc. cit.*, p. 91.

thèque, faute d'objet. C'est à ce dernier cas que fait allusion l'expression du texte. Justinien aurait pu se dispenser d'écrire les mots, *si tamen extant*, mais leur insertion dans sa constitution n'est pas une pure naïveté.

Si donc le mari a aliéné un meuble dotal, estimé ou non, la chose ne passe dans le patrimoine de l'acquéreur que *salvo jure mulieris*. Mais rien ne s'oppose à ce que la femme renonce en faveur d'un tiers à l'hypothèque établie pour sa sûreté.

En traitant des pouvoirs du mari, nous avons déjà signalé l'innovation contenue dans la constitution 30, en vertu de laquelle la femme aurait une action en revendication à l'égard des choses dotales. Nous avons expliqué comment cette innovation n'avait pas cependant pour résultat d'enlever au mari le droit de disposer, en qualité de propriétaire, des meubles dotaux. Il nous reste maintenant à rechercher le caractère et la portée de cette action en revendication dont Justinien ne détermine ni la nature ni l'étendue. S'agit-il d'une véritable revendication que la femme pourra intenter, non seulement contre le mari, mais même contre les tiers acquéreurs ? Les anciens commentateurs étaient assez disposés à admettre que la femme pouvait revendiquer contre les tiers, mais seulement dans le cas où le mari était insolvable, et voici comment s'exprime Perezius : « *Non refragatur, quod dicitur in L. 30, de jure* « *dotium, rerum mobilium et immobilium vindicationem mu-* « *lieri competere ; hoc enim verum est de rebus existenti-* « *bus penes maritum, non item juste alienatis, quatenus ut* « *dixi, maritus solvendo est ; nam alias mulieri dabitur*

« *utilis rei vindicatio contra tertios possessores* (1). » Parmi les auteurs modernes, quelques-uns se refusent absolument à reconnaître l'existence de cette action en revendication. En effet, disent-ils, il est impossible, d'une part, d'admettre que cette action ne soit point accordée à la femme contre les tiers ayant acquis du mari capable d'aliéner les meubles dotaux. D'autre part, il est incompréhensible que le tiers acquéreur, après avoir traité avec une personne ayant pouvoir d'aliéner, soit sous le coup d'une action en revendication. Ce tiers, si la femme n'a pas concouru à l'aliénation, pourra bien être tenu envers elle de l'action hypothécaire, mais non de la revendication. Il aura donc toujours le droit de garder l'objet mobilier; en en payant la valeur.

Cette argumentation serait sans réplique, s'il était démontré que Justinien a employé les mots *in rem actionem* dans le sens d'action en revendication proprement dite. Mais le langage habituel de l'Empereur ne nous permet pas de croire à une pareille précision. Quand on examine de près sa constitution, on voit que la concession de l'action en revendication n'apparaît qu'en seconde ligne, et comme un subsidiaire utile de l'action hypothécaire. Or, pourrait-il en être ainsi s'il s'agissait d'une véritable revendication? Comment mettre en seconde ligne l'action la plus énergique et la plus efficace? Aussi, la plupart des romanistes admettent-ils que cette action en revendication ne pouvait s'exercer que contre le mari ou ses héritiers. Quand les meubles

(1) Perezius, *Prælect. in cod.*, L. V, tit. 23, n° 6.

dotaux n'ont point été aliénés, et qu'ils se retrouvent *in specie* dans le patrimoine du mari, réduite à l'action hypothécaire, la femme ne serait pas assurée de conserver ces objets. Créancière hypothécaire privilégiée, elle pourrait se les voir enlever par les autres créanciers à l'aide du *jus offerendæ pecuniæ ;* elle serait forcée d'accepter le prix par eux offert. Tel est l'inconvénient que veut éviter Justinien, par la création de l'action en revendication. La femme se présente comme si elle était véritable propriétaire des biens dotaux, et, une fois qu'elle les aura recouvrés, elle sera certaine de ne jamais se trouver dans la nécessité de les abandonner, moyennant une somme d'argent. L'utilité de cette action en revendication est incontestable. La femme peut avoir et un intérêt d'affection et un intérêt pécuniaire à la reprise en nature des meubles dotaux. Or, on ne satisfait pas un intérêt d'affection en fournissant la valeur au lieu de la chose elle-même. Quant à l'intérêt pécuniaire, il résultera de circonstances de fait qui permettront à la femme de retirer dans l'avenir, de l'aliénation des meubles dotaux, un prix supérieur à leur valeur actuelle.

Jusqu'ici nous avons raisonné dans l'hypothèse où le mari a reçu en dot des corps certains non estimés ; mais, si la dot se compose de meubles estimés ou de choses de genre, et que ces objets soient encore dans le patrimoine du mari au moment de la dissolution, la femme pourra-t-elle les revendiquer ? Nous avons admis que l'hypothèque privilégiée frappait même les objets estimés ; mais cette solution implique-t-elle une décision identique dans la question qui nous occupe ?

Non, car dans les deux cas, les motifs sont différents.
En agissant par l'action hypothécaire, la femme a pour
but de primer les autres créanciers hypothécaires du
mari. Au contraire, par l'action en revendication, elle
veut être sûre de reprendre en nature l'objet qui lui
est dû. Or, si la dot comprend des meubles estimés
(en supposant que l'estimation vaut vente), qu'est-ce
qui lui est dû? Une somme d'argent. Cela est si vrai,
que la chose estimée vînt-elle à périr, le droit de la
femme n'en continuerait pas moins de subsister ; quoique
l'hypothèque privilégiée ne pût plus s'exercer, elle resterait toujours créancière du montant de l'estimation.
Dès lors, il serait étrange qu'elle pût reprendre autre
chose que ce que le mari pourrait la forcer de recevoir.
Ce serait violer les principes les plus élémentaires sans
nécessité, car les raisons que l'on peut invoquer pour
justifier l'hypothèque n'existent pas ici. La femme serait-
elle privée de la revendication, la restitution de la dot
n'en serait pas moins certaine. Donc, à quoi bon créer
une situation spéciale, lorsque son intérêt n'est pas
sérieusement en jeu.

En résumé, dans cette constitution 30, Justinien
nous paraît avoir eu surtout pour but d'accorder à la
femme une hypothèque privilégiée. Cette hypothèque
peut exister sur toute chose apportée en dot, lors même
qu'elle aurait été estimée, lors même qu'elle aurait été
valablement aliénée par le mari. Enfin, quand la chose
non estimée se trouvera dans le patrimoine du mari, la
femme aura une protection encore plus efficace; le droit
de propriété du mari sera en quelque sorte rescindé, et
elle revendiquera contre lui le meuble dotal *in specie*.

Quelque nombreuses que soient les garanties qui
entourent la femme, Justinien ne les trouve pas suffisantes, et l'année suivante, en 530, la C. *un C. de rei
uxoriæ* (5, 13), vient fortifier ce système de protection.
L'Empereur décrète l'inaliénabilité absolue de l'immeuble dotal, et confère en outre à la femme une hypothèque générale sur tous les biens de son mari. Désormais, par l'effet de cette hypothèque légale, les biens
du mari ne pourront passer entre les mains des tiers
que grévés d'un droit réel au profit de la femme. En
conséquence, ceux qui auront acquis du mari un meuble
ou une créance faisant partie de la dot pourront, en
cas d'insolvabilité de celui-ci, se voir contraints à dé-
laisser, ou bien à payer à la femme le montant de sa
créance dotale. Lorsqu'il s'agira du fonds dotal, la
femme sera certaine de le recouvrer, car, ne pouvant
pas consentir à son aliénation, elle ne sera plus exposée
à perdre son hypothèque. Mais quant aux meubles
dotaux, l'innovation de Justinien n'est pas aussi considérable; ils restent toujours aliénables, et la femme,
en autorisant le mari à en disposer, pourra par là même
renoncer à son hypothèque. Le seul avantage consiste
en ce qu'elle aura le droit de se faire payer tant sur
les biens propres du mari que sur les biens dotaux existant en nature.

Nous ferons remarquer que, relativement à cette
hypothèque portant sur les biens personnels du mari,
nous ne trouvons encore rien de contraire à l'équité.
Lorsque la femme viendra en concours avec d'autres
créanciers hypothécaires, on appliquera la maxime
prior tempore, potior jure; elle sera primée par tous ceux

qui auront une hypothèque antérieure au mariage, la sienne ne prenant rang que du jour de la constitution de dot.

Malgré ces diverses réformes, la femme n'était réellement sauvegardée qu'à l'égard des meubles dotaux se trouvant en nature entre les mains du mari ; son action en revendication la rendait alors préférable à tous les créanciers sans distinction. Mais, en dehors de cette hypothèse, elle était primée sur tous les autres biens du mari par les créanciers hypothécaires antérieurs au mariage. Les femmes se plaignirent, paraît-il, d'une législation dont l'effet était de faire servir leur fortune à désintéresser les créanciers du mari. Pour donner satisfaction à ces plaintes, Justinien leur accorde, dans la célèbre constitution *Assiduis* (1), une faveur nouvelle. A l'hypothèque générale concédée l'année précédente, il attache un privilége permettant à la femme de passer, sur tous les biens du mari, même avant les créanciers hypothécaires antérieurs au mariage. C'était le couronnement de l'édifice. Mais le législateur n'était-il pas allé trop loin? Il est incontestable que le but avait été dépassé, car le droit des tiers était injustement sacrifié. En outre, à partir de cette constitution, les maris avaient plus de crédit que les veufs ou les célibataires, car il était possible au futur créancier d'un mari de se rendre compte de l'étendue des garanties que lui offrait encore son débiteur. Il n'avait qu'à consulter les *instrumenta dotalia*, et à défalquer du total du patrimoine la valeur de la dot. Mais, quand il s'agissait d'un céli-

(1) C. 12, C., *qui potiores* (8, 18).

bataire ou d'un veuf, comment le créancier pouvait-il
prévoir le *quantum* de la créance qui viendrait par préférence à la sienne, alors que tout dépendait d'une
union future possible, mais indéterminée quant à ses
conditions pécuniaires?

Sous Justinien, la femme a-t-elle le pouvoir de renoncer à son hypothèque? L'affirmative ne nous paraît
pas douteuse; et cette renonciation peut être expresse
ou s'induire du consentement qu'aura donné la femme
à l'aliénation des meubles dotaux faite par le mari.
D'abord, il est incontestable qu'il n'y a pas lieu d'appliquer ici le Velléien qui, comme nous l'avons dit,
prohibe seulement les obligations contractées par la
femme dans l'intérêt du mari ou d'un tiers. D'autre
part, la défense de renoncer établie par Justinien,
n'étant que la conséquence de l'inaliénabilité du fonds
dotal, il est naturel de conclure que l'hypothèque portant sur les meubles reste soumise au droit commun,
Tous les commentateurs admettent la faculté pour la
femme de renoncer à l'hypothèque générale frappant
les propres du mari; mais quelques-uns proposent une
solution contraire pour l'hypothèque privilégiée. La
femme, disent-ils, ne peut pas renoncer à l'hypothèque
privilégiée qu'elle a sur les meubles dotaux, et ils
invoquent la généralité des termes qu'emploie Justinien :
« *ne et consensu mulieris hypothecæ ejus minuantur,* »
ainsi que la maxime si souvent mentionnée dans les
textes : « *causa dotis pacto deterior fieri non potest.* »
D'ailleurs, ajoutent-ils, pourquoi n'appliquerait-on pas
à l'hypothèque privilégiée, ce qui est admis pour le
privilegium inter personales actiones de l'époque classique?

Ces arguments n'ont aucune portée en présence de la C. *un.* C., *De rei uxoriæ* (5, 13). D'abord, la maxime, qu'un pacte ne peut pas diminuer la dot, n'a nullement préoccupé l'Empereur, puisqu'il consacre expressément la constitution d'Anastase, en tant qu'elle permet à la femme de renoncer à son hypothèque sur les biens propres du mari. En second lieu, il est évident que Justinien s'est servi de termes trop généraux quand il a dit : « *ne et consensu mulieris hypothecæ ejus minuantur;* » car, quelques lignes plus bas, il déclare qu'il faut restreindre la constitution d'Anastase aux renonciations relatives à l'hypothèque portant sur les immeubles dotaux estimés. Cette précision faite, il en ajoute une encore bien plus énergique dans le passage suivant : « *in fundo autem non æstimato, qui et dotalis* « *proprie nuncupatur, maneat jus intactum.* » Le raisonnement de l'Empereur est celui-ci : l'hypothèque accordée à la femme par notre constitution la protége suffisamment contre les aliénations que le mari voudrait consentir, mais pour que la garantie soit complète, il faut que la femme ne puisse pas se dépouiller de ce droit protecteur, et c'est pour l'en empêcher que la constitution interdit la renonciation à l'hypothèque. Ainsi sera réalisé le *maneat jus intactum.*

Pour en finir avec les innovations de Justinien, nous devons mentionner celle qui est relative à l'action dotale. Dans ses Institutes (1), il fait l'éloge de sa nouvelle réforme, mais il n'indique pas en quoi elle consiste; il se contente de dire qu'il a donné à l'action *ex*

---

(1) Inst., § 29, *De action.* (IV, 6).

stipulatu le caractère d'action de bonne foi. Pour comprendre la véritable portée de cette assertion, évidemment étrange en présence des principes admis en matière d'action, il faut recourir à la C. *un* C., *De rei uxoriæ* (5, 13). Au milieu de la phraséologie si chère à l'Empereur, on trouve indiquées les réformes suivantes. Les deux actions précédemment existantes sont supprimées et remplacées par une nouvelle qui porte le nom d'action *ex stipulatu* (*Pr.*). Celle-ci appartiendra à la femme, quoique aucune stipulation ne soit intervenue ; Justinien va même plus loin, et il nous dit que lorsque la dot a été fournie par un tiers autre que l'ascendant paternel, si cet *extraneus* n'en a pas formellement stipulé la restitution, il y aura stipulation tacite au profit de la femme ou de son père (§ 13).

Cette action a emprunté à chacune des deux actions auxquelles elle est substituée, leurs caractères principaux. Voici les analogies qu'elle présente avec l'action *rei uxoriæ*.

1° Elle est *bonæ fidei*, ce qui rend inutile la caution *de dolo*, qui accompagnait ordinairement la stipulation.

2° Le mari jouira du bénéfice de compétence qu'il pouvait invoquer, à l'époque classique, dans le cas où il était poursuivi par l'action *rei uxoriæ*. Mais ce bénéfice nous apparaît avec un caractère nouveau. Justinien a étendu au mari le droit qui autrefois appartenait exclusivement au donateur, de déduire la somme jugée nécessaire pour subvenir à ses besoins (§ 7).

3° Le mari aura un délai d'un an pour restituer les meubles. Le principe est, comme on le voit, conservé, mais il est modifié dans ses applications, car on ne distingue plus entre les corps certains et les choses de genre, mais seulement entre les meubles et les immeubles (§ 7).

4° Si le père a émancipé sa fille, ou l'a exhérédée, seule, elle aura l'action *ex stipulatu*, comme cela avait lieu pour l'action *rei uxoriæ* (§ 11).

5° Justinien nous dit aussi (§ 12), que la femme devra rapporter à la succession paternelle la dot dont elle pourra exiger la restitution de la part du mari. On sait que la femme dotée venant à la succession de son père ou de son aïeul paternel, autrement que par une disposition de dernière volonté, devait rapporter la dot constituée pour elle, alors même qu'elle était restée sous la puissance du *de cujus*, et qu'elle venait comme *heres sua* (1). Les jurisconsultes romains avaient discuté le point de savoir s'il ne fallait pas distinguer entre la dot profectice et la dot adventice. On avait fini par admettre que la dot adventice devait être rapportée aux *heredes sui* seulement, tandis que la dot profectice devait l'être même à l'égard des enfants émancipés (2). Justinien décide que la fille devra toujours le rapport, mais il paraît croire qu'autrefois il en était autrement, lorsque la dot était due à la fille en vertu d'une stipulation. D'où il résulterait que la nouvelle action emprunterait quelque chose de plus à l'action *rei uxoriæ*. Justinien nous paraît s'être trompé, car Ulpien nous dit formellement que la femme ayant stipulé la restitution de sa dot, est obligé par le Préteur à la *collatio*

(1) C. 4, 12, 17, C., *De collationibus* (6, 20).

(2) C. 4, C., *eod. tit.*

dotis, lorsqu'elle demande la *bonorum possessio* des biens paternels (1).

Quant aux autres caractères de la nouvelle action, ils se retrouvent dans l'ancienne action *ex stipulatu.*

1° L'action est transmissible aux héritiers de la femme, lorsqu'elle meurt pendant le mariage, sans que le mari ait été mis en demeure (§ 4).

2° La théorie des rétentions est supprimée. Dans le § 5, Justinien passe en revue toutes les causes de rétention existant dans l'ancien droit, pour montrer qu'il n'était pas utile de les conserver. La rétention *propter mores* n'est plus nécessaire, *alio auxilio ex constitutionibus introducto.* Justinien fait allusion à la C. 11, § 2, C., *De repudiis* (5, 17), qui n'est que la confirmation de la C. 8, *Eod. tit.* Dans ce dernier texte, Théodose décide que le mari répudiant sa femme pour certaines causes déterminées, gardera la dot, et se fera restituer la donation *ante nuptias.* Si, au contraire, le mari répudie la femme pour toute autre cause, il doit restituer la dot, et il perd le montant de la donation *ante nuptias.* La rétention *propter donatas* n'a plus sa raison d'être, puisque le mari donateur aura à son service la revendication soit directe soit utile, ou bien la *condictio.* Quant à la rétention *propter res amotas,* elle est complétement inutile, le mari ayant l'action *rerum amotarum.* La rétention *propter liberos* disparaît, parce que d'un côté les pères sont poussés par leur affection naturelle à élever leurs enfants, et d'autre part, si le divorce a lieu par la faute de la femme,

---

(1) L. 1, § 1, D., *De dotis collat.* (37. 7).

celle-ci perd sa dot dans tous les cas, qu'il y ait des enfants ou non. Enfin, les impenses ne peuvent plus donner lieu à des rétentions. Sont-elles nécessaires, elles diminuent la dot de plein droit ; utiles, le mari a l'action de mandat, si la femme y a consenti, l'action de gestion d'affaires, si elle les a ignorées ; voluptuaires, le mari n'a que le droit de prélever ce qu'il peut, sans occasionner de détériorations.

3° Justinien assimile la nouvelle action à l'ancienne, en permettant à la femme de cumuler, au mépris de l'édit *de alterutro*, et le montant de sa dot, et ce qu'elle a reçu de son mari par testament (§ 3). Cependant l'édit pourrait être maintenu, si le *de cujus* en avait clairement manifesté l'intention.

En résumé, action en revendication, hypothèque privilégiée sur l'ensemble du patrimoine, action *ex stipulatu* présentant réunis en elle tous les avantages des deux anciennes actions, abolition de l'édit *de alterutro*, disparition de la théorie des rétentions, telles sont les principales innovations introduites par Justinien pour atteindre le but qu'il se propose. Il semble que le droit de la femme protégé par cette ceinture de garanties, va pouvoir résister à toutes les vicissitudes que subira le patrimoine du mari. N'y a-t-il pas cependant quelques fissures à ce système, quelques brèches à ce rempart, par lesquelles pourra s'échapper la fortune de la femme? La dot restituée par le mari ou par ses héritiers, remplira-t-elle sa véritable destination qui est de subvenir aux charges de la nouvelle famille, ou bien ne sera-t-elle reprise que pour être aussitôt perdue? Dans le droit classique, le sénatus-consulte Velléien, en interdisant à la femme tout acte d'intercession, avait apporté un secours efficace à un régime dotal moins étroit et plus facile que celui de Justinien. Il semblait donc que l'Empereur byzantin aurait dû conserver le Velléien avec son ancien rigorisme. Loin de là, changeant l'ancienne jurisprudence, et continuant le travail de destruction déjà commencé par l'introduction de nombreuses exceptions apportées au principe du Velléien, Justinien autorise la femme à renoncer à ce bénéfice, lorsque, mère ou aïeule, elle veut obtenir la tutelle de ses descendants. En outre, toute femme qui a intercédé, et qui au bout de deux ans renouvelle son intercession, ne peut plus se faire une arme de son incapacité. Après ce délai, la réflexion a dû lui montrer le danger qu'elle va courir, et si elle persiste dans sa résolution, c'est qu'au fond elle y trouve quelque avantage ; l'illusion qu'elle a pu avoir lo rs de son engagement a disparu; or, la prohibition du Velléien n'avait depuis longtemps d'autre but que de protéger la femme contre son propre entraînement.

Mais, en présence de cette faculté de renonciation, le danger des intercessions en faveur du mari se réveille avec toute la gravité première qu'il eut à l'époque d'Auguste et de Claude. Justinien sentit la nécessité d'une réglementation particulière, et il promulgua à cet effet la novelle 134, ch. 8. Désormais, toute intercession de la femme au profit de son mari est radicalement nulle, quand même elle aurait été renouvelée plusieurs fois, *multoties*, et serait constatée dans un acte public. La disposition de cette novelle, qu'Irnérius a reproduite dans le Code de Justinien sous forme d'extrait, est connue sous la dénomination d'*Authentique si qua mulier*. Sont frappées de nullité toutes les intercessions, et même celles qui n'auraient pas le caractère des actes prohibés par le sénatus-consulte. La femme ne pourra pas renoncer au bénéfice de l'Authentique, à l'effet de rendre obligatoire son intercession pour le mari. Mais la novelle ne s'appliquera pas lorsque l'affaire aura été conclue dans l'intérêt propre de la femme.

Ainsi protégée contre l'abus d'influence de son mari, elle ne pourra pas amoindrir à l'avance le résultat produit par l'action dotale combinée avec l'hypothèque. Mais elle pourra intercéder au profit de toutes personnes autres que son mari, et elle sera liée par des engagements qui plus tard pourront s'exécuter sur les biens meubles que l'action dotale lui aura fait reprendre. Le système de Justinien pèche donc en un point, car cette dot qu'il a cherché à protéger avec un soin si jaloux, pourra s'écouler tout entière par cette brèche mal dissimulée. Aussi verrons-nous les jurisconsultes modernes plus éclairés que l'Empereur d'Orient, refuser aux créanciers que la femme s'est donnés *pendente matrimonio*, la faculté de poursuivre le paiement de leurs créances sur les biens dotaux, même après la dissolution du mariage.

La législation de Justinien présente donc un double défaut; elle est à la fois confuse et incomplète. Confuse, elle a donné naissance aux nombreuses controverses que nous avons dû rappeler; incomplète, elle s'arrête à mi-chemin, et n'ose pas aller jusqu'à proclamer nettement le droit de propriété de la femme. Elle cherche par des détours à atteindre le même résultat, mais elle arrive à méconnaître les droits des tiers, sans satisfaire pleinement ceux de la femme. Comme nous l'avons dit, il eût fallu réduire le mari à la simple jouissance des biens dotaux, et lui enlever le droit d'en disposer, et de faire ainsi courir à la femme, dans bien des cas, les risques de son insolvabilité. Mais si tels sont les défauts de la législation Justinienne, l'impartialité nous oblige à reconnaître qu'il était peut-être difficile de procéder autrement. Le législateur est semblable à ce navigateur qui, obligé de continuer sa route, et ne pouvant attérir à un port de refuge pour y faire radouber son navire, se contente d'aveugler les voies d'eau, au fur et à mesure qu'elles se produisent. Comme lui, Justinien se borne à parer aux inconvénients de la législation actuelle, au fur et à mesure qu'ils se présentent, n'osant pas, par une réforme plus complète et plus radicale, modifier des habitudes invétérées.

ANCIEN DROIT FRANÇAIS.

L'invasion germaine avait laissé subsister en Gaule l'application du droit romain. Il était resté la loi des Gallo-Romains et des clercs, et au temps de Charles-le-Chauve il était déjà considéré comme le droit commun du midi de la France. Mais ce n'était point le droit romain des jurisconsultes ou des empereurs chrétiens jusqu'à Théodose. Si le Bréviaire d'Alaric, le Papien, les *Exceptiones Petri* reproduisent le droit romain de Théodose, il ne faut pas croire que ce droit se soit conservé jusqu'au XIᵉ siècle. Les chartes et les diplômes de cette époque nous présentent un mélange assez confus de traditions romaines et de coutumes germaines. La loi réellement pratiquée ressemble peu à la loi écrite du Bréviaire ou du *Petrus*. Cependant, les institutions romaines prédominèrent toujours. Au lieu de s'obscurcir à mesure que s'écoulaient les siècles depuis la chute de l'Empire, non-seulement elles se conservèrent, mais les descendants des Gallo-Romains gardèrent éternelle-ment le souvenir de la majesté du grand Empire, sou-venir ravivé par la tentative de Charlemagne.

Resté à l'état de droit coutumier dans la France méridionale, ce droit romain imparfait inspira les statuts des diverses cités du Midi , jusqu'au moment où la science nouvelle des glossateurs franchit la barrière des Alpes. Dès le commencement du XIIIᵉ siècle, sont fondées les universités de Montpellier, d'Orléans et de Paris. Le droit romain de Justinien, expliqué dans les écoles et dans les couvents, inspire aussi les rédacteurs des statuts locaux, et son observation, à partir du XIIIᵉ siècle, dans la Provence, le Languedoc et l'Auvergne, est constatée par de nombreuses chartes. Le régime dotal nous apparaît dans les pays du Midi avec les principaux caractères qu'il avait revêtus à Rome. La loi assure à chacun des époux la conservation intégrale de ses biens propres. La puissance maritale, loin de s'étendre à tous les biens de la femme, se renferme dans les limites tracées par la convention dotale. Privé de tous droits sur les biens paraphernaux, le mari ne conserve sur les biens dotaux qu'un simple droit d'administration et de jouissance.

Les réformes accomplies par Auguste et par Justinien ont achevé leur révolution. Le mari a cessé d'être propriétaire de la dot ; celle-ci n'appartient qu'à la femme : elle est généralement inaliénable, et plusieurs statuts ont soin de la protéger par une hypothèque et par un privilége. Une institution qui complète le régime dotal, le sénatus-consulte Velléien, se répand aussi dans toute la France méridionale, et à la fin du XIIIᵉ siècle le droit romain de Justinien a conquis dans nos provinces du Midi un empire incontestable.

A l'époque où apparaît la brillante pléiade des grands

jurisconsultes français, l'inaliénabilité dotale est à peu près la loi générale des provinces en deçà de la Loire. Mais si le principe était généralement adopté, les conséquences en étaient variables; la jurisprudence des Parlements n'était point uniforme, et les écrits des jurisconsultes présentent la même diversité. A raison même de ces différences, il nous paraît impossible de faire un résumé synthétique de la jurisprudence des Parlements, et nous croyons que pour conserver à notre ancien droit sa véritable physionomie, il est indispensable d'étudier séparément les régles admises dans chacun des Parlements des pays de droit écrit.

Parlement de Paris.

Droits du mari. — Dans ce Parlement, si le mari est quelquefois appelé propriétaire, c'est seulement par fiction et eu égard à certains attributs dont il jouit; en réalité, c'est sur la tête de la femme que repose la véritable propriété de la dot (1). Chabrol, commentant l'art. 139 de la coutume d'Auvergne, s'exprime de la façon suivante : « Le mari ayant le droit de jouir des biens de sa femme en bon père de famille, il a par conséquent celui de les affermer et de les louer; mais, comme il n'est pas propriétaire, les baux qu'il est en droit de faire ne peuvent pas excéder 9 ans (2). »

S'il n'est pas propriétaire, quels sont ses droits? Dans la coutume d'Auvergne, le mari peut exercer seul

(1) Mornac, *Ad* L. 9, Code, *De rei vind.*, t. III, p. 639.
(2) Chabrol, *Coutume d'Auvergne*, t. II, p. 176.

les actions personnelles et possessoires, mais il lui est défendu d'aliéner la dot mobilière. C'est ce qui résulte formellement de l'art. 141 ainsi conçu : « Les mary et femme, conjointement ou séparément, constant le mariage ou fiançailles, ne peuvent vendre, aliéner, permuter ni autrement disposer des biens dotaux de ladite femme au préjudice d'icelle, et sont telles dispositions et aliénations nulles et de nul effet et valeur, et ne sont validées par serment. » Après avoir commenté cette disposition, Chabrol se demande ce qu'il faudra décider relativement aux actes qui, tout en différant de l'aliénation, ont cependant une nature mixte, et il admet notamment que le mari ne pourra pas procéder à un partage; il n'aura d'autre fonction que d'autoriser sa femme, parce que le partage est une suite de la propriété. Rousseau de Lacombe, au contraire, distingue entre le cas où le mari est demandeur et celui où il est défendeur à l'action en partage; le mari n'a jamais le droit d'intenter cette action, mais il peut y défendre, sans que plus tard la femme soit recevable à demander la révocation du partage (1).

Il paraît que de tout temps on avait admis dans ces pays l'inaliénabilité de la dot mobilière par rapport au mari, car bien avant la rédaction de la Coutume, Masuer s'exprimait ainsi : « *Maritus et uxor non valent rem dotalem vendere vel alienare* (2). » Comme conséquence de ce principe, on décide que la saisie des meubles dotaux faite par le mari est nulle et de nul effet (3).

(1) Rousseau de Lacombe, *Dot.*, sect. III, p. 223.
(2) Masuer, *Pract. forens. De dote*, n° 5, vers. 3.
(3) Rousseau de Lacombe, *Op. cit.*

Il semble que les tiers acquéreurs ne devraient pas pouvoir, au moins pendant le mariage, prescrire les biens dotaux aliénés par le mari, et telle était en effet l'opinion de Chabrol, de Rigaltius et de Bessian; néanmoins, la coutume, dans son art. 221, autorise la prescription par le laps de trente ans, pourvu que le mari soit solvable; elle va même plus loin, et lorsque cette prescription est invoquée par le débiteur constituant de la dot, elle applique le principe sans aucune restriction : au bout de trente ans, le constituant est libéré, quoique le mari soit à ce moment là insolvable.

Les art. 299 et 300 de la coutume de la Marche contiennent des dispositions identiques à celles que nous venons de signaler.

DROITS DE LA FEMME. — La femme, étant propriétaire, peut exercer les actions réelles et pétitoires qui ne sont que la conséquence du droit de propriété ; mais elle a besoin de l'autorisation de son mari, soit par rapport à l'intérêt qu'a celui-ci comme maître des fruits pendant le mariage, soit à cause de la révérence maritale, et de l'honnèteté du mariage, qui ne permet pas que la femme paraisse décemment devant les tribunaux à l'insu de son époux (1). Il est défendu à la femme d'aliéner sa dot mobilière, même avec l'autorisation de son mari ; l'art. 141 de la coutume d'Auvergne ne laisse aucun doute à cet égard. Cette décision était adoptée par tous les pays de droit écrit qui ressortissaient au Parlement de Paris, à l'exception de quatre provinces dont nous parlerons bientôt. Cependant on

(1) Chabrol, *Op. cit.*

avait fait fléchir le principe de l'inaliénabilité : 1° dans
le cas où la femme est récompensée en fonds ; 2° pour
la dot de ses filles et descendants ; 3° pour cause d'aliments ; 4° pour racheter le mari de prison.

Les obligations que la femme a contractées pendant
le mariage sont nulles quant à ses biens dotaux et
ne peuvent être exécutées que sur ses paraphernaux.
Il en est de même dans le cas où elle intercède pour
son mari. C'est ce qui résulte de l'art. 1er du ch. 17
des obligations, ainsi conçu : « Femme, constant le
mariage, ne se peut obliger pour le fait de son mari
ni de celui ou ceux à qui son dit mari puisse succéder,
ni aussi renoncer aux obligations et hypothèques à elle
appartenant. » En prenant cet article à la lettre, on
devrait conclure, par *a contrario*, qu'elle peut valablement s'obliger dans l'intérêt d'un autre que son mari,
mais cette interprétation serait forcée. Sans doute cet
engagement produirait ses effets jusqu'à concurrence
des paraphernaux, mais à l'égard des biens dotaux il
n'aurait aucune valeur. Pourquoi avait-on prohibé l'intercession de la femme au profit des tiers ou du mari?
Ce n'est pas, comme l'a dit Mallebay de la Mothe (1),
« parce que le Velléien et l'Authentique *Si qua mulier*
y sont dans une vigueur scrupuleuse et de droit
rigide. » Car, si telle était la raison, il aurait fallu
décider que l'engagement est nul pour le tout; or ce
même auteur nous apprend que si une femme s'oblige,
son obligation sera valable jusqu'à concurrence de ses
paraphernaux, et un arrêt du 17 juillet 1703 l'avait

(1) Mallebay de la Motte, *Questions*, O., n° 1.

ainsi jugé pour le mari. Etait-ce par application de la loi Julia? Non, si on admet qu'elle avait été transmise aux pays de droit écrit avec sa pureté primitive ; oui, si elle était entendue comme prohibant tout acte de disposition des choses dotales, sans distinction entre les meubles et les immeubles. Ce qu'il y a de certain, c'est que le Velléien et l'Authentique *si qua mulier* doivent être écartés, et que la prohibition de l'intercession repose sur l'inaliénabilité de la dot mobilière.

Lorsque la séparation de biens a été prononcée, les obligations que la femme contractera postérieurement à cette séparation, soit pour elle-même, soit en faveur des tiers, seront-elles également nulles, au moins dans la limite de sa dot mobilière? Mallebay de la Mothe se prononce pour la négative, et nous citons ses propres paroles : « La femme séparée de biens pourrait valablement recevoir sa dot mobilière, et par conséquent renoncer à son hypothèque, innover et déroger à ses priviléges. La séparation produit le même effet que l'émancipation pour les mineurs, et ils peuvent valablement recevoir et donner quittance d'un simple mobilier. » La conclusion de ce passage est que la séparation de biens enlève à la dot son caractère d'inaliénabilité. Or une pareille proposition est inacceptable. Que la femme séparée reçoive les sommes dotales, en donne quittance, qu'elle fasse en un mot tous les actes que comporte une bonne administration, c'est son droit, c'est même son devoir ; mais qu'elle puisse aliéner sa dot mobilière comme elle l'entendra, qu'il lui soit permis de renoncer aux protections dont le législateur s'est efforcé de l'entourer, c'est aller trop loin ; et

nous sommes fort surpris qu'une pareille solution ait
été acceptée sans hésitation par Mallebay de la Mothe,
qui, quelques pages plus haut, consacrait le principe
de l'inaliénabilité absolue. Aussi croyons-nous que ce
jurisconsulte avait une opinion particulière sur ce point,
et que la doctrine généralement admise est reproduite
dans l'arrêt du 27 avril 1742. Cet arrêt, rendu au sujet
d'une obligation de 560 livres, consentie le 8 janvier
1719 par Anne de Benoit, femme séparée de biens, au
profit de Christophe Bidon, déboute ce dernier de sa
demande, par la raison que la séparation ne porte aucune
atteinte à l'inaliénabilité des biens dotaux. Comme conséquence de ce dernier principe, Chabrol (1) et Rigaltius décidaient que la prescription ne courait pas contre
la femme séparée relativement aux biens dotaux qu'elle
avait aliénés ; mais s'il s'agissait du recouvrement de
la dot que le mari avait reçue, comme l'effet de la séparation est d'autoriser la femme à recevoir valablement
son mobilier, elle pouvait agir pour le recouvrer, et on
la punissait de sa négligence, en faisant courir contre
elle la prescription.

Lyonnais, Beaujolais, Forez et Maconnais. — Dans ces
quatre provinces, la question de l'inaliénabilité de la
dot mobilière de la part de la femme avait donné lieu
à de vives controverses. Nous devons mentionner les
transformations opérées dans la pratique de ces pays, et
étudier les résistances que rencontra l'adoption du
principe de l'aliénabilité, principe qui fit à ces quatre
provinces une situation tout à fait spéciale.

(1) Chabrol, *Op. cit.*, p 760.

Henrys, premier avocat au bailliage et siège présidial
du Forez, nous fournit à cet égard de précieux renseignements, et on peut d'autant moins l'accuser de par-
tialité, qu'il soutint lés deux opinions contraires avec
un égal acharnement. Nous ne saurions mieux faire que
de résumer les quelques pages dans lesquelles cè jurisconsulte, dont l'autorité était incontestable, se livre à
l'examen de cette question (1).

« Le 15 novembre 1615, maître Louis Petit colloque
en mariage damoiselle Catherine Petit avec Mathieu-
François Tantillon, lui constitue et lui remet une rente
constituée à prix d'argent contre Jacques Girard, sous
le principal de 3,000 livres. Plus tard, et pour une
plus grande assurance, il fait intervenir damoiselle
Catherine Paparin, sa femme, laquelle s'oblige, conjointement et solidairement avec son mari, à la somme de
1,500 livres pour partie de celle de 3,000 livres. Quelque temps après, les biens de maître Petit étant vendus par décret, et ladite Paparin, comprenant que le
prix ne serait pas suffisant pour désintéresser tous les
créanciers, elle obtint des lettres royaux pour la cassation de son obligation ; elle avait appuyé sa demande
sur un prétendu dol personnel, et sur la prohibition du
droit pour l'obligation des femmes mariées, vente ou
engagement de leurs dits biens dotaux. Un procès s'élève
entre la damoiselle Catherine Paparin, demanderesse en
entérinement des lettres royaux, et la damoiselle Catherine Petit, séparée de biens et autorisée par justice à
plaider. Le 28 mars 1620, intervient un jugement

(1) Œuvres de Claude Henrys, liv. 4. *Quest.* 8, t. II, p. 183.

cassant et rescindant l'obligation de la femme Paparin.
Appel est interjeté devant le Parlement de Paris par la
femme Petit, mais le Parlement met l'appellation à
néant, et le 26 juin 1621 il rend un arrêt confirmatif
de la sentence du bailli de Montbrison. »

Henrys se livre à un commentaire détaillé de cet arrêt,
et il passe en revue tous les arguments invoqués pour
et contre.

Contre la décision de l'arrêt, voici les raisons qu'il
fait valoir : « Comme la loi Julia et le Velléien ont
voulu assister les femmes et prévenir une surprise,
aussi le même droit n'a pas voulu les lier, de telle sorte
qu'elles ne puissent contracter et s'obliger en renonçant
au bénéfice des lois introduites en leur faveur. A suivre
au vrai la rigueur du droit romain, il n'y a que le seul
immeuble et fonds dotal qui n'a été pris par estimation qui soit inaliénable, car pour les deniers et meubles, les femmes peuvent renoncer à la loi Julia. En
vain on objecterait que Justinien, confirmant la prohibition de la loi Julia, l'a étendue plus avant dans la
novelle 61, car il suffit de lire la rubrique de cette
novelle pour être convaincu qu'elle n'a trait qu'aux
immeubles. »

« Que si, ajoute Henrys, il faut du droit romain
passer au droit français, il est encore plus favorable
pour la renonciation du même privilège, car au lieu
que celui-là requérait une renonciation expresse et
certaine, celui-ci se contente d'une renonciation tacite,
suivant l'édit de feu Henry le Grand (1), par lequel

(1) Il fait allusion à l'édit rendu par Henri IV, en 1606, ayant
pour but d'abroger le Velléien.

défenses ont été faites aux notaires d'insérer en leur minutes semblables renonciations et d'en faire mention, demeurant néanmoins les femmes bien et dûment obligées. D'où s'ensuit que le droit romain ayant été heureusement corrigé en ce point par le droit français, les femmes peuvent à présent disposer de leurs biens et s'obliger étant seulement autorisées. Autrement il faudrait avouer que l'édit de sa Majesté serait inutile et frustratoire. »

« La conséquence serait donc dangereuse à la société civile, parce qu'on ne pourrait contracter avec les femmes mariées, et que le commerce en recevrait une notable diminution ou plutôt une cessation totale. Car si la femme ne peut vendre, si elle ne peut ni contracter ni s'obliger, qui voudra s'assurer sur l'obligation et l'hypothèque du mari? La femme ayant une précédente hypothèque et ne pouvant y renoncer, chacun craindra la préférence des droits qu'elle a, à la ruine du mari et de la famille par la perte du crédit. »

En faveur de l'arrêt, on répond que « il n'y a pas apparence de distinguer entre les biens dotaux qui sont immeubles et ceux qui ne consistent qu'en denrées ou meubles. Car encore que cette distinction semble fondée sur le droit ancien, toutefois cette erreur a été corrigée par Justinien en sa novelle 61, où il ne distingue point si la dot consiste en immeubles ou non : *Hæc in dote valebunt*.

« Quant à l'argument tiré de l'édit de Henry IV, il n'a pas la portée qu'on lui attribue, car autre chose étaient le Velléien et l'Authentique *si qua mulier*, autre chose la loi Julia. Les deux premières, en défendant à la femme de s'obliger sur ses biens, n'entendaient parler que de ses paraphernaux, la loi Julia seule réglait la destinée des biens dotaux. Par conséquent, puisque l'édit de 1606 n'avait pas abrogé la loi Julia, le principe d'inaliénabilité de la dot subsistait avec elle.

« Au surplus, ajoutait-on, il ne semble pas que ce prétexte du commerce doive faire cesser la faveur des femmes, puisque l'intérêt public est joint au leur pour la conservation de la dot, sans laquelle les mariages ne se font plus à présent. Il est plus expédient qu'un mari demeure décrédité, que si, après la dissipation de ses biens, il porte la femme à faire la même chose, et à vendre ou engager ses biens dotaux, au lieu de les conserver pour une dernière table après son naufrage. Outre que les femmes peuvent avoir d'autres biens que la dot pour en disposer et assister leurs maris. »

Henrys ne fut pas convaincu, comme il nous le dit lui-même. « Nonobstant ces raisons, j'ai toujours cru que la femme pouvait valablement s'obliger et vendre ses héritages, encore qu'ils fussent dotaux, car, puis-qu'elle le pouvait auparavant en renonçant à la loi Julia et au bénéfice d'icelle, pourquoi ne le pourrait-elle à présent que la renonciation n'est plus nécessaire ou qu'elle est sous-entendue? De fait, c'était l'usage com-mun de la Province, et depuis que j'ai suivi le barreau, je n'ai point appris qu'aucune femme ait été relevée de l'aliénation de son bien dotal, qu'en supposant et vérifiant des faits de force majeure ou d'une crainte suffisante et autre que celle qui résulte de l'autorité maritale. »

Cet arrêt avait fait grand bruit, d'autant que l'esprit de commerce et d'industrie était plus développé dans ces provinces que partout ailleurs. Or, les commerçants, qui ne considèrent les biens que comme un moyen d'en acquérir d'autres, et pour qui la meilleure législation est celle qui facilite le plus les transactions, devaient être hostiles à ce système protecteur du régime dotal qui, à leurs yeux, n'avait qu'un but, enlever à la circulation des ressources considérables pour le crédit. Le 14 décembre 1634 le bailli de Forez fit droit à leur réclamation, en rendant une sentence par laquelle il déboutait de sa demande la femme Agathe de Celles, qui avait obtenu des lettres royaux pour être relevée de la vente de ses biens dotaux. L'appel interjeté par la femme Celles fut mis à néant, et la première décision confirmée le 14 juin 1636. Dix ans plus tard, un revirement s'opéra, et le 10 février 1646, le juge gardien conservateur des privilèges royaux des foires cassait les obligations contractées par la dame Mamejan. Le Parlement de Paris, appelé à se prononcer sur cette affaire considérable, non pas tant à cause des intérêts pécuniaires engagés, que parce qu'elle devait fixer la jurisprudence en cette matière, rendit le 18 mai 1657 la décision suivante : « La Cour a déclaré et déclare tous les biens constitués en dot à la dite Féron, dame Mamejan, par son contrat de mariage, soit les immeubles qui lui peuvent avoir appartenu lors de son contrat de mariage ou les biens mobiliers à elle appartenant…, non sujets aux dettes et hypothèques par elle contractées pendant le dit mariage. »

Il était impossible d'être plus positif : aussi Henrys nous apprend-t-il que cet arrêt causa une grande rumeur parmi les partisans de la doctrine opposée. A Lyon, les avocats imbus des idées de la Coutume, assuraient que cette sentence ne serait pas suivie; ils firent tout leur possible pour la faire rapporter; ils l'attaquèrent par la voie de la requête civile. Leurs efforts furent inutiles, et le 13 juillet 1658 le Parlement, de nouveau saisi de la contestation, répondit d'une façon encore plus précise « que la loi Julia doit être observée en la ville de Lyon, tant à l'égard de la dot mobilière qu'immobilière, et que suivant icelle, la femme d'un marchand de ladite ville n'avait pu engager ou hypothéquer ses deniers dotaux, augment de dot, et intérêts d'iceux. »

Cette nouvelle décision n'était pas de nature à apaiser les esprits; aussi, les mécontents cherchèrent-ils à protester, et pour cela ils eurent recours au moyen employé à cette époque, à un acte de notoriété. C'est à Hénrys qu'ils s'adressèrent tout d'abord, car c'était le premier avocat du pays, et ils espéraient trouver en lui un énergique défenseur. Mais, au lieu d'un protecteur, ils rencontrèrent un adversaire, et il est curieux de voir comment le jurisconsulte répondit aux propositions qui lui étaient faites. « Les avocats ayant parlé, dit-il, et le syndic des procureurs pour tous, nous dîmes que nous ne pouvions pas bien adhérer à l'acte qu'on requérait; que d'une part, il n'y avait qu'un ou deux avocats anciens qui pussent véritablement assurer l'usage, et pour les procureurs, que s'agissant d'un point de droit, il semblait que cela fût hors de leur portée, et d'autre part, qu'il ne suffisait pas seulement de dire que les femmes s'obligent communément sans qu'elles en réclament, et qu'on l'a vu ainsi pratiquer, qu'il faudrait passer plus avant, et établir un usage certain, alléguer des priviléges formels et des sentences contradictoires. »

Il refusa donc de se joindre à l'acte de notoriété auquel on lui demandait d'adhérer. Et pour justifier son refus, il développa avec son talent habituel les motifs qui le déterminaient à changer d'opinion (1).

« En se plaçant au point de vue de la raison, il y a plus d'apparence d'ôter aux femmes le pouvoir d'engager ou de vendre les biens dotaux que de le leur laisser. Car, outre cette règle générale qui veut que le public s'intéresse à la dotation des femmes, il est notoire que c'est un avantage commun aux familles que, y arrivant de la disgrâce et de la déroute, il y ait quelques ressources pour la femme et les enfants. Que celle-là qui aura porté une bonne dot ne soit pas réduite à la misère, et à mendier l'assistance de ses proches... Que les créanciers ne peuvent pas se plaindre, car ils ont suivi la foi du mari ; ils ont su qu'il avait une femme et qu'il s'était chargé de sa dot ; ils ont dû prendre leur mesure et chercher leurs assurances, et s'ils ne l'ont pas fait, ils s'en doivent imputer la faute. Que s'ils se sont assurés sur l'obligation de la femme, ils ont dû apprendre que c'était un appui aussi faible que son sujet, et que, se pouvant faire relever, ils doivent

---

(1) « L'auteur a souvent changé de sentiment, non pas par esprit de légèreté, mais par l'effet d'une trop grande déférence pour les arrêts. Pour justifier ses changements, il a fait des efforts d'esprit admirables, en sorte qu'en certains endroits il s'est surpassé lui-même. » *(Préface des éditeurs d'Henrys.)*

en appréhender l'événement. N'ayant donc rien d'assuré, il vaut mieux que, absolument, la femme ne puisse pas obliger ses biens dotaux, et que par ce moyen les créanciers ne soient pas trompés et s'assurent autrement. » Et Henrys termine ses appréciations sur l'arrêt de 1658 par ces quelques mots : « Tant y a que ce double arrêt, rendu sur requête civile et avec grande connaissance de cause, ne doit plus laisser de doute, et il en faut demeurer là s'il n'y est dérogé par un édit. »

La prédiction de l'auteur suivit de près l'impression de son livre, car cinq ans plus tard le Roi rendit un édit qui abrogea la loi Julia dans les provinces de Lyonnais, Forez, Beaujolais et Maconnais. Ce fut la célèbre déclaration de 1664, à laquelle on a donné une trop grande importance pour qu'il nous soit permis de la passer sous silence. En voici les principaux passages : « Nous, de l'avis de notre conseil et de notre certaine science, pleine puissance et autorité royale, avons déclaré, statué et ordonné, déclarons, statuons et ordonnons par ces présentes signées de notre main, voulons et nous plaît que toutes les obligations ci-devant passées et qui se passeront à l'avenir sans aucune force ni violence par les femmes mariées dans notre dite ville de Lyon, pays de Lyonnais, Maconnais, Forez et Beaujolais, sur lesquelles aucun arrêt n'est encore intervenu, soient bonnes et valables, et que par icelles, les femmes ayant pu par le passé et puissent à l'avenir obliger valablement, sans aucune distinction, tous et chacun de leurs biens dotaux et paraphernaux, mobiliers et immobiliers, sans avoir égard à la disposition de la susdite loi Julia, que nous avons abrogée et abrogeons à cet égard, sans qu'en ladite ville et pays susdits l'on puisse plus y faire aucun fondement, ni y avoir aucun égard. Si donnons en mandement à nos amis et féaux conseillers, etc... »

Bretonnier (1) nous apprend que cette déclaration fut rendue à la sollicitation du sieur Perrachon de Saint-Maurice, fermier général de la généralité de Lyon, qui avait intérêt à mettre les sous-fermiers en état de pouvoir faire entrer leurs femmes dans les baux, et de leur faire obliger leurs biens dotaux. On comprend que l'édit fut accordé par Louis XIV avec d'autant plus de facilité, que la couronne y trouvait de grands avantages. Mais fut-il accepté par les véritables jurisconsultes désintéressés et amis des réformes utiles, avec autant d'empressement que par les commerçants? c'est ce dont il est permis de douter, surtout en présence du passage où Bretonnier affirme tenir de M. de Fourcroy que le premier président de Lamoignon avait fait beaucoup de difficultés sur l'enregistrement de cette déclaration ; le fait est assez vraisemblable, puisque, datée du mois d'avril 1664, elle ne fut registrée qu'au mois d'août suivant.

Si nous recherchons maintenant l'effet produit par cette déclaration, nous voyons que, même dans les pays pour lesquels elle avait été rendue, elle souleva de vives résistances. Les femmes se plaignirent de la situation qui leur était faite, elles alléguèrent l'intérêt de leurs enfants et la violation de leurs droits acquis.

(1) Bretonnier, *Questions de droit, Dot,* p. 136.

On leur enlevait, en effet, tout d'un coup les protections sur lesquelles elles avaient dû légitimement compter, et qui les avaient déterminées à adopter le régime dotal. Sans ces garanties, ce régime ne présentait plus pour elles que des dangers et devenait de beaucoup inférieur à celui de la communauté, puisque, n'étant jamais admises à participer aux bénéfices réalisés par le mari, les femmes couraient le risque de tout perdre et d'être réduites à la misère. Ces réclamations étaient on ne peut plus justes, et on y répondit en invoquant l'intérêt du commerce, la prospérité des grandes villes de Lyon, Macon, etc... et la nécessité de cette réforme qui correspondait à un vœu général, et dont le but était de consacrer un usage depuis longtemps existant. Il est vrai que les femmes étaient seules à se plaindre, et que ce n'étaient pas elles qui enrichissaient les caisses de l'Etat; on pouvait donc les payer de belles phrases !

Quoi qu'il en soit, il est certain que cet édit n'était pas reçu dans les provinces autres que les quatre que nous avons citées; bien plus, dans les bailliages de l'Auvergne, où on suivait le droit écrit, on refusa de l'admettre comme une innovation dangereuse, et cependant cette partie de l'Auvergne était régie par le même droit que le Forez, dans lequel elle se trouvait en quelque sorte enclavée. C'était donc une exception unique, qui fait ressortir d'une façon plus apparente la règle générale, à savoir que, dans les pays de droit écrit qui ressortissaient au Parlement de Paris, la femme ne pouvait dans aucun cas aliéner sa dot mobilière.

Parlement de Toulouse.

DROITS DU MARI. — Tous les auteurs sont d'accord pour reconnaître que le mari n'a pas la propriété des meubles dotaux ; mais où ils ne s'entendent plus, c'est lorsqu'il s'agit de donner un nom aux droits qui lui appartiennent. Serres (1) et Boutaric (2) lui accordent un usufruit à titre onéreux. Furgole (3) prétend qu'il n'a qu'un domaine civil. Despeisses (4) qualifie son droit de propriété feinte. Quelle que soit la dénomination que l'on choisisse, il est incontestable que le mari peut seul intenter toutes les actions contre les débiteurs et les détenteurs des biens dotaux (5).

Peut-il aliéner la dot mobilière? Un seul auteur, Despeisses, avocat à Montpellier, est partisan de la négative. « La femme, dit-il, peut révoquer l'aliénation des meubles non estimés qui ne consistent pas en poids, nombre ou mesure, parce que dans ce cas il y a même raison de décider que de l'immeuble constitué en dot, car toujours lesdits meubles sont dotaux, et puisque la femme peut faire cette révocation lorsque l'aliénation a été faite par le mari pendant le mariage, à plus forte raison elle ou ses héritiers ont le droit, si ladite aliénation a été faite depuis la dissolution du mariage (6). »

(1) Serres, *Inst.*, p. 126.

(2) Boutaric, *Inst.*, p. 156.

(3) Furgole, *Testaments*, t. II, ch. 7, sect. 1, n° 83, p. 58.

(4) Despeisses, *Titre de la dot*, t. I, sect. 3, n° 29, p. 508.

(5) Despeisses, *Op. cit.*, p. 473, 477, 485 et 510.

(6) Despeisses, *Op. cit.*, t. I, p. 508.

Son annotateur lui-même, Guy Rousseau de Lacombe, est d'un avis contraire, et immédiatement après le passage que nous venons de citer, se trouve la note suivante : « Lorsque l'aliénation des meubles a été faite par le mari pendant le mariage, ni elle ni ses héritiers ne peuvent révoquer cette aliénation, quoiqu'il s'agisse de meubles meublants et non estimés, ce, parce que le mari n'est point simple dépositaire de ces meubles, qu'il en est comme maître et propriétaire, et que la prohibition de la loi Julia ne s'étend pas au mobilier apporté en dot par la femme ; s'il en était autrement, le commerce des meubles serait trop gêné. Quand on veut acheter un fonds, on peut facilement savoir s'il est dotal ou non ; mais quand on veut acheter des meubles d'un homme marié, on n'examine point s'ils lui ont été apportés en dot ; le possesseur des meubles en est censé propriétaire. » Ainsi donc, les arguments à l'aide desquels on justifie l'aliénation de la part du mari, se résument en ces deux propositions : 1° le mari est comme maître et propriétaire ; 2° la loi Julia ne s'applique pas aux meubles dotaux.

L'opinion de Rousseau de Lacombe fut partagée par tous les jurisconsultes de l'époque ; c'est ainsi que Serres, professeur à l'Université de Montpellier, nous dit : « Puisqu'il n'y a que l'aliénation du fonds dotal qui soit défendue par la loi, il s'ensuit que le mari est le maître absolu des sommes, actions, obligations ou hypothèques légales, et qu'il peut les aliéner comme il trouve à propos (1). » De même Catelan : « Le mari

_____

(1) Serres, *Inst.*, L. II, tit. 8, p. 15.

est le maître absolu des obligations qui lui ont été constituées en dot, il peut les nover et en retirer paiement
comme bon lui semble, sans être obligé de bailler
caution. Il suit que la cession une fois faite par le mari,
de ses obligations dotales, et après l'acceptation faite
par les débiteurs, la femme, quelque privilége qu'elle
puisse avoir pour la répétition de sa dot, ne peut pas
agir sur ses obligations encore existantes et non payées,
ni les saisir (1). » Et la raison de décider, dit sur ce
point Vedel, « est prise de deux maximes également
reçues : la première, que l'argent est meuble de sa
nature, et par conséquent les obligations et cédules....;
la seconde, que les obligations étant réputées meubles,
ne peuvent plus être suivies par les créanciers du
cédant, lorsqu'elles ont été dénaturées au moyen d'une
cession acceptée, parce que les meubles n'ont pas de
suite par hypothèque lorsqu'ils sont hors des mains du
débiteur par l'aliénation qu'il en a faite... La loi 30,
C. *De jure dot.*, ne peut être appliquée, suivant nos
maximes, aux cessions acceptées, parce qu'alors les
sommes ne sont plus extantes, mais dénaturées par la
cession et l'acceptation, ce qui empêche la femme de
les pouvoir suivre par hypothèque (2). »

Aux nombreux jurisconsultes que nous venons de
citer, nous pouvons joindre Fromental (3), Roussilhe (4)
et d'Olive (5), dont l'autorité était incontestable.

(1) Catelan, *Arrêts remarquables du Parlement de Toulouse*, t. II,
ch. 47, p. 123.

(2) Vedel, sur Catelan, t. II, L. 4, ch. 47 et 49, p. 55.

(3) Fromental, *Dot*, t. I, n° 254.

(4) Roussilhe, *De la dot*, t. I, ch. 12, sect. 1, n° 254.

(5) D'Olive, liv. III, ch. 29, p. 324.

De ce que le mari peut disposer des créances dotales, comme bon lui semble, il suit que la prescription courra contre la femme en faveur du débiteur, quand même cette prescription aurait commencé pendant le mariage. Et Serres (1) ajoute que la femme n'aura jamais de recours contre le débiteur, quoique le mari qui a laissé prescrire la somme dotale soit insolvable. Telle est l'opinion de Despeisses (2), de Vedel (3), de de Juin (4), de Merlin (5), et enfin de Catelan qui s'exprime ainsi : « La prescription court toujours contre la femme, et l'on ne peut opposer la règle que la prescription ne court pas contre celui qui ne peut pas agir, et que la femme ne pouvant pas agir contre le débiteur pendant le mariage, il semble qu'il ne peut pas lui opposer de prescription, puisqu'à l'égard du débiteur il suffit qu'il y ait une personne qui puisse agir, et il y a le mari, qui d'ailleurs pouvant tirer paiement de la dette et libérer le débiteur, doit nécessairement donner lieu au cours de la prescription, puisque le laps de trente ans fait présumer que le paiement a été fait au mari. Et la femme, même dans le cas d'insolvabilité du mari, ne peut avoir de recours contre le débiteur qui a prescrit (6). »

Le mari pouvant aliéner les créances dotales pour. n'importe quel motif, et par conséquent pouvant les

---

(1) Serres. *Op. cit.*, p. 154.

(2) Despeisses, *Op. cit.*, t. II, sect 3, n° 30, p. 510.

(3) Vedel, sur Catelan, t. II, p. 86.

(4) De Juin, t. III, p. 45 et suiv.

(5) Merlin, *Quest. de droit, Prescription*, § 6, art. 3.

(6) Catelan, t. II, liv. IV, ch. 45, p. 43.

employer au paiement de ses propres dettes, on aurait
dû décider, pour être logique, que les créanciers du
mari ont le droit de les saisir entre les mains de ce
dernier, ou de les saisir-arrêter lorsque les débiteurs
de ces créances ne se sont pas encore libérés. C'est,
en effet, l'avis de Fromental, de Catelan et de d'Olive,
qui observent que la femme aurait cependant le droit,
si les biens du mari sont en distribution, de s'opposer
à la récréance des sommes arrêtées. Mais Despeisses
et son annotateur Rousseau de Lacombe, ce dernier,
tout en reconnaissant au mari de pleins pouvoirs
d'aliénation, sont d'une opinion contraire, et voici les
propres paroles de Despeisses : « Lorsque les biens
meubles de la femme qu'elle a apportés en dot, ont été
saisis pour les dettes du mari, en faisant voir que lesdits
meubles lui appartiennent et lui ont été reconnus, elle
peut faire casser cette saisie, parce qu'elle a intérêt à
ce que lesdits meubles ne viennent pas à se perdre (1). »

DROITS DE LA FEMME. — La femme est réellement
propriétaire; néanmoins, de sa part, la dot mobilière
est absolument inaliénable, peu importe qu'elle agisse
seule ou avec l'autorisation de son mari. Tous les
auteurs sont unanimes sur ce point, et une jurisprudence constante décide que les obligations contractées
par la femme ne peuvent pas être exécutées sur sa dot,
même après la mort du mari. Il n'y a pas à rechercher
si elle s'est obligée antérieurement ou postérieurement
à la séparation des biens ; dans tous les cas, les obligations qu'elle a consenties sont nulles, lorsqu'elles ten-

(1) Despeisses, *Op. cit.*, t. I, p. 493.

dent à diminuer le capital de la dot, parce qu'une femme séparée n'a d'autres droits que l'administration des biens dotaux pour subvenir aux charges du ménage. Il résulte de là que si la dot consiste en une somme d'argent ou autres objets de dissipation facile, la femme séparée ne peut les toucher qu'à la charge d'un placement ou d'un bail de caution, à moins qu'il ne s'agisse d'une dot modique, auquel cas la précaution est inutile (1).

La femme ne pouvant pas diminuer sa dot pendant le mariage, il lui était défendu de renoncer, soit directement, soit tacitement, à son hypothèque sur les biens de son mari. Mais la renonciation qu'elle avait faite n'était pas nulle *ipso jure*; il fallait, pour que la nullité fût prononcée, que les biens extants du mari, au moment de la dissolution, fussent suffisants pour rendre la femme complétement indemne (2).

Le principe que la dot est inaliénable de la part de la femme, souffrait toutefois quelques exceptions. Vedel (3) nous apprend que la donation de la dot, faite par la femme du consentement du mari à un de leurs enfants ou descendants, est licite, parce que le motif de la loi sur lequel est fondée la prohibition d'aliéner ne se rencontre point dans cette donation, et qu'on doit considérer cette libéralité, non pas comme une donation, mais comme une anticipation de succession. De

(1) Laviguerie, *Op. cit., Dot,* p. 257. — Vedel, t. II, liv. IV, ch. 45, p. 39. — Despeisses, t. I, sect. 2, n° 33, p. 492. — Fromental, *Séparation*, p. 651.

(2) D'Olive, *Arrêts*, liv. III, ch. 23.

(3) Vedel, sur Catelan, t. II, p. 8.

même la prohibition fléchissait lorsqu'on se trouvait en présence des cas énumérés dans deux textes du Digeste, précédemment cités (1), parce qu'il n'y avait pas perte de la dot pour la femme, mais emploi de cette dot pour une cause juste et honnête.

Nous devons signaler les principaux considérants d'un arrêt rendu par le Parlement de Toulouse le 2 janvier 1637 (2), car nous les retrouverons dans le fameux arrêt du 1er février 1819, rédigé en termes à peu près identiques. Il s'agissait d'une donation d'une somme d'argent qu'une femme avait faite à un étranger, *pendente matrimonio;* après le décès du mari, la femme donatrice demanda l'annulation de la donation, et obtint gain de cause. Voici de quelle façon s'exprime d'Olive : « Ceux qui étaient d'avis d'infirmer la donation disaient que le droit singulier qui concernait les dots avait été inventé et introduit en considération des femmes; que Justinien, en enlevant à la femme la liberté de consentir à l'aliénation, liberté que lui avait laissée la loi Julia, avait voulu témoigner que l'intérêt des femmes était purement l'objet de sa disposition, lorsqu'il proteste que c'est pour empêcher que leur fragilité naturelle ne tourne leurs propres mains à leur ruine, et ne les réduise à une soudaine et déplorable mendicité; que la loi de Justinien, en ôtant à la femme la liberté de consentir à l'aliénation du fonds dotal, avait, par une conséquence nécessaire et *tacito juris intellectu*, déclaré

---

(1) L. 73, § 1, D., *De jure dot.* (23, 3). — L. 24, D., *Solut matr.* (24, 3).

(2) D'Olive, *Op. cit.*, liv. III, ch. 29.

nulle et invalidé l'aliénation qu'elle en faisait de soi-même, *ne fragilitate naturæ in repentinam deducerentur inopiam*, qui était la raison de l'Empereur, laquelle embrassait généralement l'un et l'autre cas, qui allaient tous deux à perdre la dot, et qui concernaient également l'intérêt de la femme, à laquelle il importait que, par une heureuse impuissance, elle fût empêchée de disposer de sa constitution dotale, et qu'elle fût mise dans un état dans lequel la fragilité de son sexe se trouvait à couvert des séductions qu'on pourrait exercer sur son esprit pour la porter à se dépouiller de sa dot, ou en l'aliénant ou en consentant à son aliénation. » Ce raisonnement repose, comme en le voit, sur cette seule idée, que la loi Julia doit être appliquée aussi bien à la dot mobilière qu'à la dot immobilière. Sans doute, on avait étendu la portée de cette loi qui ne s'appliquait en droit romain qu'au fonds dotal, mais on aimait mieux dégager l'idée qu'elle contenait, que s'en tenir au texte même. Ce n'était pas seulement dans le Parlement de Toulouse qu'on se servait de la loi Julia pour motiver l'inaliénabilité de la dot mobilière ; nous savons que l'édit de 1 664, en se bornant à abroger cette loi, décrétait par cela même l'aliénabilité des meubles dotaux. Etait-ce que les jurisconsultes de cette époque méconnussent le véritable sens de la loi Julia ? Evidemment non, mais ils comprenaient que, restreinte aux immeubles, elle ne garantissait en aucune façon les intérêts des femmes, car le temps n'était plus où les dots des filles consistaient surtout en immeubles. Le commerce et l'industrie, en se développant, avaient augmenté les capitaux, et par suite la fortune mobilière ; en second lieu, l'usage devenu général de faire renoncer les filles à leurs droits à la succession paternelle moyennant une somme d'argent, afin de ne pas diviser les héritages patrimoniaux, avait atteint ce résultat signalé par Henrys que « à présent, les dots sont le plus souvent constituées en deniers. »

Parlement d'Aix.

DROITS DU MARI. — « Parmi les choses mobilières, nous dit Dupérier, le mari est réputé acheteur des choses de consommation ; quant aux meubles corps certains non estimés, il n'en est qu'un administrateur... Et quoique la loi romaine appelle le mari seigneur et maître de la dot, Justinien lui-même dit que ce domaine et cette seigneurie sont une vaine subtilité, qui se réduit à une simple administration accompagnée de l'usufruit (1). » Julien s'exprime de la même façon : « Quoique le mari ait le domaine civil de la dot pendant le mariage, la constitution qui en est faite n'opère point de translation de domaine en sa faveur. La femme en conserve la propriété (2). »

Le mari a le droit d'exercer toutes les actions mobilières, ainsi que les actions immobilières (3). Il est même obligé d'introduire les poursuites, et d'après Boniface (4), « si, par la négligence du mari, les actions

(1) Dupérier, *Questions notables*, t. I, liv. 1, *quest.* 6, p. 31,

(2) Julien, *Eléments de jurisprudence*, p. 51, n° 16.

(3) Bonnemant, *Max. du Palais.* t. I, p. 249, note 1.

(4) Boniface, *Arrêts notables*, t. V, liv. II, titre 2, ch. 1, p. 200.

dotales se prescrivent, ou si les débiteurs de la dot deviennent insolvables, c'est à son péril. » Mais si le mari est insolvable lors de la restitution de la dot, les tiers ne seront pas libérés par la prescription. « Le mari peut sans contredit donner en compensation d'une dette qui lui est propre, une créance dotale de sa femme, puisqu'il a le droit d'exiger cette créance, et peut seul l'exiger. Le débiteur se trouve libéré par cette compensation qui est *species solutionis*. Mais si l'insolvabilité du mari interdit à la femme l'espoir de recouvrer cette créance, elle renaît ou est censée existante à l'égard du débiteur, à l'exemple de celle dont le débiteur se serait libéré par la prescription : *præscribens solventi similis est...* Il est établi, du moins en Provence, que la créance dotale à la femme qui est sujette à la prescription, par cette raison que le débiteur aurait pu s'en libérer valablement par le paiement réel fait au mari et que la prescription vaut paiement, subsiste si le recours de la femme sur les biens de son mari est infructueux ; et c'est par cette raison que Dupérier se détermine à décider que la compensation qui n'est, comme la prescription, que *ficta et non vera solutio*, ne doit pas, dans le cas d'insolvabilité du mari, causer à la femme la perte de sa créance qui faisait partie de la dot (1). »

Les auteurs ne paraissent pas s'être préoccupés de la question de savoir si, en Provence, le mari pouvait aliéner les meubles dotaux. Cependant, nous croyons que l'affirmative était adoptée, au moins en matière de créances, à cause de la connexité qui existait dans

(1) *Annotateur de Dupérier*, p. 296.

l'esprit de nos anciens jurisconsultes entre le droit de
cession et l'exercice des actions. On opposerait en vain
le passage suivant tiré des consultations de Cormis :
« Si le mari à qui il a été cédé, pour la dot de sa
femme, un capital de pension, en faisait cession et
transport à un tiers créancier ou autre acheteur, et que
dans la suite sa femme, après sa mort, trouvât encore
le capital en état, elle le pourrait reprendre sur le
possesseur, quand même il aurait passé par une infi-
nité de mains (1). » Cette disposition ne contredit en
rien notre affirmation, car il s'agit ici d'une rente
constituée, qui, en Provence, était immobilière.

DROITS DE LA FEMME. — La femme est propriétaire,
mais elle ne peut ni aliéner ni engager sa dot, sans
qu'il y ait à rechercher si elle consiste en immeubles,
meubles ou argent (2). Ce principe comportait quelques
exceptions, et l'annotateur de Dupérier nous dit que
le mari peut autoriser sa femme à aliéner ou à s'obliger
pour des causes raisonnables, comme pour sa nourriture et son entretien, pour tirer de prison le mari
retenu pour crimes, enfin pour faire des donations. Sur
ce dernier point avaient été rendus des arrêts nombreux
et contradictoires, les uns ne permettant que les donations faites aux enfants, les autres autorisant même
celles faites en faveur d'étrangers, pourvu que la cause
fût favorable.

Lorsque la femme demandait la restitution de la dot

_____

(1) *Consultations de Cormis*, t. I, ch. 85, p. 1326.

(2) Julien, *Op. cit.*, liv. I, titre 4, p. 57. — *Annotateur de Dupérier*,
p. 24

pendant le mariage, *marito vergente ad inopiam*, elle était colloquée sur les biens de son mari, et obtenait l'administration et la jouissance de sa dot ; mais l'inaliénabilité n'en persistait pas moins, et les fruits et les revenus devaient être employés à l'entretien des époux et des enfants (1).

Parlement de Grenoble.

DROITS DU MARI. — Le domaine du mari sur la dot se borne au droit de jouissance et d'administration exclusivement pendant la durée du mariage, et la vraie propriété appartient à la femme (2).

Les créances dotales, ou, en d'autres termes, les actions tendant au paiement d'une somme d'argent, étaient de libre disposition entre les mains du mari ; il pouvait les aliéner, quoiqu'elles eussent des immeubles pour objet (3).

Il lui était également permis d'aliéner les meubles dotaux. M. Troplong (4) prétend, au contraire, que la femme et ses héritiers avaient la faculté de faire casser l'aliénation des meubles faite par le mari, lorsque ces meubles ne consistaient pas en poids, nombre et mesure. Et il cite à l'appui de son opinion un arrêt du 14 août 1600, rapporté par Expilly (5). Cet arrêt ne reçoit ici

(1) Julien, p. 62 et 63, n° 37. — Dupérier, t. I, liv. 5, p. 503.

(2) Duport-Lavilette, *Quest. de droit*, t. III, p. 102. — Chorier, sur Guy-Pape, p, 221.

(3) Duport-Lavillette, *Op. cit.*, t. III, p. 27.

(4) Troplong, *Contrat de mariage*, t. IV, n° 3220.

(5) Expilly, ch. 123.

aucune application, car il se réfère non à une aliénation de meubles dotaux, mais à la vente d'un fonds dotal.

De même la prescription de trente ans courait contre la femme pendant le mariage et au préjudice de sa dot, parce que, comme le mari avait pu exiger la dot et la dissiper, il avait pu la laisser prescrire, sauf son recours contre lui, s'il a de quoi (1).

DROITS DE LA FEMME. — La femme ne pouvait pas, en s'engageant solidairement avec son mari, compromettre sa dot constituée en deniers ; c'est ce qui résulte d'un arrêt rendu le 25 février 1783 entre le sieur Mazué et la dame Granier. Le procès s'était élevé sur une question de domicile, mais au fond il s'agissait de savoir si la femme, qui avait contracté solidairement avec son mari, était obligée envers le créancier. Le sieur Mazué prétendait que sa débitrice étant domiciliée à Paris, son titre de créance était obligatoire contre la demoiselle Granier, ainsi que contre son mari, attendu que la disposition du sénatus-consulte Velléien qui seule aurait pu être invoquée par la femme, avait été abrogée par l'édit de 1606. — De la part de la défenderesse on soutenait, au contraire, que le séjour qu'elle avait fait à Paris avec son mari n'avait point amené la perte de son domicile en Dauphiné. On citait d'ailleurs deux préjugés : l'un pour le cas où la dot était en immeubles, et l'autre pour celui où elle n'était qu'en deniers, et dans ces deux cas il avait été décidé que l'obligation de la femme, quoique passée à Lyon, où

(1) Chorier, sur Guy-Pape, p. 322, *note a.*

le Velléien et la loi Julia étaient abrogés, ne pouvait s'exécuter en Dauphiné ni sur les biens dotaux, ni sur les biens du mari, au préjudice de la femme. Ce fut la dame Granier qui triompha, et par arrêt du 25 février 1783 la saisie du sieur Mazué fut annulée avec dépens, attendu que son obligation n'avait aucun effet sur les biens dotaux de la Granier, sis dans le Dauphiné (1).

De même, si la femme contracte des dettes après son mariage, ses créanciers n'auront pas la liberté d'agir sur ses biens dotaux pour leur paiement (2).

Pareillement, si les biens du mari sont mis en décret, l'adjudicataire ne pourra lui payer ses droits durant le mariage; il faudra pour sa sûreté qu'il les consigne chez un marchand solvable, des mains duquel elle en retire les fruits, autrement il sera responsable de ce qui s'en trouvera dissipé (3).

D'après le soin qu'on prenait de protéger la femme contre ses propres obligations, on se croirait autorisé à penser qu'à plus forte raison les aliénations qu'elle aurait faites de ses biens dotaux devaient être annulées. Mais cette conclusion serait erronée, en présence du passage suivant de Duport-Lavillette : « La femme dotale peut donner ses biens dotaux à ses enfants, et même à des étrangers, du consentement du mari, ou en lui en réservant l'usufruit, quand il n'avait pas paru à l'acte (4). » Cet auteur avait-il une opinion particulière

(1) Roussilhe, op. cit., t. I, n° 276, in fine.
(2) Chorier, sur Guy-Pape, p. 221.
(3) Chorier, sur Guy-Pape, p. 218, note b.
(4) Duport-Lavillette, t. II, p. 518.

sur ce point, ou bien, si telle était la jurisprudence du Dauphiné, quels étaient les motifs qui avaient fait établir une pareille contradiction? C'est ce que les jurisconsultes de l'époque ne nous disent pas; aussi devons-nous nous borner à constater cette inconséquence, sans chercher à l'expliquer.

Parlement de Bordeaux.

Deux éminents jurisconsultes, Tessier et Salviat, nous fournissent des renseignements précieux sur la jurisprudence de ce Parlement. Tessier, ancien bâtonnier de l'ordre des avocats près la cour d'appel de Bordeaux, a recueilli avec un soin scrupuleux toutes sortes de documents sur la matière qui nous occupe. Aussi lui ferons-nous de nombreux emprunts.

DROITS DU MARI. — Le mari n'a pas la propriété des biens dotaux, il en a seulement l'administration et la jouissance. Il suffit, pour s'en convaincre, de citer l'art. 42 de la coutume de Bordeaux, ainsi conçu : « Par ladite Coutume, le mari a l'administration de tous et chacun les biens de la femme, en quelque lieu qu'ils soient assis, pendant et durant leur dit mariage, lesquels fruits sont dudit mari, d'iceux peut faire à son plaisir et volonté, sans qu'il soit tenu en rendre compte et reliquat aux héritiers de la femme, après le décès d'icelle, si elle a prédécédée, si le contraire n'était accordé au contrat de mariage, en portant les charges des dits biens. »

Il peut exercer seul toutes les actions personnelles,

mais il n'a le droit d'intenter aucune action réelle, sans qu'il y ait à distinguer entre le cas où il est demandeur et celui où il est défendeur (1).

Il lui est défendu d'aliéner les meubles dotaux, et cette décision est nettement établie par les attestations suivantes du barreau de Bordeaux :

Attesté le 17 août 1672 que les dots des femmes sont inaliénables.

Attesté le 4 décembre 1686 que, pendant le mariage, le mari et la femme ne peuvent conjointement ni séparément faire aucun acte qui puisse nuire à la dot (2).

Attesté le 7 juillet 1795 que les biens dotaux sont inaliénables conformément au droit.

Comme conséquence de l'inaliénabilité de la dot mobilière de la part du mari, on décidait que les créances dotales étaient insaisissables sur la tête du mari pour les dettes de ce dernier (3).

On jugeait encore que les meubles dotaux corporels garnissant la maison louée ne pouvaient être saisis pour loyers dus par le mari (4).

Quoique le principe de l'inaliénabilité soit tel que, d'après Salviat, « il n'y a peut être pas dans le droit de principe aussi certain, » néanmoins, il ne faudrait pas le pousser jusqu'à l'extrême, et déclarer que dans aucun cas le mari n'avait le pouvoir d'aliéner. Car il est admis dans la Coutume que le mari peut disposer

(1) Salviat, p. 196. — Meilin, *Répertoire, Puissance paternelle*, sect. 2, art. 3, § 3.

(2) Tessier, *Traité de la dot*, t. I, *note* 499.

(3) Salviat, p. 197 et 198, *ubi attest. de l'année* 1713.

(4) Automne, *sur l'art.* 37 *de la coutume de Bordeaux*, n° 61, p. 174.

des meubles corporels fongibles (1), des meubles périssables (2), ainsi que de ceux qui, quoique non fongibles
et non périssables, ont été mis à prix par le contrat de
mariage (3). Cependant, dans cette dernière hypothèse,
malgré l'estimation, ils ne peuvent être saisis par les
créanciers du mari insolvable (4).

Il est également évident que le mari pouvait aliéner
les meubles corporels ne rentrant pas dans les trois
catégories précédentes, si, en agissant ainsi, il faisait un
acte de bonne administration (5).

DROITS DE LA FEMME. — La femme ne peut contracter
aucune obligation affectant sa dot mobilière, et Salviat
nous dit « que celles qui tombent sur ses paraphernaux, la lient irrévocablement; celles qui concernent
les biens dotaux sont nulles. La femme a la faculté de
revenir et de se faire restituer, par la seule raison
qu'elles regardent sa dot, quand même il n'y aurait ni
lésion ni aucun autre moyen (6). »

Il lui est également défendu d'aliéner, peu importe
qu'il y ait ou non séparation de biens. C'est ce qui
résulte de l'arrêt du 4 décembre 1686 précité, ainsi que
des attestations suivantes (7) :

Attesté le 7 juillet 1796, que les femmes mariées,
quoique séparées de biens et autorisées par leur mari

---

(1) Ferron, titre 4, *De dote*, p. 152.

(2) Dupin, sur Ferron, *Let. M*, n° 41, p. 217.

(3) *Conférences M. S. sur la coutume de Bordeaux*, art. 53.

(4) Automne, *Arrêt du 19 juin* 1607.

(5) Salviat, *Dot.*, n° 9.

(6) Salviat, *Velléien*.

(7) Salviat, p. 199 et 200.

ou la justice, ne peuvent aliéner les biens dotaux, si ce n'est dans le cas où, pour des causes privilégiées, la loi leur permet d'aliéner.

Attesté le 2 juillet 1708, qu'une femme mariée séparée de biens ou non, ne peut aliéner ses biens dotaux, ni en recevoir le paiement, ni donner consentement valable pour renoncer aux hypothèques qu'elle a sur les biens de son mari pour sa dot et ses conventions matrimoniales.

Sans doute, dans toutes ces attestations, on se sert d'expressions générales, dot, biens dotaux ; mais, en raison même des termes employés, on est autorisé à conclure que ces décisions s'appliquent à toutes choses dotales, tant mobilières qu'immobilières.

L'inaliénabilité, avons-nous vu, persiste même après la séparation de biens ; cependant, cette solution paraît contredite par un passage de Salviat ainsi conçu : « La femme peut, sans l'autorité de son mari, disposer de ses meubles et du revenu de ses meubles, les affermer, en donner quittance. » Doit-on en induire que la femme séparée a le droit d'aliéner valablement sa dot mobilière? Il est évident que ce serait aller trop loin, et ce droit de disposition dont parle Salviat, est précisément celui qui est nécessaire à la femme pour pouvoir exercer l'administration que lui a conférée la séparation de biens. D'ailleurs ce qui le prouve, c'est l'énumération des actes cités par Salviat comme étant permis à la femme séparée, et surtout la restriction qui vient à la suite du passage précité : « Mais elle ne peut pas percevoir le capital qui est en argent comptant, parce qu'elle pourrait le dissiper, ce qui est défendu. » Si donc on ne l'autorisait à recevoir les capitaux formant sa dot qu'à la charge d'emploi ou de bail de caution, comment admettre qu'il lui fût permis d'aliéner la dot mobilière?

Nous avons à peine besoin d'ajouter que la règle absolue de l'inaliénabilité comportait, ici comme ailleurs, quelques exceptions dans les cas où la femme voulait tirer le mari de prison, doter ses enfants, en un mot lorsqu'il y avait cause juste ou nécessaire. Mais dans ces hypothèses, l'autorisation du mari, des plus proches parents ou du juge était indispensable.

L'étude peut être un peu longue mais très-exacte croyons-nous, à laquelle nous venons de nous livrer, nous permet de dégager les décisions suivantes :

Dans tous les Parlements des pays régis par le droit écrit, on admettait sans aucun doute que :

1° La femme conserve la propriété de sa dot mobilière, le mari en ayant seulement l'administration et la jouissance ;

2° La femme ne peut jamais aliéner sa dot mobilière, ni en disposer de quelque façon que ce soit, soit avant, soit après la séparation de biens, sauf pour les causes justes et nécessaires, auxquels cas elle a besoin d'être autorisée ;

3° Les obligations contractées par la femme pendant le mariage sont nulles sur ses biens dotaux, mais valables sur ses paraphernaux ;

4° La femme qui touche les deniers dotaux après la séparation de biens est obligée d'en faire emploi ou de donner caution.

Sur les autres points, l'accord était loin d'exister :

1° Tandis que dans les Parlements de Paris et de Bordeaux le mari ne pouvait aliéner la dot mobilière, dans les Parlements d'Aix, de Grenoble et de Toulouse il en avait la libre disposition. Toutefois, nous devons rappeler que Despeisses, avocat à Montpellier, était partisan de l'inaliénabilité ;

2° Dans les Parlements de Paris et de Bordeaux le mari ne peut intenter que les actions personnelles et possessoires, la femme conservant le droit d'exercer les actions réelles, avec l'autorisation du mari. A Toulouse et à Aix le mari seul peut intenter les actions réelles et personnelles contre les débiteurs et détenteurs des biens dotaux ;

5° A Paris et à Aix la prescription ne court pendant le mariage qu'en cas de solvabilité du mari. A Toulouse et à Grenoble les tiers peuvent toujours invoquer la prescription, quoique le mari soit insolvable ;

4° A Paris et à Bordeaux les créanciers du mari ne peuvent pas saisir les meubles dotaux ; à Toulouse la question était controversée.

Du milieu de ces décisions contradictoires, de ces opinions divergentes, ressort l'impression que, praticiens et Parlements, tous étaient préoccupés, comme Mallebay de la Mothe, de conserver la dot, « de ne pas laisser aux maris dissipateurs et débauchés le pouvoir de réduire à la dernière misère leurs femmes et leurs enfants, pour satisfaire leurs uniques passions en tous genres (1). » Le législateur moderne a-t-il eu la même préoccupation? A-t-il voulu, a-t-il su créer, organiser

(1) Mallebay de la Mothe, *Question B*, n° 14.

un système qui donnât satisfaction au double besoin de conservation et de progrès que la famille ressent comme la société? Qu'a-t-il fait de ce régime dotal que Rome vit naître et qu'adopta notre ancienne législation? C'est ce qui nous reste à examiner.

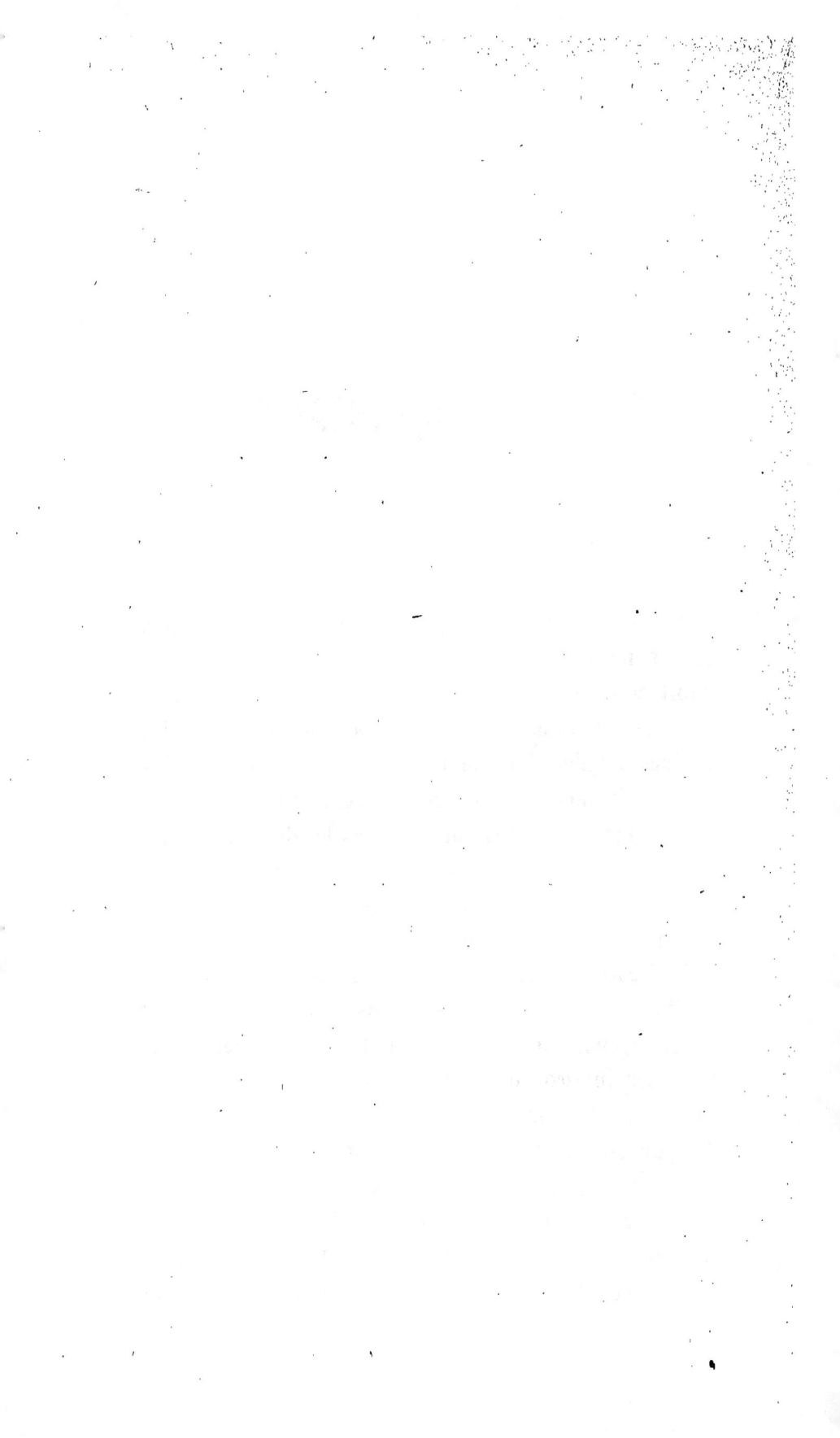

DROIT FRANÇAIS ACTUEL.

De l'étude, objet de la partie précédente, est résultée la conviction, la preuve, que tous les Parlements de droit écrit avaient admis, à l'égard de la femme, le principe de l'inaliénabilité de la dot mobilière. Les Parlements n'en donnaient point d'autre cause que l'intérêt de la femme, aussi impérieux, aussi grave, quelle que fût la nature de la dot. Si, dans les derniers temps, quelques-uns s'étaient singularisés, pour des causes spéciales, tous les auteurs n'en proclamaient pas moins l'inaliénabilité de la dot mobilière.

A l'égard du mari, les décisions n'étaient ni bien explicites, ni concordantes. Nous avons fait ressortir les divergences qui existaient entre les Parlements et entre les jurisconsultes. On ne peut pas dire qu'il y eût un droit commun relativement à la détermination des pouvoirs du mari sur la dot mobilière.

En présence d'un semblable état de choses, on serait porté à croire que les auteurs du Code civil, désireux de codifier et d'uniformiser la législation de la France, durent accorder une attention toute particulière à la dot mobilière et aux questions soulevées dans l'ancienne jurisprudence. Il n'en fut rien. Le régime dotal fut réglementé avec une promptitude, une rapidité telles, que la plupart des difficultés sont restées irrésolues, que des divergences graves ont pu même se produire sur la nature des droits du mari et des droits de la femme. Si encore la rédaction des textes votés et promulgués était à l'abri de tout reproche !

Cependant, quelque imparfaite, quelque écourtée et superficielle qu'ait été la préparation du titre consacré au régime dotal, il est utile, nécessaire de résumer les travaux préparatoires. Cet examen nous donnera tout au moins la pensée générale des auteurs de la loi, nous indiquera quel mobile les a guidés, quel but ils ont voulu atteindre.

Après avoir passé sous silence le régime dotal, les rédacteurs du projet de code civil, durent lui faire une place, sur les réclamations vives et énergiques des pays de droit écrit. Rédigé par MM. Tronchet, Bigot-Préameneu, Maleville et Portalis, le projet contenait, dans le titre relatif au contrat de mariage, la disposition suivante : « Le bien dotal de la femme est inaliénable même du consentement de la femme (art. 123). » La section de législation du Conseil d'Etat proposa un article 138 ainsi conçu : « Les immeubles constitués en dot ne sont pas aliénables ; toute stipulation contraire est nulle : » Voici dans quels termes M. Berlier motivait ce projet : « Il est difficile de comprendre comment la femme était mieux protégée par le droit écrit, à moins que la pensée ne s'arrête à l'inaliénabilité de la dot; mais c'était une protection achetée bien chère-

ment, par l'incapacité qu'elle imprimait à la femme
de disposer de son bien dotal, même pour son intérêt
évident, et sans qu'elle pût être relevée de son incapacité par rien ; une telle protection ne serait-elle pas
plus exactement définie, une entrave excessive...? Qu'est-
ce donc qu'un tel système, aussi extrême dans ses deux
points opposés, a de préférable à celui qui admet l'aliénabilité sans exception, mais sous des conditions sages,
et qui donne à la femme toutes les actions, même hypothécaires, les plus étendues pour les remplois? (1) »

L'article 138 du projet enlevait au régime dotal son
caractère propre et distinctif, l'inaliénabilité de la dot.
Les partisans de la dotalité étaient nombreux, et parmi
eux figuraient MM. Portalis, Maleville et Cambacérès.
Ce texte fut discuté devant l'assemblée générale dans
la séance du 13 vendémiaire an XII (octobre 1803). Il
fut vivement attaqué par les conseillers, qui, originaires du midi de la France, étaient attachés au régime
dotal.

M. Portalis fait observer que, si la dot est déclarée
aliénable, le système des pays de droit écrit est entièrement sacrifié, et ceux qui croiront le prendre pour
règle de leur association, se trouveront cependant régis
par le système coutumier.

M. Berlier répond qu'à la vérité l'art. 138 contient
une grande dérogation à la loi Julia ; car, par l'effet
de cette loi, le fonds dotal était inaliénable; et l'article
proposé ne veut pas même qu'une disposition spéciale
puisse le rendre tel. L'on a considéré, ajoute M. Berlier,

(1) Locré, t, XIII, p. 148.

que la dot d'une femme lui était constituée ou par elle-même, ou par autrui, et notamment par ses parents. Au premier cas, on a trouvé qu'il était peu conforme au droit de propriété que la femme se privât de ce droit, et s'imposât à elle-même des entraves qui seraient souvent suivies de regrets ; l'on a pensé aussi que cette incapacité civile nuirait à la société entière, et n'était qu'une espèce de substitution dont la femme se grevait elle-même. Au deuxième cas, c'est-à-dire lorsque la dot est constituée par des parents, ils peuvent stipuler soit un droit de retour, soit les dispositions permises par l'art. 357 du liv. Ier du Code, et, sous ce rapport, leur intérêt est satisfait.

M. Portalis réplique qu'on s'est nécessairement formé une fausse idée de l'inaliénabilité de la dot, lorsqu'on a craint qu'elle ne mît obstacle au droit de retour, et qu'elle ne ramenât les inconvénients des substitutions. En effet, l'inaliénabilité n'existe et n'a de résultat que pendant la durée du mariage; elle s'évanouit aussitôt qu'il est dissous. Pendant le mariage, elle a le double objet de conserver la dot à la femme et les fruits de la dot au mari. Sous le premier rapport elle empêche le mari de disposer seul de la dot sous aucun prétexte, et la femme d'en disposer, même avec le consentement du mari, sans causes légitimes : sous le second, elle interdit à la femme de donner sa dot entre vifs, mais elle lui laisse la faculté d'en disposer par testament, parce qu'alors la donation n'a d'effets que dans un temps où le mari n'a plus droit aux fruits. Ainsi, la dot devenant aliénable après la dissolution du mariage, il est évident que l'inaliénabilité n'a rien de commun ni avec les substitutions, ni avec le droit de retour, qui ne peut avoir lieu qu'à une époque où l'inaliénabilité a cessé.

Le consul Cambacérès dit qu'il n'aperçoit pas les motifs de l'innovation singulière qu'on propose. Il ne voit même pas l'utilité des articles destinés à fixer le système du droit écrit. Les parties pourront prendre le droit écrit pour règle de leur mariage. Il n'est pas besoin pour cela d'en insérer les dispositions dans le Code civil ; mais il ne faut pas non plus l'affaiblir, en dénaturant le système dotal.

M. Treilhard combat ces idées, en disant qu'il sera difficile de concilier l'inaliénabilité de la dot avec l'intérêt du commerce et l'abolition des substitutions. Pourquoi, de tous les biens qui existent, ceux qui sont dotaux sont-ils seuls soustraits à la circulation ? L'inaliénabilité en assurera le retour à la famille ; mais cet intérêt est faible aux yeux du législateur. L'obligation de doter est imposée au père par le droit naturel ; elle est dégagée de toute condition et de toute espérance de retour.

Le consul Cambacérès réplique que le principe de l'inaliénabilité n'est pas établi pour ramener la dot dans la main du père, mais pour conserver le fonds affecté aux charges du ménage et le patrimoine des enfants.

Le vote du Conseil d'Etat est ainsi mentionné au procès-verbal : le conseil adopte le principe de l'inaliénabilité de la dot (1).

Par suite de l'adoption de ce principe, M. Berlier

(1) **Locré**, t. XIII, p. 207 et 209.

soumit au Conseil d'Etat, dans la séance du 4 brumaire an XII (27 octobre 1803), une nouvelle rédaction du titre du contrat de mariage, dans laquelle l'article 138 ci-dessus se trouvait remplacé par un art. 164 dont la disposition forme aujourd'hui l'art. 1554 du code civil.

Le consul Cambacérès fait remarquer que les causes qui rendent la dot aliénable sont énoncées d'une manière trop vague, trop générale.

M. Portalis lui répond que la section s'en est référée à la jurisprudence sur l'explication de l'article.

Dans cette discussion, la condition de la dot mobilière n'a point attiré l'attention spéciale des législateurs. Ils parlent en général de la *dot*, des *biens dotaux*, quelquefois des *immeubles constitués en dot;* mais nulle part il n'est indiqué de distinction entre la dot mobilière et la dot immobilière, nulle part ils n'ont assimilé l'une à l'autre.

Tout ce qui ressort de la lecture des séances du Conseil d'Etat, c'est l'impression que les rédacteurs du Code ont voulu consacrer le régime dotal, tel que les populations du Midi l'avaient pratiqué.

Cette impression est encore plus vivement ressentie à la lecture des discours des orateurs qui présentèrent la loi à l'adoption du Tribunat ou du Corps législatif. Dans un discours fort remarquable, Duveyrier disait : « Deux caractères ineffaçables dans la nature des biens et dans les conventions du mariage, ont toujours distingué les deux législations, Les deux peuples avaient conservé, avec un attachement égal, je dirai presque avec une égale superstition, l'un ses propres et sa communauté, l'autre sa dot et ses paraphernaux.

« Jamais cette barrière n'a pu être renversée ; et même aujourd'hui, dans ce moment de gloire et de puissance, où le génie peut tout, mais où la sagesse égale au génie ne veut que ce qui est bon et juste, la loi proposée sur les deux régimes qui gouvernent séparément les conventions matrimoniales, est moins une victoire ou une conquête qui asservisse l'un à l'autorité de l'autre, qu'un traité de paix ou une transaction qui les associe à l'empire, et partage entre eux une commune et presque égale domination.

« La première vérité sentie et unanimement adoptée par tous les hommes occupés de cette loi, a été la nécessité, ou, ce qui est à peu près de même, la convenance politique de n'arracher violemment à aucun Français, dans les conventions les plus intimement relatives à l'intérêt particulier, à l'affection personnelle, à l'accroissement social, dans les conventions de mariage, ses usages anciens et chéris, pour lui imposer le joug d'une législation nouvelle, inaccoutumée, et par conséquent importune. Ainsi l'habitant des départements jusqu'à présent soumis au droit écrit, aura toujours la liberté d'appeler au gouvernement de son mariage les institutions romaines et l'austère simplicité du régime dotal (1).

A la fin de son discours au Tribunat, le 19 pluviôse an XII, M. Albisson s'exprimait ainsi : « J'ai dû ne laisser aucun doute à mes compatriotes méridionaux sur la conservation des lois et des usages qui leur sont

(1) Locré, t. XIII, p. 315.

justement précieux ; j'ai dû leur proclamer, de cette
tribune, ces motifs d'une entière confiance à cet égard,
et leur dire : Vous n'avez connu jusqu'ici que le régime
dotal ; vos parents ont vécu, vous êtes nés, vous vous
êtes mariés sous ce régime ; il vous est cher. Eh bien !
il ne tiendra qu'à vos enfants d'y vivre aussi ; ils n'auront qu'à dire : Je le veux.

« Ce régime n'avait pu éviter le sort de toutes les
législations humaines, qui s'usent, se compliquent et
se déforment toujours en quelques points par l'action
sourde et continue de la lime du temps ; par la subtilité, trop souvent intéressée, de leurs interprètes ; par
l'inépuisable fécondité de leurs commentateurs : d'où
la discordance des opinions, la variété et l'instabilité
des jugements, l'incertitude et la fluctuation des chances
dans les luttes judiciaires, leur dispendieuse durée
et leurs résultats ruineux.

« Le projet de loi le ramène à sa simplicité et à sa
pureté originelle ; il en élague tout ce qui pouvait l'al-
térer ou en embarrasser l'application, et y conserve
scrupuleusement tout ce qu'il avait de bon et d'utile (1). »

De ces divers fragments dans lesquels les auteurs de
la loi nous font connaître les motifs qui les ont guidés,
il résulte que le législateur a voulu donner satisfaction
aux désirs des pays de droit écrit, conserver leurs anciens
usages, leurs habitudes juridiques. La seule différence,
et elle est profonde, entre le droit ancien et le droit
nouveau, naît de la transformation du régime dotal.
Jadis, régime de droit commun pour les dites provinces,

(1) Locré, t. XIII, p. 439.

il devient, pour elles comme pour toute la France, un régime libre et volontaire.

La dot mobilière, d'après la volonté même du législateur, doit donc avoir dans le droit actuel le caractère, la nature qu'elle avait dans le droit antérieur. Cette considération dominera toute l'étude qui va suivre, et nous aurons à la rappeler dans les discussions délicates que nous trouverons sur notre route. Mais, avant de commencer l'examen de la condition juridique de la dot mobilière, nous devons d'abord déterminer dans quels cas une dot mérite cette qualification.

La dot est mobilière lorsqu'elle comprend des objets, des choses corporelles ou incorporelles énumérées dans les art. 527 à 533, ou des droits dont le Code n'a pas parlé, mais qui font évidemment partie des meubles, tels que la propriété littéraire, artistique ou industrielle, les offices aux titulaires desquels la loi du 28 avril 1816 a accordé le droit de présentation, l'achalandage d'un fonds de commerce, etc.

Donc, toutes les fois que la dot se composera d'objets classés par le Code, par d'autres lois, ou par la raison, parmi les meubles, la dot sera mobilière. Mais il n'est pas toujours facile de déterminer quelle est la nature de la dot, quelle est la chose qui, réellement ou juridiquement, a fait l'objet de la constitution dotale. Examinons diverses hypothèses assez fréquentes en pratique.

1° Une somme d'argent a été constituée en dot et payée au mari. Avec cette somme un immeuble est acquis. L'immeuble est-il dotal ? Non, répond l'art. 1553 : l'immeuble acquis des deniers dotaux n'est pas dotal. Propriété du mari, lorsque celui-ci en fait l'ac-

quisition pour son compte, l'immeuble sera simplement
affecté de l'hypothèque légale de la femme restée créancière comme au jour de la constitution de dot. Si
l'acquisition a été faite par la femme ou acceptée par
elle, l'immeuble devient paraphernal, mais ilre présente
une valeur dotale, à laquelle devront être appliquées
les règles concernant la dot mobilière.

2° Un immeuble est apporté en dot au mari, et,
pendant le mariage, celui-ci en est évincé ; il a un
recours contre le constituant tenu de la garantie (art.
1440). Deux cas peuvent se présenter : ou bien le constituant paiera au mari une somme d'argent représentant la valeur de l'immeuble évincé, ou bien, à titre
d'indemnité, il lui donnera un immeuble. Dans le premier cas, la somme payée est évidemment dotale ; sinon,
il n'y aurait plus de dot. Celle-ci consistera dans la
créance que la femme aura contre son mari, créance
essentiellement mobilière. Au second cas, un immeuble
est livré par le constituant de la dot, aux lieu et place
de l'immeuble évincé. A première vue, le nouvel immeuble paraît être dotal. Ne se trouve-t-on pas ici en
présence d'une subrogation réelle ? Non. L'opération
juridique ne mérite pas cette dénomination. Il y a une
simple dation en paiement. L'éviction de l'immeuble
primitivement livré au mari, a rendu le constituant
débiteur d'une somme d'argent ; la dot s'est fatalement
transformée, comme dans le premier cas. La dot, c'est
la créance de la femme contre le constituant. Celui-ci
se libère-t-il par le paiement, la dation en paiement,
quoique les dommages par lui dus fassent l'objet d'une
créance dotale, l'immeuble cédé, en extinction de cette

créance, n'est pas plus dotal que l'immeuble acquis au
moyen des deniers dotaux (art. 1553). Alors, de deux
choses l'une : ou l'immeuble livré au mari est devenu
la propriété de celui-ci, désormais débiteur envers sa
femme de la valeur de cet immeuble représentant la
créance de dommages intérêts. La dot est alors mobilière, comme dans tous les cas où la femme est créancière du mari. — Mais cette opération est-elle possible?
N'est-ce pas la femme évincée qui est la créancière et
qui doit recevoir la dation? Ne faut-il pas son consentement? Tout doute s'évanouit quand on se rappelle
que, d'après la jurisprudence, le mari peut aliéner les
créances dotales de sa femme; point que nous retrouverons plus loin. — Ou bien la dation en paiement a
été faite au profit de la femme et acceptée par elle.
L'immeuble cédé est devenu un paraphernal, mais ce
bien n'en représente pas moins une valeur dotale, et
cette valeur sera indisponible entre les mains de la
femme dans les limites que nous développerons plus
tard. Telle est la solution que commandent les règles
actuelles ; mais il est incontestable que la subrogation
de l'immeuble donné en paiement à l'immeuble constitué dotal et évincé, serait plus avantageuse à la femme,
à raison de l'inaliénabilité dont cet immeuble serait
atteint.

3° La dot promise a été constituée en une somme
d'argent. Ne pouvant s'acquitter, le constituant donne
un immeuble à la place. Comme dans l'hypothèse précédente, la *datio in solutum* peut être faite, soit à la
femme, soit au mari. Les conséquences sont identiques,
et la dot est toujours mobilière. A plus forte raison,

en sera-t-il ainsi si le constituant de la dot en argent
est la femme elle-même, qui livre plus tard à son mari
un immeuble paraphernal en paiement (art. 1595).

4° Le constituant de la dot est décédé sans avoir payé
la somme promise ; la femme, son héritière, recueille,
dans la succession, des immeubles ; ceux-ci ne sont nullement dotaux, ils restent paraphernaux. Mais une
partie de leur valeur est représentative de la somme
dotale, et cette partie sera soumise à toutes les conditions de la dot mobilière.

5° La femme s'est constitué en dot des immeubles
donnés par père ou mère en avancement d'hoirie. Elle
n'en est devenue propriétaire que sous la condition
résolutoire du rapport. L'on peut dire que la nature
de la dot est affectée de la même condition résolutoire.
Au décès des donateurs, les immeubles sont rapportés
à la succession. Si, par l'effet du partage, des meubles
sont mis dans le lot de la femme, aux lieu et place des
immeubles, par la force même des choses la dot se
trouve transformée et acquiert le caractère de dot
mobilière.

6° La dot sera encore mobilière dans l'hypothèse
suivante : Une femme s'est constitué sa part indivise,
soit dans une hérédité, soit dans toute autre universa-
lité de biens, ou cette part indivise se trouve comprise
dans une constitution générale de biens présents et à
venir. Par l'effet du partage, des meubles sont mis dans
le lot de la femme. Quoique l'opinion contraire soit
enseignée par des auteurs recommandables, nous
pensons que la dot a le caractère de dot mobilière. En
effet, c'est aux résultats du partage qu'il faut s'atta-

cher pour savoir si la dot est mobilière ou immobilière, et non point à la constitution primitive de la succession. Nous croyons que l'art. 883, basé sur la théorie de la condition résolutoire combinée avec le principe de l'ancien droit coutumier de la saisine *in solidum*, est entièrement applicable. La femme n'a jamais été propriétaire que d'objets mobiliers.

Tels sont les divers cas dans lesquels la dot est mobilière.

CHAPITRE Ier.

Des droits du mari sur la dot mobilière.

Quels sont les droits du mari sur la dot ? C'est là une question qui, déjà fort discutée, comme nous l'avons vu, dans le droit romain et dans notre ancien droit français, fait encore de nos jours l'objet de la plus vive controverse. Ainsi posée, la question est sans doute générale, et se réfère également à la dot immobilière et à la dot mobilière, mais elle acquiert une importance spéciale relativement à ce dernier genre de dot ; c'est surtout à l'égard des meubles dotaux qu'il y a intérêt à être bien fixé sur la nature et l'étendue des droits du mari. Peu de mots suffiront pour le prouver. En matière de dot immobilière, on pourra disserter sur le point de savoir si le mari est un véritable usufruitier ou un administrateur avec des pouvoirs spéciaux distincts de ceux d'un administrateur ordinaire : ce ne sera jamais qu'une question de dénomination. Les règles posées par le Code permettront de préciser, de marquer les limites exactes dans lesquelles se meuvent les pouvoirs du mari.

Au contraire, relativement à la dot mobilière, ce n'est plus une dispute de docteurs cherchant, dans un but purement scientifique, la dénomination qui convient le mieux à un ensemble de droits connus. Le problème est plus grave et a une tout autre importance. Le silence absolu du législateur sur la matière qui nous occupe, impose d'autres devoirs aux commentateurs. Leur œuvre devient plus délicate et plus difficile. Ils n'ont plus à choisir entre un certain nombre d'épithètes, mais à déterminer l'étendue, la nature et le caractère des droits du mari. C'est l'existence même de ses pouvoirs qui est en jeu; c'est la délimitation exacte de ses attributions qu'il s'agit de tracer. La question grandit et s'élève; elle franchit les murs de l'école. Loin d'être spéculative, elle présente un intérêt pratique considérable. Déterminer les actes que, dans la vie quotidienne du ménage, le mari pourra accomplir seul avec une entière sécurité pour les tiers, ceux pour lesquels le concours de la femme sera nécessaire, ceux enfin qui seront interdits aux deux époux, mesurer ainsi le crédit de la famille, telle est l'obligation imposée à l'interprète de la pensée du législateur. Tâche ardue et difficile, qui nous a tenté par sa difficulté même : puissions-nous n'avoir pas trop présumé de nos forces!

Une triple question s'offre à notre examen: 1° Le mari est-il ou n'est-il pas propriétaire de la dot mobilière? 2° En est-il administrateur? 3° En est-il usufruitier? Ce chapitre se subdivise naturellement en trois sections.

SECTION PREMIÈRE.

Le mari est-il propriétaire?

Une distinction est indispensable.

A.) — Choses de consommation.

Si la dot consiste en objets dont on ne peut faire usage sans les transformer, tels que de l'argent monnayé, du vin, et généralement toutes sortes de denrées, la propriété en est transférée au mari qui, sans cela, ne pourrait retirer aucun avantage des choses dotales.

Le mari devient également propriétaire des choses fongibles. On ne doit pas confondre les choses qui se consomment par le premier usage avec les choses fongibles. Il peut arriver que des choses qui se consomment par le premier usage ne soient pas fongibles, et réciproquement. C'est la volonté des parties qui donne à une chose le caractère de fongible ; c'est la nature qui lui donne celui de chose de consommation. On peut user de la première sans la transformer ni l'aliéner ; la transformation ou l'aliénation est, au contraire, le seul moyen d'user de la seconde. Si le mari devient propriétaire de la chose fongible constituée en dot, c'est qu'en ne s'attachant qu'au genre de la chose, les parties contractantes ont manifesté l'intention de le rendre débiteur d'une chose semblable de même genre ou espèce, et non de la chose elle-même. Dans ces deux cas, la dot de la femme ne consiste pas, en réalité, dans les choses remises au mari, mais dans la créance qu'elle acquiert contre lui, devenu débiteur, à terme indéterminé; d'une quantité ou valeur égale à celle qu'il a reçue.

Quoique, par l'effet de la constitution dotale, le mari devienne, dès la célébration du mariage, propriétaire et débiteur des choses fongibles et des choses de consommation, on doit néanmoins distinguer s'il y a eu estimation ou non. Ces choses ont-elles été estimées, le mari n'est tenu de rendre, au moment de la restitution, que le prix d'estimation. Ne l'ont-elles pas été, et y a-t-il eu seulement un inventaire dressé, le mari rendra des choses de même nature, quantité et qualité, ou la valeur des choses, telle qu'elle sera déterminée par les mercuriales à l'époque de la restitution.

Un fonds de commerce apporté en dot est-il une de ces choses dont la propriété passe de plein droit au mari ? Nous distinguerons les marchandises et le fonds de commerce en lui-même. Les marchandises sans doute, estimées ou non, sont à l'entière disposition du mari, puisqu'il ne peut s'en servir qu'en les vendant pour les remplacer par d'autres, et qu'elles sont sous ce rapport des choses essentiellement de consommation. Mais un fonds de commerce avec son achalandage, sa clientèle, le crédit obtenu, ne peut à aucun point de vue être assimilé à une chose fongible. Il ne deviendra donc la propriété du mari que s'il a été apporté en dot avec estimation. A la dissolution du mariage, le mari rendra le fonds lui-même qu'il aura dû administrer en bon père de famille ; il n'a pas le droit de le conserver en offrant d'en payer la valeur à la femme : celle-ci est restée propriétaire, et c'est la chose *in specie* qui doit lui être restituée.

Faut-il considérer comme choses fongibles dont le mari deviendra propriétaire, les rentes sur l'Etat, les actions et obligations de chemins de fer, des sociétés financières ou industrielles, et généralement les valeurs cotées à la Bourse? L'intérêt de la question prend une importance particulière lorsqu'il s'agit de valeurs mobilières remboursables avec prime à un chiffre supérieur au taux d'émission, ou accompagnées de lots attribués par la voie du sort. Si ces valeurs sont considérées comme fongibles, il suffira au mari d'en restituer à la femme une égale quantité, lors de la dissolution du mariage ou de la séparation de biens, et l'époux bénéficiera des primes des titres qui auront été remboursés pendant le mariage, et des lots qui auraient pu échoir à quelqu'une de ces valeurs. Une double distinction est nécessaire. S'agit-il de titres nominatifs, et il en est qui, comme les actions de la banque de France, ou du Crédit foncier, ne peuvent exister que sous cette forme : nous sommes en présence de corps certains. S'agit-il de titres au porteur : de deux choses, l'une. Le notaire, rédacteur de l'acte a omis d'indiquer les séries et les numéros dans le contrat de mariage; ces valeurs seront fatalement des choses fongibles. En spécifiant seulement la nature et l'espèce de ces titres, les parties ont manifesté l'intention de n'obliger le mari qu'à la restitution d'une égale quantité. Comment, du reste, pourra-t-on, à l'époque de la dissolution, prétendre que le mari ne restitue pas les titres qu'on lui a remis, lorsqu'il livre à la femme ou à ses héritiers une égale quantité d'actions ou d'obligations de même nature? Au contraire, les numéros d'ordre et de série des titres ont-ils été indiqués dans le, contrat de mariage, cette précision démontre que les parties ont eu en vue l'individualité même de ces titres, elles les ont considérés comme des corps certains devant être restitués *in specie*. Si donc un de ces titres a été remboursé par la voie du sort, ou gratifié d'un lot, le mari deviendra bien propriétaire, comme chose de consommation, de la somme, des espèces qui lui seront payées, tant pour la valeur du titre que pour celle de la prime ou du lot, mais il devra restituer le montant de la somme ainsi touchée, car les accroissements de valeur produits à l'occasion d'une chose appartiennent au propriétaire de cette même chose. Un notaire prudent devra donc, si dans la dot de la femme se trouvent des valeurs amortissables avec primes ou lots, avoir soin d'en indiquer exactement les numéros.

Des tribunaux ont cependant jugé que le mari n'est pas propriétaire des choses fongibles apportées en dot (1). Cette solution anti-juridique leur a été dictée par le désir d'éviter que les héritiers du mari eussent à payer les droits de mutations par décès sur l'ensemble de la succession. Comme il n'est pas permis de distraire les dettes de la valeur des biens à déclarer, considérer le mari comme simple débiteur envers la femme des reprises dotales de celle-ci, c'était obliger les héritiers à acquitter les droits de mutation en entier, car ils deviennent propriétaires de l'intégralité des valeurs actives. Décider que le mari n'est pas devenu propriétaire des choses fongibles apportées en dot,

---

(1) Tribunal de Lyon, 29 août 1863 (Sir. 1866, 1,225). — Louviers, 14 mars 1868; Forcalquier, 2 juillet 1868 (Sir., 1869, 2, 123).

c'était dire qu'aucune mutation ne s'opérait, quant à ces choses, du mari à ses héritiers, puisque la femme en serait restée propriétaire. Cette interprétation est complétement inacceptable, tant au point de vue du droit civil qu'à celui du droit fiscal.

Propriétaire, le mari a la libre et entière disposition des choses fongibles constituées en dot ; il en supporte les risques. Ses créanciers personnels peuvent les saisir et les faire vendre.

B.) — Corps certains estimés.

Si la dot ou partie de la dot consiste en objets mobiliers mis à prix par le contrat, le mari en devient propriétaire, et n'est débiteur que du prix donné au mobilier (art. 1551). Cependant, aux termes mêmes de cet article, il peut être expressément déclaré que l'estimation n'emporte pas vente ; alors, la propriété restera à la femme, et le mari administrera ces meubles comme les autres biens dotaux. Mais on peut se demander quelle est l'utilité d'une pareille estimation. Elle sert d'abord à fixer les droits d'enregistrement, quand il s'agit d'une constitution de dot faite par un tiers et soumise à ce titre à un droit proportionnel ; elle sert, en second lieu, à déterminer le montant des dommages intérêts, en cas de perte des choses dotales survenue par la faute du mari, ou tout au moins l'indemnité due à raison des détériorations provenant de sa négligence.

Mais cette estimation, faite *taxationis causa*, est-elle irrévocable, comme celle qui emporte vente, de telle sorte qu'en cas de perte par la faute du mari, celui-ci doive toujours payer le prix d'estimation, ni plus

ni moins? Nous ne le pensons pas. L'estimation contenue dans le contrat, n'est qu'une présomption que l'objet
estimé a la valeur qui lui a été donnée ; mais c'est
une présomption simple, susceptible d'être détruite par
des preuves contraires. L'estimation peut avoir été
affaiblie pour diminuer les droits de mutation, ou augmentée, grossie, par esprit d'ostentation. Il serait injuste
que la modicité nuisît à la femme, l'exagération au
mari. Cette estimation ne peut non plus s'opposer à
la preuve que, postérieurement au mariage et lors de
la perte de la chose, l'objet estimé avait augmenté ou
diminué de valeur. Admettre la solution contraire,
serait détruire le principe que les chances de perte ou
de gain sont pour le compte du propriétaire, la femme,
dans le cas actuel.

Enfin, décider que cette estimation fixe définitivement
et irrévocablement la valeur de la chose mobilière,
entraînerait des conséquences immorales. Le mari
pourrait avoir intérêt à aliéner les meubles dotaux de
sa femme, toutes les fois qu'ils atteindraient un prix
plus élevé. Avec notre opinion, au contraire, le mari
est tenu de respecter le droit de propriété de la femme,
puisqu'en cas de vente il peut être obligé de restituer
une valeur supérieure à celle qu'il a reçue.

Si les parties, en estimant les meubles dotaux,
n'ont pas réservé le droit de propriété de la femme,
l'art. 1551 déclare que le mari devient propriétaire de
ces meubles, tandis que l'art. 1552 donne une solution
opposée à l'égard des immeubles. Sur quelle base
repose cette double présomption en sens contraire? Il
est facile de justifier la présomption de l'art. 1551,

en dehors même de la tradition historique, qui a eu son influence.

Les meubles (et le législateur avait surtout en vue les choses corporelles ainsi dénommées), les meubles sont souvent improductifs et presque toujours sujets à des dépérissements ou détériorations. Le bon père de famille, qui acquiert pour une cause quelconque de tels objets, et qui ne veut pas risquer de s'appauvrir, doit les convertir en argent, et en placer le prix. Or, dans un régime de protection pour l'épouse, le législateur, préoccupé de la conservation de la dot, devait présumer chez la femme l'intention d'agir comme ce bon père de famille et la volonté de devenir propriétaire d'une chose impérissable par elle-même, une créance de somme d'argent, plutôt que de rester propriétaire de choses dont la nature est au contraire de s'amoindrir ou de périr. La règle de l'art. 1551 est favorable à la femme, en lui assurant qu'elle retrouvera intacte, à la dissolution du mariage, la fortune qu'elle a apportée au mari, si celui-ci est solvable. S'il est insolvable, la dot de la femme peut être perdue; mais, n'en est-il pas de même en l'absence d'estimation? Cette question de la solvabilité du mari avait occupé autrefois les auteurs et les Parlements. Si le mari n'était pas solvable, la femme était considérée comme n'ayant pas perdu la propriété des meubles, même estimés : elle avait le droit de demander la cassation de la saisie faite par les créanciers du mari. Elle n'avait à craindre que l'application de la règle : *Meubles n'ont de suite*, qui mettait les acquéreurs à l'abri de toute action en revendication ou en nullité. Automne est

formel sur ce point (1). Le code actuel n'a subordonné à aucune condition de solvabilité le transport
de propriété qui résulte de l'estimation.

Si le législateur donne une interprétation contraire
à l'estimation de l'immeuble dotal, c'est à raison de la
tradition historique, et du désir de protéger efficacement la fortune de la femme. Il est évident que celle-ci
a plus d'avantages à rester propriétaire d'un immeuble inaliénable, imprescriptible, qu'à devenir créancière d'un mari, peut-être insolvable. La présomption
de l'art. 1551 s'applique aussi bien à l'estimation des
meubles incorporels qu'à celle des meubles corporels.
La loi ne fait aucune distinction. Le mari, dans ses
rapports avec la femme, devient propriétaire des créances apportées en dot et estimées ; lors de la restitution de la dot, il devra à la femme ou à ses héritiers
le montant de l'estimation. Il ne pourrait se libérer en
restituant les titres eux-mêmes. Dans l'art. 1567, le
législateur suppose que les créances n'ont pas été estimées et que la femme en est restée propriétaire. Mais
suffit-il, pour qu'il y ait estimation, que le montant de
la créance soit indiqué dans le contrat ? Nous ne le
pensons pas, car la simple indication du capital doit être
considérée plutôt comme servant à désigner et à bien
préciser la créance, que comme transférant la propriété
au mari. Il est inexact de dire « que l'estimation serait
tout au moins superflue, puisque le montant de la
créance est indiqué par sa seule énonciation (2). »

(1) Automne, Conférences sur la loi Quoties.
(2) Odier, t. III, n° 1227.

L'indication du capital ne peut équivaloir à une estimation. Une créance n'a pas de plein droit la valeur
portée au titre. Supposons, en effet, que la dot consiste
en une rente sur l'Etat, il est bien rare que cette rente
vaille exactement son capital nominal ; sa valeur peut
être bien inférieure comme aussi bien supérieure. Il
suffit, pour s'en convaincre, de citer quelques chiffres.
A la veille des événements de février 1848, le 5 $^o/_o$ était
coté à 117 ; un mois plus tard, il était tombé à 60.
Une grande différence existe donc entre le cas où le
mari reçoit une rente avec estimation à tel cours, et
celui où il la reçoit avec la simple énonciation de sa
valeur. Au reste, de tout temps, une indication spéciale
et précise a été exigée par la doctrine et la jurisprudence, et Barthole faisait très-bien la distinction nécessaire, en disant : « *Aut nomen datur in dotem, et habet
locum distinctio præcedens ; scilicet, aut datur æstimatum,
aut datur simpliciter.* »

Mais cette estimation formelle rendra-t-elle le mari
propriétaire envers les tiers, cessionnaire de la créance,
ou bien a-t-il besoin de remplir les prescriptions de
l'art. 1690 ? Non ; nulle signification n'est nécessaire,
car le mari pouvant, en vertu de l'art. 1549, poursuivre
les débiteurs de la femme, quand celle-ci a conservé la
propriété des créances, *à fortiori* le peut-il lorsque, par
l'effet du contrat de mariage, il est devenu propriétaire
de ces créances.

L'estimation donnée aux meubles apportés en dot,
équivaut à une véritable vente. Telle était la doctrine
romaine, doctrine très-nette, très-précise ; telle était
celle de notre ancien droit ; telle est aussi celle du code

15

civil. Au lieu de vendre les meubles à une tierce
personne et de se constituer en dot la valeur reçue, la
femme les livre à son mari, moyennant prix convenu.
Elle est censée recevoir la somme, et la transférer immédiatement au mari, à titre de dot. La constitution
dotale porte, en réalité, non sur les objets mobiliers
eux-mêmes, mais sur leur valeur. Il y a un véritable
contrat de vente mobilière. Cependant l'administration
de l'enregistrement ne perçoit pas, à l'occasion de cette
transmission, le droit proportionnel de 2 °/₀. Mais,
comme le dit l'instruction générale du 28 juillet 1810,
rappelant les décisions du ministre des finances des 12
et 22 mai 1810, c'est à raison de la faveur que le
législateur a voulu accorder aux contrats de mariage.

Le mari et la femme, ou le constituant de la dot,
sont donc dans les rapports de vendeur et d'acheteur.
Nous leur appliquerons les règles du contrat de vente.
Comme le disait Roussilhe, on doit traiter le mari
comme tout autre acquéreur.

Si le mari est évincé, il a le droit d'agir en garantie
et de demander la valeur qu'avait la chose au moment
de l'éviction, conformément à l'art. 1633. Il réclamera
donc la plus-value acquise par l'objet ; devant supporter
les risques, il est juste qu'il profite des accroissements.
Contre qui dirigera-t-il son action ? Contre le constituant, peu importe que ce soit la femme elle-même ou
un tiers. Le tiers constituant étant insolvable, le mari
pourra-t-il se retourner contre sa femme ? Distinguons.
Si le donateur a constitué la chose même à la femme,
et que celle-ci la vende à son mari au moyen de l'estimation, il aura l'action de son chef contre la femme,

et du chef de sa femme contre le constituant. En cas d'insolvabilité de ce dernier, c'est la femme qui supportera la perte résultant de l'éviction. Si, au contraire, le donateur transmet la propriété au mari, moyennant telle somme qu'il délégue à la femme à titre de constitution dotale, la femme ne devant aucune garantie au mari, le donateur seul pourra être actionné.

Le mari est en tout point assimilé à un acheteur; en est-il de même de la femme? Aura-t-elle les droits qui appartiennent à tout vendeur? L'art. 2102, 4°, accorde d'une façon générale un privilége au vendeur d'objets mobiliers non payés, pourvu qu'ils soient encore en la possession de l'acheteur, et sans distinguer si la vente a été faite à terme ou au comptant. La cour de Montpellier (1) et le tribunal de Nîmes (2) n'ont pas hésité à reconnaître à la femme ce privilége, pourvu que concourent les conditions exigées par l'art. 2102. Nous croyons ces solutions mal fondées. Quand la femme réclame sa dot, elle n'agit pas en qualité de venderesse. Cette qualité a disparu, car la femme a été payée. En effet, comme nous l'indiquions plus haut, l'opération dont s'occupe l'art. 1551 est complexe. Elle comprend une vente et une constitution de dot. La femme est censée avoir reçu le prix d'estimation des mains du mari, comme elle l'aurait effectivement reçu d'un tiers, puis l'avoir remis immédiatement au mari à titre de constitution dotale. Une double tradition est sous-entendue. Acheteur, le mari s'est libéré: il n'est

(1) Montpellier, 26 juin 1848 (Sir., 1848, 2, 557).

(2) Nîmes, 2 décembre 1868 (J. P. 1869, p. 1165).

plus débiteur qu'en qualité de mari dotal. La dot, c'est la valeur des objets, non les objets eux-mêmes. La femme n'est plus créancière à titre de vente, mais à titre de dot. Elle a l'action dotale ; elle n'a pas le privilége de l'art. 2102.

A plus forte raison ne peut-elle pas intenter la revendication, et l'opinion contraire doit même la lui refuser. Car cette revendication est accordée uniquement dans les ventes au comptant, et ici le mari ne doit payer qu'au moment de la dissolution du mariage, il n'y est même obligé, d'après l'art. 1565, qu'un an après cette dissolution. D'ailleurs, l'art. 2102 fixe un délai tellement court, pendant lequel la revendication doit être exercée, que la femme ne serait presque jamais à temps d'agir.

Les parties peuvent convenir, dans le contrat de mariage, que la femme aura la faculté, lors de la restitution de la dot, de reprendre les meubles ou l'estimation, à son choix. Une pareille clause n'a rien de contraire aux lois ni aux bonnes mœurs. La perte, même totale, des meubles ne saurait libérer le mari de l'obligation de payer le prix d'estimation. Sa dette est devenue alternative, et ce sont les règles propres à ce genre d'obligation qui devront être appliquées aux relations du mari et de la femme, quant à la restitution de la dot.

C.) — Corps certains non estimés.

Si la dot, apportée par la femme ou constituée par un tiers, consiste en corps certains non estimés, le mari en devient-il propriétaire? Nous avons dit quelle était

la solution du droit romain, qui rendait le mari propriétaire de la dot, et comment, dans notre ancien droit,
on était arrivé à en attribuer la propriété à la femme.
Nos anciens auteurs, il est vrai, reconnaissaient au
mari, les uns un domaine utile, les autres un domaine
civil, d'autres une propriété feinte ; mais tous, Cha-
rondas le Caron, Julien, Lebrun, Despeisses, Roussilhe,
ont la précaution de préciser que la propriété réelle
appartient à la femme.

De nos jours, la question ne devrait plus soulever
ni doute ni controverse. Et cependant, elle s'est réveillée
avec une vigueur remarquable sous la plume d'un
jurisconsulte, dont les théories, après avoir brillé d'un
vif éclat, et rallié de nombreux partisans, sont aujour-
d'hui à peu près abandonnées et condamnées par la
cour suprême. Nous avons nommé M. Troplong. Mais
avant d'examiner sa doctrine, nous devons établir et
préciser la solution adoptée par la loi.

Le Code reconnaît à la femme, pendant le mariage,
la propriété des biens dotaux, corps certains non estimés. La vérité de cette proposition ressort des textes
suivants :

Aux termes de l'art. 1551, le mari devient propriétaire des objets mobiliers, lorsqu'ils ont été mis à prix
dans le contrat, sans déclaration que l'estimation n'en
fait pas vente. Certes, si l'on reconnaît quelque valeur à l'argument *à contrario*, c'est ici ou jamais le
cas de l'appliquer et de décider que, en dehors de
l'hypothèse exceptionnelle prévue par cet article, la
propriété appartient à la femme.

L'art. 1552 ne saurait être plus formel : « L'estimation donné à l'immeuble constitué en dot n'en transporte point la propriété au mari, s'il n'y en a déclaration expresse. » Ce texte, il est vrai, n'a trait qu'aux immeubles, mais il consacre la différence profonde, qui sépare le droit français du droit romain, dans lequel le mari devenait propriétaire de toute la dot. S'il cesse de l'être à l'égard des immeubles, pourquoi aurait-il encore cette qualité à l'égard des meubles? L'esprit ne découvre point de motif ; et en l'absence de disposition expresse, attribuant la propriété au mari, l'argument *à pari* tiré de l'art. 1552 subsiste avec toute sa force.

Aux termes des art. 1555 et 1556, la femme, autorisée de son mari ou de justice, a le droit de donner ses biens dotaux pour l'établissement de ses enfants ; si elle peut donner, c'est qu'elle est réputée propriétaire, car, pour donner valablement, il faut avoir la propriété de la chose donnée. D'ailleurs, si le mari eût été propriétaire, l'autorisation de justice n'aurait pas suffi, et le législateur aurait dû changer sa formule et dire : le mari ne pourra donner qu'avec le consentement de la femme, celle-ci abandonnant son droit éventuel à la restitution.

Enfin, ne suffit-il pas de lire l'art. 1549, pour s'assurer que si les auteurs du Code avaient voulu reconnaître un droit de propriété au mari, ils auraient adopté une tout autre rédaction? « Le mari seul, dit l'art. 1549, a l'administration des biens dotaux pendant le mariage. Il a seul le droit d'en poursuivre les débiteurs et détenteurs, d'en percevoir les fruits et les intérêts, et de recevoir les remboursements des capi-

taux. » Comment, le législateur sentirait le besoin de
déclarer que le mari pourra seul administrer des biens
dont il serait propriétaire ! Ce serait une naïveté sans
exemple. La précaution prise par les rédacteurs, de
préciser les pouvoirs du mari, indique bien qu'ils ont
eu en vue un homme administrant le patrimoine
d'autrui.

Le textes ne laissent donc aucun doute sur la situation respective du mari et de la femme. Mais, en outre,
l'interprétation donnée par les orateurs du Gouvernement vient confirmer la nôtre. « Le mari , disait
M. Siméon, puisqu'il n'est qu'un usufruitier, ne peut
aliéner ce qui ne lui appartient pas.... Lorsque la
mort sépare les époux, les biens se séparent aussi, et
retournent à leurs propriétaires.... A la dissolution du
mariage, la femme rentre de plein droit en la possession de ses biens dotaux ; comme un propriétaire grévé
d'usufruit y rentre par le décès de l'usufruitier (1). »
M. Duveyrier n'est pas moins explicite. « La dot,
disait-il, peut appartenir à tous les contrats de mariage,
quel que soit leur régime conventionnel. Elle aura
donc des règles générales et communes à tous les systèmes. Ainsi, la dot étant, dans tous les mariages, la
propriété de la femme, il est juste qu'elle ait partout,
et sous quelque régime qu'elle soit mariée, le même
moyen d'en prévenir ou d'en réparer la perte. » Puis,
après avoir parlé des hypothèses exceptionnelles des
art. 1551 et 1552, il ajoute : « Hors le cas de ces stipulations précises, le mari n'a que la perception des

(1) Locré, t. XIII, p. 471 et 474.

fruits de la dot et son administration. La propriété
reste à la femme (1). » Enfin, M. Berlier, mentionnant la différence qui existe entre le régime dotal et
le régime de la communauté, motive l'inaliénabilité de
la dot, de la part du mari, sur ce que, « dans aucun
système, l'aliénation ne saurait être l'ouvrage de celui
qui n'est pas propriétaire (2). »

Cependant, ces preuves nombreuses et indubitables
n'ont pas paru suffisantes à tous les commentateurs,
et quelques-uns d'entre eux, sans aller jusqu'à accorder au mari un droit de propriété plein et entier sur
les biens dotaux, lui reconnaissent une sorte de droit
de propriété, un domaine irrégulier et incomplet.
Laissons parler un des plus chauds partisans de
cette opinion. « Le mari, dit M. Troplong, est, pendant le mariage, quasi-propriétaire de la dot ; ce droit
le rend jusqu'à un certain point propriétaire; il a la
propriété civile, et cette propriété est temporaire et
restituable ; la femme, elle, retient la propriété naturelle, vraie, supérieure. Le mari a dès lors plus
qu'un usufruit, plus qu'une administration ordinaire,
et l'administration dont il est investi, porte sur le
droit de la femme. » Les raisons qui servent de
base à cette opinion, peuvent se résumer toutes en
celle-ci : telle était la doctrine suivie par la majorité
des anciens jurisconsultes. C'est ainsi que, traduisant
de diverses façons la formule de Cujas : « *uxor domina
est rerum dotalium naturaliter, maritus civiliter,* »,

(1) Locré, t. XIII, p. 381, 382 et 386.
(2) Locré, t. XIII, p. 294.

M. Troplong ne veut pas être en désaccord avec le célèbre romaniste, et voici sa conclusion : « Il n'y a rien de mieux à faire que de suivre ce système. »

Sans doute, l'autorité de Cujas est grande, mais elle ne saurait être décisive, quand il s'agit d'interpréter la législation actuelle. Or, le Code civil a répudié complétement ces expressions de *domaine civil*, *domaine fictif*, *domaine quiritaire*, *domaine bonitaire*, *quasi-propriété*, qui se rencontrent à chaque instant dans le droit romain et dans nos vieilles coutumes. Dans aucune de ses dispositions, la loi actuelle ne distingue, ne divise la propriété, en propriété *utile* et en propriété *supérieure*, en propriété *civile* et en propriété *naturelle*. Toutes ces dénominations sont laissées complétement à l'écart. Le législateur s'est gardé de reproduire les nombreuses contradictions existant dans les textes des jurisconsultes romains. Nous ne devons donc chercher le sens de la loi, ni dans le droit romain, ni dans les interprétations qu'en avaient données les anciens commentateurs, et dont la divergence résulte uniquement de cette antinomie de textes. Nous sommes en présence de la loi moderne, c'est elle seule que nous avons à interroger. Or, sous le régime actuel, on est propriétaire ou on ne l'est pas; on ne peut plus être propriétaire en quelque façon, comme disait Despeisses, propriétaire jusqu'à un certain point, comme l'affirme M. Troplong. D'après l'art. 543, les biens sont susceptibles de deux genres de droits : un droit de propriété, et un droit de servitude, soit réelle, soit personnelle. Cet article est limitatif : toute création de droits occupant une situation intermédiaire est purement arbitraire, et dénature l'œuvre du législateur.

La doctrine de M. Troplong pêche au point de vue de la logique. Ce jurisconsulte reconnaît au mari : 1° le droit de jouir de la dot mobilière ; 2° celui d'en disposer sans le concours de la femme, « droit maintenant hors de toute contestation, sanctionné par la jurisprudence, et qui ne saurait s'appliquer dans le système qui refuse de considérer le mari comme *dominus dotis*. » Mais s'il en est ainsi, si le mari exerce ces droits caractéristiques, non comme usufruitier ou administrateur de la chose d'autrui, mais *jure dominii*, la logique veut qu'on le proclame le seul, l'unique, le plein propriétaire des meubles dotaux. En effet, les attributs reconnus au mari, absorbent tous les attributs de la propriété : il a le *jus utendi, fruendi et abutendi*. Donc, il est plein et unique propriétaire. Or, M. Troplong n'osait pas aller jusque-là ; et, comprenant la contradiction inexplicable de son système, il cherche à justifier le titre de quasi-propriétaire qu'il donne au mari. Voici comment il s'exprime : « Il est évident qu'il manque beaucoup de conditions au mari pour être pleinement propriétaire de la dot. Le mari doit rendre la chose, il ne peut l'aliéner, il est comptable de ses fautes dans le maniement des choses dotales ; tout cela prouve que le mari n'est pas propriétaire, dans le vrai sens du mot. »

Cette preuve, nous en sommes certain, ne peut convaincre un juriste. L'obligation de restituer et de rendre compte de ses fautes n'est nullement incompatible avec le droit de propriété. En droit romain, le débiteur d'un corps certain, le vendeur par exemple, resté propriétaire, n'était-il pas tenu de sa faute? Si, dans le droit actuel, en vertu de l'art. 1138, cod. civ., le débiteur d'un corps certain cesse immédiatement d'en être propriétaire, il ne s'ensuit pas que rationnellement on ne puisse être en même temps et propriétaire, et débiteur responsable, tenu de ses fautes. Le raisonnement de M. Troplong est et reste donc vicieux. Bien plus, ce même art. 1138 aurait dû conduire le savant magistrat à une autre conclusion et lui faire proclamer la propriété de la femme, créancière à terme de corps certains; de telle sorte que le mari n'en deviendrait propriétaire, que pour être aussitôt dépouillé de ce titre. La vérité est que l'art. 1138 n'exerce ici aucune influence, la femme n'ayant pas cessé, un instant de raison, d'être propriétaire des meubles dotaux non estimés.

En outre, M. Troplong accorde au mari le droit d'aliéner la dot mobilière; donc son raisonnement, consistant à refuser la pleine propriété au mari parce qu'il ne peut pas aliéner, manque totalement de base. Il est encore vicieux à un autre point de vue. On peut être propriétaire et être privé de la faculté d'aliéner. Sans aller chercher des exemples en dehors du contrat de mariage, est-ce que l'art. 1554 n'interdit pas l'aliénation de l'immeuble dotal, tant au mari qu'à la femme? Cependant, l'un des deux est bien propriétaire, ou, si l'on veut, avec M. Troplong, ils le sont tous les deux. Donc, un propriétaire peut très-bien, sans cesser de mériter cette qualification et ses avantages, être privé de la capacité d'aliéner. En réalité, le mari n'est ni propriétaire, ni quasi-propriétaire, ni copro-

priétaire, ni propriétaire purement civil des meubles
dotaux. La femme seule en conserve la propriété.

L'art. 1549, la qualification d'*administrateur* qu'il
donne formellement au mari, le soin avec lequel sont
énumérés les pouvoirs de ce dernier, fournissent un for-
midable argument contre la théorie de M. Troplong.
Le célèbre jurisconsulte a compris que si le mari est
propriétaire des biens dotaux, il ne saurait à la fois
en être administrateur. Aussi s'écrie-t-il : « Quoi de
plus simple que tout cela? quoi de plus facile à concilier?
à côté du droit du mari, n'y a-t-il pas un droit de la
femme? Eh bien! c'est de ce droit que le mari est
l'administrateur légal. » Mais quel est donc ce droit
laissé à la femme? D'après le savant magistrat, le
mari a le droit de jouir et de disposer, il est civilement
propriétaire; le droit de la femme consiste donc uniquement dans la créance, au moyen de laquelle elle se
fera restituer les choses dotales. Or, se figure-t-on bien
l'administration d'une créance éventuelle, ne produisant
le plus souvent ses effets qu'après la dissolution du
mariage? N'est-ce pas le cas de dire avec M. Tessier :
« Ce serait une administration sans rien à administrer,
ou, en d'autres termes, une administration idéale et
dérisoire que la première partie de l'art. 1549 aurait
instituée. Cela n'est pas croyable, pour ne rien dire
de plus (1)» ?

L'opinion que nous venons de combattre, malgré la
réputation et la célébrité de son auteur, n'a guère ren-
contré dans la doctrine que des adversaires. Elle est

_____

(1) Tessier, *Quest. sur la dot*, n° 41.

aujourd'hui généralement repoussée. Néanmoins, elle a
eu une certaine influence sur la jurisprudence, et l'on
en trouve des traces dans bien des arrêts. Voilà pourquoi
nous avons cru devoir nous attacher à sa réfutation.
Au reste, ce n'est pas une simple affaire de mots, comme
l'insinue Marcadé. Car, des questions laissées dans l'om-
bre par le législateur, et relatives à la condition de la dot
mobilière, seront diversement résolues, selon que le
mari sera ou non reconnu propriétaire des meubles
dotaux non estimés.

D'après Marcadé, le mari, quoique non propriétaire, jouit, sous la législation actuelle, de tous les
droits qu'il avait à Rome, comme propriétaire. Cette
opinion est erronée, et ne repose que sur une pure
affirmation. Pour nous, nous ne connaissons aucun
article du code qui investisse le mari des droits inhérents à la propriété.

Puisque le mari n'est pas propriétaire des meubles,
il ne pourra pas les aliéner, du moins en cette qualité.
Si, en fait, il les aliéne, les acquéreurs seront protégés
contre la revendication de la femme par la règle de
l'art. 2279 : « En fait de meubles, possession vaut titre.»
Nous verrons plus loin si une autre qualité ne donne
pas au mari le pouvoir d'aliéner les meubles dotaux,
sans s'exposer à un recours en dommages et intérêts, de
la part de la femme, pour le préjudice causé par l'aliénation.

Les créanciers du mari ne peuvent pas frapper de
saisie les meubles dotaux corporels. Telle était la décision des Parlements de Paris et de Bordeaux. A Toulouse, comme nous l'avons déjà dit, cette solution était

admise par Mallebay de la Mothe, Despeisses (1), Rousseau de Lacombe (2). Fromental, Catelan et d'Olive étaient d'un avis contraire. Aujourd'hui la question ne peut plus faire de doute : la saisie est de nul effet. Mais la femme devra, comme tout propriétaire de meubles saisis pour les dettes d'autrui, demander la distraction de ses meubles dotaux. Si elle laissait consommer la saisie, elle perdrait tout recours contre les tiers acquéreurs. Elle supporterait les conséquences de sa négligence. La saisie des meubles dotaux pour dettes du mari doit donc être annulée, sur la demande du mari exerçant les actions de sa femme, ou bien sur la demande de la femme, si elle a été mise en cause, ou si elle est séparée judiciairement.

Les créances dotales ne peuvent pas davantage être frappées de saisie-arrêt par les créanciers du mari. Ceux-ci, en effet, n'ont aucun droit de gage sur les biens de l'épouse qui n'est pas leur débitrice. Or, le droit de saisie, sur quelques biens qu'il s'exerce, n'est que la conséquence, le corrélatif du droit de gage.

M. Troplong est d'un avis opposé. Il autorise les créanciers du mari à saisir les meubles corporels ou incorporels de la femme. Voici ses propres paroles : « Dans notre ancien droit, dit-il, Despeisses sans doute est d'avis que les meubles dotaux ne peuvent être saisis pour les dettes du mari, mais Catelan est d'un avis contraire. Or, pourquoi ne pas adopter l'opinion de Catelan, jurisconsulte qui se connaissait en

(1) Despeisses, *De la Dot*, sect. 2, n° 34; sect. 3, n° 29.
(2) Rousseau de Lacombe, *Dot*, part. 2, sect. 3, n° 6.

matière dotale, et le sentiment d'un Parlement aussi
conservateur des intérêts dotaux que l'était le Parlement de Toulouse? Or, sous le Code civil qui donne
au mari la disposition de la dot mobilière, et en
présence des arrêts récents qui lui reconnaissent le droit
absolu de céder, transporter les créances dotales, même
à terme, il est évident que c'est la jurisprudence du
Parlement de Toulouse qui doit prévaloir. C'est pourquoi, il est reconnu que les meubles dotaux qui gar-
nissent une maison louée par les époux peuvent être
saisis par le propriétaire qui n'est pas payé de ses
loyers. »

M. Troplong pose en principe que la dot mobilière
est aliénable par le mari, que les créances dotales sont
de libre disposition entre ses mains : questions bien
délicates, dont nous nous occuperons dans un chapitre
spécial. Mais, même en raisonnant dans le système de
l'aliénabilité de la dot mobilière, voyons s'il est possible
de valider la saisie des créanciers du mari. Est-il vrai
qu'il y ait une corrélation parfaite entre la faculté
d'aliéner du mari et le droit de saisie de la part des
créanciers? Non ; car, si le mari peut vendre ou céder
les meubles dotaux, c'est uniquement en qualité d'administrateur, et lorsque l'intérêt de la famille l'exigera.
La saisie, au contraire, porte toujours une grave
atteinte à la conservation de la dot. Nos anciens auteurs
n'étaient point tombés dans cette confusion, et voici
comment s'exprime l'annotateur de Despeisses : « Lorsque l'aliénation des meubles apportés en dot par la
femme, a été faite par le mari pendant le mariage, ni
elle ni ses héritiers ne peuvent révoquer cette aliénation,

quoiqu'il s'agisse de meubles meublants et non estimés. S'il en était autrement, le commerce des meubles serait trop gêné. Quand on veut acheter des meubles d'un homme marié, on n'examine pas s'ils lui ont été apportés en dot. Le possesseur des meubles en est censé propriétaire. Il faut dire la même chose d'une action et créance mobilière qui appartient à la femme et qui est dotale : le mari peut la céder et en recevoir le remboursement... Cependant, si les meubles dotaux sont saisis à la requête des créanciers du mari, la femme peut les revendiquer. »

Dans le droit actuel la même solution doit être adoptée, et le mari pourra demander la nullité des saisies ; l'art. 1549 lui confère l'exercice des actions de la femme. Si les poursuites avaient été dirigées concurremment contre le mari et la femme, celle-ci jouirait de la même faculté ; car, bien qu'elle n'ait pas le droit d'intenter les actions dotales, on ne peut pas cependant lui interdire de se défendre. Elle aura d'autant plus d'intérêt à faire annuler la saisie, ou à obtenir la distraction de ses meubles, saisis conjointement avec ceux du mari, que c'est l'unique moyen pour elle d'empêcher la perte de sa dot. Si elle laissait mener à fin la saisie, sans réclamer, elle ne serait plus recevable à revendiquer, les tiers se retranchant derrière l'art. 2279 : « En fait de meubles, possession vaut titre. » Les poursuites ont-elles été dirigées contre le mari seul, la femme sera sans qualité pour former l'opposition à la vente, indiquée par l'art. 608 cod. pr. ; elle devra recourir à la séparation de biens, après quoi elle sera admise à introduire une demande en distraction.

Mais les meubles corporels dotaux ne sont-ils pas
soumis au privilége du propriétaire de la maison ou
de la ferme, accordé par l'art. 2102, cod. civ.? Nous
répondons affirmativement. En réglant le concours
qui peut s'élever entre le locateur et le vendeur non
payé, le législateur nous a fait connaître sa pensée.
Le Code soumet au privilége du bailleur indistinctement
tous les meubles garnissant les lieux loués. Il établit
une exception unique pour ceux appartenant à des tiers,
lorsque ces derniers ont fait connaître leurs droits.
Ainsi donc, le maître de la maison pourra exercer son
privilége, si aucun avertissement ne lui a été donné
par la femme. Ce privilége l'emporte sur tout, et sur
la dotalité, et sur la propriété. Il devait en être ainsi
pour faciliter les locations, en assurant au propriétaire
le paiement de sa créance. Cette solution est même
favorable à la femme, qui trouve plus facilement un
logement. La saisie-gagerie pratiquée par le locateur
devra donc être validée, malgré l'opposition que pourrait former la femme ou son représentant (1).

La compensation légale étant une sorte de saisie
indirecte, opérée par le débiteur sur lui-même, cette
compensation ne saurait se produire entre le capital
d'une créance non estimée dont se trouve débiteur
envers la femme un créancier du mari, et la dette de
ce dernier.

Telles sont les conséquences de l'absence de la qualité de propriétaire chez le mari. Mais s'il n'est pas
propriétaire des meubles dotaux non estimés, qu'est-il

(1) Cass., Ch. civ., 4 août 1856 (Sir., 1857, 1, 216).

à leur égard? C'est ce que nous allons examiner dans les sections suivantes.

SECTION DEUXIÈME.

Le mari a l'administration des biens dotaux.

L'art. 1549 est ainsi conçu : « Le mari seul a l'administration des biens dotaux pendant le mariage... » Ses pouvoirs sont plus étendus que ceux d'un administrateur ordinaire, soumis à une réddition de comptes : il administre, dans un intérêt commun, celui de la femme et le sien ; il est un administrateur *in rem suam*. Le droit de jouissance que la loi lui donne, et le droit d'administration influent réciproquement l'un sur l'autre. Chef de l'association conjugale, il a reçu le mandat légal d'administrer ; aussi doit-on considérer comme nulle et non avenue la clause par laquelle la femme voudrait soumettre certains biens à la dotalité, tout en s'en réservant l'administration. Une pareille convention serait contraire à l'ordre public. Comme le dit M. Tessier, « la femme serait indépendante, s'il lui était permis d'avoir le sceptre du ménage et de régir les biens dotaux. » Ainsi donc, lorsqu'il sera bien constaté tout à la fois que la femme a voulu se constituer en dot les biens, dont elle se réserve en même temps l'administration, cette dernière clause sera réputée non écrite. Elle tombe, en effet, sous le coup de l'art. 1388, qui prohibe toute dérogation aux droits appartenant au mari, en sa qualité de chef de l'association conjugale. Mais s'il était démontré, par les termes mêmes du contrat, que les biens dont la femme a voulu se réserver l'administration, ont été improprement appelés dotaux, ou que la femme aurait évidemment sacrifié la dotalité, si elle eût connu l'incompatibilité de ces deux stipulations, les tribunaux pourront, par interprétation de la volonté des parties, maintenir la clause relative à l'administration, et faire tomber dans la classe des paraphernaux les biens frappés par le contrat de dotalité.

L'acte d'administration le plus naturel, lorsqu'il s'agit d'immeubles, est le bail. Moins usitée, moins fréquente pour les meubles, la location peut cependant être le seul moyen de retirer l'utilité dont ils sont susceptibles. Ainsi, la femme est-elle propriétaire d'un établissement de bains, d'un cabinet de lecture, d'un navire, d'un lavoir, du matériel d'une entreprise de pompes funèbres, etc...; il est évident que le mari sera souvent dans l'impossibilité d'administrer lui-même, et qu'il ne peut cependant laisser ces choses improductives. Le mari a donc, comme tout administrateur du patrimoine d'autrui, le droit de donner à bail les meubles dotaux. Dans certains cas, lorsque l'affectation des objets les destine à être loués c'est pour lui un devoir. On est assez porté à croire que c'est la qualité de jouissant des meubles dotaux, qui habilite le mari à passer des baux. Qu'un usufruitier ait le droit de louer les choses grevées de son droit d'usufruit, c'est là un point incontestable (art. 595). Mais ce n'est pas en cette qualité que le mari est apte à donner à bail les meubles de la femme. C'est son titre d'administrateur qui lui confère cette faculté et lui en fait quelquefois un devoir.

A ce droit de donner à bail, des tempéraments doivent être apportés : ils résultent de l'obligation imposée au mari, d'administrer en bon père de famille. Il ne pourra donner à bail les meubles dotaux, qui sont à l'usage personnel de sa femme, comme des bijoux ou des vêtements, ni ceux que le fait même de leur location exposerait à de graves détériorations.

Le droit reconnu en lui-même, quelle pourra être la durée du bail consenti par le mari? Il ne peut y avoir de difficulté pendant le cours de son administration; mais quand le mariage a été dissous, ou quand la séparation de biens a été prononcée, pendant quel laps de temps la femme (ou ses héritiers) sera-t-elle tenue de respecter le bail? Les art. 1429 et 1430 cod. civ. sont évidemment inapplicables. Ils ont été uniquement écrits pour les immeubles. La preuve résulte des textes eux-mêmes, qui distinguent entre les biens ruraux et les biens urbains, distinction inapplicable aux meubles; elle résulte aussi de cette considération, qu'en matière de communauté la question ne pouvait pas se soulever, les meubles faisant partie de la communauté. Faut-il alors appliquer la règle, *resoluto jure dantis, resolvitur jus accipientis?* Nous ne le pensons pas. En présence de l'éventualité, toujours imminente, de la dissolution du mariage par la mort de l'un des deux époux, nul ne voudrait traiter avec le mari. La seule règle à suivre est la suivante : le mari, tenu d'administrer en bon père de famille, devra se conformer à l'usage des lieux. Cette solution est en harmonie avec la pensée qui a dicté les art. 1429 et 1430, dans lesquels le législateur s'est rattaché à un usage à peu près général.

Aux termes de l'art. 1549, § 2, le mari a le droit de recevoir le remboursement des capitaux. Il peut donc donner quittance aux débiteurs, consentir, en recevant le paiement, à la main levée des inscriptions hypothécaires prises pour la sûreté de ces créances, restituer les gages constitués dans le même but. Les quittances délivrées par le mari feront-elles foi de leur date contre la femme ? Si elles sont authentiques, il n'y a pas de doute; elles peuvent être opposées à la femme. Nous donnerons la même solution à l'égard des quittances sous seing-privé. La question a été jugée dans ce sens par un arrêt de la cour de cassation du 28 novembre 1833 (1). La femme ne peut invoquer l'art. 1328 et prétendre qu'elle est un tiers par rapport au mari. L'art. 1322 est seul applicable. Par l'effet du mandat légal qu'exerce le mari, lorsqu'il reçoit un remboursement, il agit pour la femme et en son nom. Hors les cas de dol et de fraude, la femme a été partie dans les quittances. La question présente surtout de l'intérêt, lorsque la séparation de biens a été prononcée ; alors, en effet, le mari, ayant cessé d'être administrateur, pourrait, par une simple antidate, toujours difficile à démontrer, causer un grave préjudice aux intérêts de la femme. Néanmoins, nous persistons dans notre opinion; car, remarquons-le, le débiteur, auquel le mari délivrera une quittance antidatée, sera presque toujours le com-

---

(1) Cass., Ch. req., 28 novembre 1833 (Sir., 1833, 1, 830).

plice de la fraude du mari ; la femme pourra faire la preuve contre lui par n'importe quels moyens. Que cette preuve soit, en tel cas donné, difficile à administrer, c'est possible : mais n'oublions pas que le tiers pourrait être trompé par le mari, qu'il peut être de bonne foi. On ne doit donc pas rejeter, *à priori*, même dans l'hypothèse de séparation, la date des quittances sous seing-privé. Il faut aussi avoir égard aux difficultés que la nécessité de procéder par acte enregistré créerait à l'administration du mari. La présomption naturelle est pour la date apparente, jusqu'à preuve contraire.

L'arrêt précité ne s'arrête pas là, et il décide que l'art. 1322 est encore applicable, quand même le contrat de mariage contiendrait une clause imposant au mari l'obligation « de passer des reconnaissances authentiques et de faire inventaire des sommes capitales et effets mobiliers qu'il recevra d'elle ou pour elle pendant le mariage, afin d'en assurer la restitution à qui de droit. » La raison qu'en donne la Cour de cassation, c'est qu'une pareille clause est relative seulement aux époux, et doit être considérée comme un élément de liquidation entre le mari et la femme ou ses représentants, et non comme la limite du mandat légal entre le mari et les tiers. En conséquence, les quittances sous seing-privé ont pu être déclarées avoir effet à l'égard de la femme.

Nous ne saurions approuver cette dernière solution. Elle est la négation, la destruction du contrat de mariage arrêté entre les époux. Contre quel danger la femme a-t-elle voulu se prémunir, en stipulant que le mari passerait des reconnaissances authentiques ? Jus-

tement contre la possibilité des quittances antidatées.
Et comme la femme n'a, pendant le mariage, aucun
moyen de coercition contre le mari, qu'elle ne peut
l'obliger à lui faire de semblables reconnaissances, elle
a voulu intéresser les tiers, exposés à payer deux fois.
Ils défendront tout à la fois, et l'intérêt de la femme
et le leur. Vainement allégue-t-on leur bonne foi. Le
débiteur dotal, qui néglige de se faire représenter le
contrat de mariage et qui effectue le paiement, commet
une imprudence grave, dont il doit subir les conséquences. Ne voir dans une pareille clause que la préoccupation d'une liquidation future, c'est mettre la femme
à la discrétion du mari, n'envisager que le côté étroit
de la question, et se méprendre complétement sur la
volonté des parties.

C'était dans l'ancien droit une question controversée
que celle de savoir si le mari pouvait seul recevoir le
remboursement des rentes perpétuelles comprises dans
la constitution dotale. D'après Merlin (1), rapportant
les opinions de Lebrun et de Bretonnier, la difficulté
venait de ce que l'on s'attachait trop à la qualité
d'immeubles qu'il a plu de donner aux rentes, mais
l'affirmative était généralement admise aux Parlements
de Paris et de Toulouse. Aujourd'hui, le doute n'est plus
possible, en présence de l'art. 529, aux termes duquel
toutes les rentes sont mobilières, et de l'art. 1549 qui
permet au mari de recevoir le remboursement de tous
les capitaux sans distinction.

« Le mari a le droit d'accorder des délais aux débi-

_____

(1) Merlin, *Op. cit.*, *Dot*, VII, 4.

teurs de la dot ; mais, dans le cas où lesdits débiteurs deviendraient insolvables, la responsabilité du mari se trouverait engagée (1). »

Seul il a qualité pour recevoir le compte de tutelle dû à sa femme, lorsque celle-ci s'est constitué en dot tous ses biens présents et à venir, ou même seulement ses biens présents (2).

Le mari n'est pas tenu, en principe, de faire emploi des capitaux qu'il a reçus ; car l'art. 1549 n'apporte aucune condition au droit du mari d'exiger le remboursement des créances dotales. Il pourra employer le montant de ces créances en acquisitions mobilières ou immobilières ; les biens acquis de ces deniers ne sont pas dotaux (art. 1553).

Mais le contrat de mariage contient souvent une clause d'emploi. Cette stipulation faite dans l'intérêt de la femme, apporte une restriction au droit du mari de recevoir le remboursement des capitaux ; elle est surtout utile lorsque le mari n'a pas de fortune personnelle, ne possède pas d'immeubles, ou lorsque ses immeubles paraissent insuffisants pour garantir la restitution de la dot.

La clause d'emploi, insérée dans le contrat de mariage, a pour effet de rendre les débiteurs dotaux responsables envers la femme du défaut d'un emploi régulier et suffisant. Le paiement fait sans emploi, entre les mains du mari, n'est pas libératoire à l'égard de la femme. Bien que ce point ait été controversé, que

(1) Tessier, *De la dot*, t. II, p. 136.
(2) Montpellier, 20 janvier 1830 (Sir., 1830, 2, 121).

quelques arrêts se soient refusés à rendre les débiteurs dotaux responsables du défaut d'emploi, la clause insérée au contrat ne peut avoir d'autre effet que celui que nous lui attribuons. Avec MM. Rodière et Pont, nous n'hésitons pas à classer l'opinion contraire parmi les *grandes erreurs* (1). Sans doute, le mari a, en principe, le pouvoir de donner quittance définitive aux débiteurs de la femme. Mais il y a justement dérogation au principe dans la clause d'emploi insérée au contrat. La validité du paiement effectué entre les mains du mari est désormais subordonnée à une condition. Si celle-ci n'est pas remplie, le paiement ne peut être libératoire. Dans l'intérêt de qui, en effet, le contrat contient-il la clause d'emploi ? Ce n'est évidemment pas dans l'intérêt du mari ; cette clause le gêne. Ce n'est pas dans l'intérêt du débiteur de la dot, auquel il est indifférent que le mari et la femme se ruinent ou s'enrichissent. Ce ne peut être que dans l'intérêt de la femme elle-même. Or, comment comprendre que le débiteur de la dot puisse, en payant sans emploi, sacrifier le seul intérêt qu'on a voulu garantir ?

L'opinion contraire ne veut voir, dans la condition d'emploi, qu'une règle applicable aux relations des époux, une simple obligation du mari envers sa femme. Nous demanderons qu'on nous indique par quel moyen la femme pourra contraindre le mari à effectuer le remploi ; quelle action aura-t-elle ? Et quand, à la dissolution du mariage, la femme se trouvera en présence

(1) Rodière et Pont, *Contrat de mariage*, n° 430.

d'un mari insolvable, à quoi aura servi la clause d'emploi ? Elle n'aura eu ni sens ni valeur. Comme nous le disions, à propos de l'arrêt de la cour suprême du 28 novembre 1833, la femme, par cette clause et d'autres semblables, veut lier les intérêts des tiers aux siens propres, parce qu'elle sait bien qu'eux seuls, pendant le mariage, auront les moyens d'obliger le mari à effectuer le remploi. Nous le répétons : le débiteur qui veut se libérer entre les mains du mari, doit prendre connaissance du contrat de mariage et vérifier les pouvoirs de l'administrateur. Sinon, il commet une imprudence, dont il doit subir les conséquences, et non les faire retomber sur la femme qui, elle, a pris toutes les précautions possibles, en stipulant le remploi. Si la clause d'emploi avait le sens que lui attribue l'opinion contraire, elle disparaîtrait immédiatement de tous les contrats, car elle serait une pure inutilité.

Mais il est évident que cette clause, restrictive des pouvoirs du mari, doit être claire et formelle, et nous comprenons bien qu'en présence de rédactions ambigues ou obscures, des arrêts aient déclaré les débiteurs libérés, malgré l'absence d'emploi. Par exemple, il ne suffirait pas qu'on dise : le mari devra placer les sommes par lui reçues. Les tiers pourraient n'être pas suffisamment avertis de l'obligation à eux imposée, et n'y voir qu'une stipulation dépourvue de sanction.

Puisque les débiteurs sont responsables du défaut d'emploi, la femme qui, par la dissolution du mariage ou la séparation de biens, a recouvré l'exercice de ses droits, peut agir contre eux directement. Ils sont encore débiteurs ; le paiement fait au mari n'est pas libératoire. La femme n'est pas tenue de discuter préalablement les biens du mari (1). Un recours subsidiaire contre le débiteur ne remplirait pas le but voulu par les auteurs du contrat, qui ont inséré la clause, pour que la femme recouvrât sa dot sans contestation.

Les tiers, responsables du défaut d'emploi, le sont aussi de sa suffisance et de sa régularité.

La régularité résultera de la déclaration contenue dans l'acte par lequel il est fait emploi, de l'origine des deniers et de l'intention de les employer. Dans la pratique, généralement, l'emploi et le paiement sont constatés par un seul et même acte. Si la quittance avait lieu par acte séparé, celui-ci devrait contenir la double déclaration sus énoncée (art. 1434). Si l'emploi a été effectué sans le concours de la femme, doit-il être accepté par celle-ci ? Ce dernier point est vivement controversé. D'après de célèbres commentateurs, tels que Merlin, Toullier et Tessier, le mari agissant comme mandataire de sa femme, l'acquisition n'est soumise à aucune acceptation de la part de celle-ci ; elle doit être engagée comme si elle avait acquis personnellement. Nous n'hésitons pas, avec la jurisprudence, à rejeter ce système, car le prétendu mandat qui en est le fondement ne se rencontre nullement dans l'espèce. Le Code n'a en rien modifié les principes en vigueur dans les pays de droit écrit, comme dans les pays de coutumes, principes en vertu desquels la femme était libre d'accepter ou de refuser l'emploi, et son acceptation nécessaire pour qu'elle fût investie

_____

(1) Rodière et Pont, *Op. cit.*, n° 430.

de la propriété des choses acquises par son mari.

Le débiteur auquel il n'est pas justifié d'un emploi régulier et suffisant, doit refuser le paiement. Il peut consigner le capital dû, pour faire cesser le cours des intérêts à sa charge. Mais il ne peut ni consigner ni refuser les intérêts de ce même capital.

Du droit qu'a le mari de recevoir le paiement des créances de sa femme, résulte le pouvoir d'opposer à son propre créancier la créance dotale, en compensation ; celle-ci n'est qu'un paiement abrégé. Mais les débiteurs de la dot pourront-ils, à leur tour, opposer en compensation les dettes dont le mari est tenu envers eux ? La cour de Rouen a résolu cette question affirmativement, le 10 mai 1844 (1). La négative nous paraît seule acceptable. Nous avons déjà dit que les créanciers du mari ne pouvaient saisir-arrêter les créances dotales ; or, ils arriveraient à un résultat identique à l'aide de la compensation, qui est, en quelque sorte, une saisie sur soi-même. Si nous refusons aux débiteurs de la femme la compensation facultative, opposée comme une exception à la demande du mari, à plus forte raison devons-nous repousser la compensation légale entre la dette du mari et la créance de la femme. Pour que la compensation légale ait lieu, outre les autres conditions, le créancier de chacune des obligations doit être personnellement débiteur de l'autre obligation. Or, cette condition fait ici défaut. Le mari n'est pas titulaire de la créance dotale ; il en a seulement l'administration et la jouissance. Comme l'ont fort bien

(1) Dalloz, *Répert. de jurisp.*, *Contrat de mariage*, n° 3309, *note 3*.

dit MM. Aubry et Rau : « Si le mari est autorisé à
toucher et à céder les créances dotales, ce n'est pas
à dire pour cela qu'il en soit personnellement titulaire.
Il faut toujours distinguer en lui deux personnes, celle
de propriétaire de son propre patrimoine, et celle de
représentant des intérêts dotaux. C'est ainsi qu'il est
admis à demander l'annulation de la vente par lui
consentie d'un immeuble dotal, sans qu'on puisse lui
opposer la maxime *quem de evictione tenet actio, eumdem
agentem repellit exceptio* ; et cela, quand même il s'est
formellement soumis à la garantie. De même aussi,
il faut reconnaître que la compensation légale ne saurait
s'opérer entre une créance dont il est débiteur en son
nom personnel, et une créance qu'il n'a pouvoir de
toucher qu'en qualité d'administrateur de la dot (1). »

Cependant, la doctrine contraire est admise par la
jurisprudence et la majorité des auteurs. M. Troplong,
notamment, cherche à démontrer la possibilité de la
compensation légale, et voici comment il raisonne : il
cite tout d'abord l'opinion de Dupérier et de son annotateur sur cette question. Ces jurisconsultes établis-
saient une distinction entre le cas où le mari conser-
vait sa solvabilité et celui où il la perdait, Dans le
premier cas, la compensation était valable ; dans le
second, la femme avait le droit d'agir contre son débiteur, malgré la libération que le mari lui avait donnée.
Pourquoi Dupérier admettait-il cette distinction ? Parce
que la compensation étant, comme la prescription, un
paiement fictif, ces deux théories doivent être assimi-

(1) Aubry et Rau, 4ᵐᵉ édit. § 536, *note* 7.

lées. Or, en matière de prescription, l'annotateur de Dupérier nous apprend « qu'il est établi, du moins en Provence, que la créance dotale de la femme, qui est sujette à la prescription par cette raison que le débiteur aurait pu s'en libérer valablement par le paiement réel fait au mari et que la prescription vaut paiement, subsiste si le recours de la femme sur les biens de son mari n'a pas lieu. »

Cela posé, M. Troplong n'a plus qu'à battre en brèche cette théorie, dont la réfutation facile va lui servir à établir son système. D'abord, dit-il, il est reconnu par les auteurs provençaux eux-mêmes, que le Parlement d'Aix avait sur la prescription une jurisprudence exceptionnelle. Partout ailleurs, le débiteur prescrivait par trente ans, même dans le cas d'insolvabilité du mari. Du reste, sous le Code civil, la question se résout sans aucune difficulté, les art. 1561, 1562 et 2254 repoussant une pareille distinction. Donc, ajoute le savant auteur, la compensation étant assimilée à la prescription, du moment que celle-ci est admise dans tous les cas, il doit en être de même de la compensation.

Ce long raisonnement revient à ceci : la compensation équivaut au paiement. Oui, certes ; mais c'est un paiement d'une nature particulière, qui ne peut s'effectuer qu'entre deux personnes, *réciproquement et personnellement* débitrices et créancières l'une de l'autre. Nous nous attendions à voir M. Troplong édifier son système sur le domaine civil qu'il reconnaît appartenir au mari ; c'était le seul argument qu'il pût sérieusement invoquer. La jurisprudence a compris tout le parti qu'on en pouvait tirer, aussi n'a-t-elle pas manqué de combler cette lacune, et voici quelques-uns de ses considérants : « Attendu que la dot étant mobilière, le mari seul en est le maître pendant le mariage et peut en disposer à son gré; attendu que, suivant Roussilhe, ce qui est dû à la femme est vraiment dû au mari, et que ce dernier peut l'opposer en compensation (1); » « Considérant que ce n'est pas comme mandataire de la femme que le mari a le droit de recevoir les deniers dotaux, mais en vertu d'un titre qui lui est propre, dont il est investi directement par la loi, et qui le constitue créancier personnel de ceux qui en sont débiteurs... (2). »

La solution adoptée par la jurisprudence offre, en pratique, de graves inconvénients. Le mari est-il solvable, la question de la compensation légale ne présente aucun intérêt. Mais que le mari soit insolvable, des conséquences désastreuses vont se produire. La dot sert à désintéresser les créanciers personnels du mari, contrairement aux intentions de la femme, sans même qu'elle ait été avertie ; le plus souvent elle ne connaîtra l'état des affaires de son mari qu'à la dissolution du mariage. Supposons-nous une femme dont la fortune purement mobilière consiste en créances contre un tiers, lui-même créancier du futur mari : par le fait seul de la célébration du mariage, ces créances sont complétement éteintes, et la femme est totalement ruinée. Cette situation déplorable est sans remède ; car une sépara-

(1) Grenoble, 13 décembre 1823 (Sir., t. 7, 2, 277).
(2) Caen, 18 juillet 1854 (Sir., 1856, 2, 180).

tion de biens serait impuissante à détruire une compensation déjà opérée. La femme ne peut donc que perdre ; au contraire, le créancier du mari n'espérant plus rien obtenir de son débiteur insolvable, se rembourse aux dépens de celle qui se croyait protégée et garantie par le régime dotal. Et remarquons-le, ce n'est pas seulement la femme, c'est la famille entière, qui est réduite à la misère. Cette créance dotale se trouve d'emblée soustraite, pendant toute la durée du mariage, à sa destination : subvenir aux charges du ménage. On arrive donc à enlever au régime dotal son véritable caractère, qui est d'assurer la restitution de la dot, et à retirer au mari jusqu'à la possibilité d'employer aux besoins de la famille toute créance dotale due par une personne dont il se trouverait personnellement débiteur. Un pareil résultat n'est-il pas manifestement contraire et aux intérêts de la femme et au but qu'elle s'est proposé d'atteindre, en stipulant le régime dotal ? En présence de la jurisprudence établie, un seul remède à cette situation : un notaire prudent insérera au contrat une clause bien précise et bien nette d'emploi, en indiquant les valeurs qui pourront servir à l'opérer. Le paiement pur et simple étant alors impossible, la compensation le devient aussi, et la position de la femme est sauvegardée.

Tout ce que nous avons dit jusqu'ici, se réfère au capital de la créance dotale ; s'il s'agissait des intérêts, rien ne ferait plus obstacle à la compensation, car, le mari, ayant droit aux fruits, est personnellement créancier des intérêts produits par les sommes dotales. Ceux-ci se compenseront donc de plein droit, au fur et à mesure de leur échéance, avec les intérêts et même avec le capital de la dette du mari.

Actions en justice. — Le mari a l'exercice de toutes les actions concernant la dot mobilière. C'est ce qui résulte des termes mêmes de l'art. 1549, § 2 : « Le mari a seul le droit de poursuivre les débiteurs et les détenteurs des biens dotaux. » Telle était la règle du droit romain, telle était celle de l'ancien droit. Le mari n'a pas besoin du concours de sa femme, qu'il agisse comme demandeur ou comme défendeur. Ces actions sont attachées à sa personne d'une manière exclusive, et la femme est sans qualité pour les exercer. Elle ne pourra pas, en alléguant la négligence du mari, se faire autoriser par justice à les intenter. L'art. 1549, § 2, est formel : le mari a *seul* le droit... Les rédacteurs du Code se sont inspirés de la doctrine suivie dans les Parlements d'Aix et de Toulouse, d'après laquelle l'exercice des actions dotales appartenait au mari à l'exclusion de la femme (1). Cette règle est édictée dans le but de procurer véritablement au mari la libre administration de la dot, et de l'affranchir, en ce point, des volontés ou des caprices de la femme. Au reste, le mari négligeant d'exercer les actions, la femme pourrait demander la séparation de biens, si cette négligence mettait la dot en péril, ou se contenter de l'action *rei uxoriæ* contre le mari, et lui demander compte des prescriptions qu'il aura laissé accomplir. Elle ne devra, bien entendu, prendre ce second parti que si le mari est solvable.

(1) Despeisses, *Des contrats*, tit. 15, sect. 2, n° 1.

La femme pourra-t-elle intenter les actions dotales avec l'autorisation du mari, ou bien faudra-t-il déclarer nulle toute procédure qui n'aura pas été introduite et suivie au nom du mari ? Cette question a donné lieu à une vive controverse ; mais n'est-ce pas plutôt une pure querelle de mots? Un point est certain et incontestable. Le mari peut donner à sa femme, comme à un tiers, le mandat d'intenter l'action (art. 1990 cod. civ.). La femme agit alors au nom du mari ; en réalité, c'est lui qui plaide. Si nous supposons l'assignation libellée, les conclusions prises, au nom de la femme, agissant avec l'autorisation du mari, la procédure doit-elle être annulée, l'action jugée mal intentée ? Plusieurs auteurs le pensent. Nous qui détestons les subtilités et qui nous préoccupons de l'intérêt pratique de toute question, nous préférons déclarer l'action régulière. En effet, comme le dit Dalloz : « L'unique but de la loi, en investissant le mari seul du droit de propriété, a été de procurer au mari une plus libre administration de la dot. On ne voit pas en quoi le concours de la femme pourrait modifier l'autorité du jugement à intervenir ; les droits des tiers n'en sont pas plus compromis que ceux du mari. Comme le mari plaide véritablement en son nom, tout en autorisant sa femme, ce n'est pas le cas d'opposer la vieille maxime, *nul ne plaide par procureur*, mais plutôt d'invoquer cet autre adage, *utile per inutile non vitiatur.* Il y aura seulement des frais frustatoires, en ce qui concerne la présence de la femme, frais dont le mari sera passible personnellement (1). »

(1) Dalloz, *Répert. de jurisp.*, *Contrat de mariage*, n° 3316.

Nous ajouterons avec MM. Rodière et Pont (1), que le jugement à intervenir aura, à l'égard du mari, tout autant de force que si le mari seul eût intenté l'action. En autorisant la femme, il figure virtuellement dans l'instance. Il sera passible des dépens : les tiers n'ont donc aucun motif pour critiquer l'action ainsi exercée. Or, *malitiis non est indulgendum.*

Mais, objecte-t-on, *nul ne plaide par procureur,* et le mari ici plaiderait sous le nom de sa femme. Nous répondons qu'il faut voir la réalité des choses, et que le mari plaide en son nom en autorisant la femme. On ne doit pas s'attacher étroitement à une formule impropre. Le but de la loi est rempli ; les tiers n'ont pas d'intérêt et ne critiquent que par pur esprit de chicane. La procédure doit donc être maintenue. Nous avons du reste vérifié les arrêts que l'on cite comme ayant adopté l'opinion contraire, et nous avons une fois de plus constaté la nécessité de ne pas s'en tenir au sommaire donné par l'arrêtiste, et de bien lire les considérants de l'arrêt. La plupart ne traitent pas la question actuelle, ou la résolvent comme nous (2).

Une exception doit être faite à la règle d'après laquelle le mari exerce seul les actions dotales ; elle résulte de l'art. 818 cod. civ. Si donc une succession mobilière fait partie de la dot, le mari ne peut *seul* en provoquer le partage. L'art. 818 lui refuse ce droit. Cette interprétation de l'art. 818 n'est pas à la vérité

(1) Rodière et Pont, *Op. cit.*, n° 481.

(2) Grenoble, 28 juillet 1865 (Sir., 1866, 2, 137). — Riom, 10 avril 1872.

admise par tout le monde. Plusieurs auteurs pensent que cette disposition légale n'est pas applicable au régime dotal, parce qu'elle a été édictée à une époque où le régime dotal lui-même n'avait pas encore trouvé place dans le Code. L'art. 1549, d'après eux, doit seul régler la question. Dans l'art. 818, le législateur n'a en vue que le régime de communauté : cela ressort de l'antithèse établie par le texte entre les biens qui entrent et ceux qui n'entrent pas en communauté.

L'argument ne porte pas. Si les rédacteurs du Code n'avaient pas organisé le régime dotal, ils ne l'avaient pas interdit. Les parties avaient, dans le projet, la liberté de l'adopter. Dans la pensée du législateur, *biens n'entrant pas en communauté*, désignait tout autant les biens dotaux que les propres de communauté. L'art. 818 devait s'appliquer aux régimes réglés par la loi, ainsi qu'à ceux résultant de la convention des parties, et en particulier au régime dotal, que les époux avaient la liberté de choisir. D'ailleurs, le législateur, en distinguant les objets qui tombent dans la communauté, de ceux qui n'y tombent pas, ne s'est nullement préoccupé de la cause de cette différence. Or, les biens dotaux, sous le régime dotal, ne tombent pas en communauté ; donc le partage ne peut pas en être provoqué par le mari sans le concours de sa femme.

Que l'action en partage soit soumise à des règles exceptionnelles, il n'y a pas lieu de s'en étonner. Elle est une action particulière, n'ayant jamais été confondue avec les autres actions réelles ou personnelles. En droit romain, le mari, qui pouvait seul revendiquer le fonds dotal, avait besoin du concours de sa femme pour provoquer le partage. Et ce principe a toujours été admis dans les pays de droit écrit. Pareillement, dans notre Code, le tuteur qui peut seul exercer les actions mobilières du mineur, est obligé d'avoir recours à l'autorisation du conseil de famille, quand il s'agit de procéder au partage d'une succession même mobilière. La matière du contrat de mariage nous fournit un nouvel exemple à l'appui de notre solution. Sous la communauté d'acquêts, et sous le régime exclusif de communauté, le mari peut seul exercer toutes les actions mobilières de sa femme ; mais il lui est défendu de provoquer, sans son consentement, le partage d'une succession mobilière à elle échue. La raison en est simple. Bien que le partage soit simplement déclaratif, l'opération comporte toujours, de la part de chacun des copartageants, renonciation à ses droits de propriété indivise sur les objets mis dans les lots des autres copartageants. L'action a donc un caractère tout particulier, une gravité incontestable.

La doctrine que nous repoussons est d'autant plus inacceptable, qu'après avoir refusé au mari le titre de *dominus dotis,* on arriverait à lui donner plus de pouvoirs qu'en droit romain, où il était véritablement propriétaire de la dot.

Notre solution est la seule sage et prévoyante. Que le mari puisse librement exercer les actions ordinaires relatives aux biens dotaux, il n'y a pas d'inconvénients ; car les deux époux sont également intéressés à gagner le procès : le mari, jusqu'à concurrence de la jouissance, la femme, pour la nue-propriété. Au contraire, dans l'action en partage, les intérêts des époux peuvent être complétement opposés. Ils le sont même le plus souvent. Si la succession comprend à la fois des meubles et des immeubles, le mari aura intérêt, surtout en présence de la jurisprudence établie, à ce que la dot se compose de valeurs mobilières sur lesquelles il aura des pouvoirs assez étendus, plutôt que d'immeubles inaliénables entre ses mains. La femme sera intéressée à avoir des immeubles dont le mari ne pourra pas disposer, et qu'elle est certaine de recouvrer à l'époque de la restitution. Les intérêts des deux époux sont donc contradictoires. Qui ne voit dès lors, si la femme n'est pas présente au partage, les collusions et les ententes frauduleuses possibles entre le mari et les cohéritiers de le femme? Comment faire pour les déjouer? Le moyen est bien simple : admettre la femme au partage et le déclarer impraticable en son absence. Cette opinion est aujourd'hui adoptée par la majorité des auteurs et par la jurisprudence.

Incapable d'intenter ou de suivre seul une action en partage, à plus forte raison le mari ne pourra pas procéder seul à un partage amiable, offrant encore moins de garanties à la femme qu'un partage judiciaire. Mais la question de savoir si les époux peuvent seuls, sous le régime dotal, concourir à un partage amiable, est vivement controversée, surtout à l'égard des immeubles dotaux. Pour nous, nous pensons qu'en matière de dot mobilière, rien dans la loi ne s'y oppose. L'argument tiré de l'art. 1558 est sans valeur ; car ce texte suppose un *immeuble* reconnu impartageable. Or, il est difficile qu'une succession mobilière présente ce

caractère. Les art. 838 cod. civ. et 985 cod. pr.
ne mentionnent pas les femmes mariées parmi les
personnes devant nécessairement recourir à la justice.
Lorsqu'un mineur est intéressé dans une succession, la
loi offre à ses cohéritiers l'alternative suivante : ou
recourir à la justice, ou attendre l'époque prochaine,
le terme certain de la majorité. Mais peut-on admettre
que le législateur ait voulu imposer aux époux cette
alternative rigoureuse, de vivre dans l'indivision durant
toute la durée du mariage, ou d'exposer des frais considérables ? Du reste, qu'est-ce qui est dotal, en réalité?
Les meubles, que le partage mettra au lot de la femme,
et dont elle sera censée, en vertu de l'art. 883, avoir
toujours été propriétaire. Ceux mis dans les lots de
ses cohéritiers, n'ont jamais été atteints par la dotalité.
Aussi, la jurisprudence n'a-t-elle pas hésité à adopter
la solution que nous proposons, la plus conforme à
l'intérêt bien entendu des époux.

En résumé donc, et sauf l'exception relative au partage,
le mari a le droit d'intenter seul toutes les actions
relatives à la dot mobilière. Tout ce qui sera jugé avec
lui, le sera également avec la femme ; le jugement
favorable ou défavorable pourra être invoqué par elle
ou contre elle, s'il a définitivement acquis l'autorité
de la chose jugée. Elle sera liée, car en réalité elle
a figuré dans l'instance par l'intermédiaire de son
mandataire légal, le mari, tout comme le mineur y
figure par l'intermédiaire de son tuteur. Toutefois,
comme le mari doit veiller à ses intérêts et non les
compromettre, s'il a colludé avec l'autre partie, la
femme pourra se pourvoir et attaquer par la voie de

la tierce-opposition les jugements rendus en fraude de
ses droits.

Pour clore cette étude des droits du mari, considéré
comme administrateur de la dot, il nous resterait à
examiner la question de savoir s'il peut aliéner les
meubles dotaux, et sous quelles conditions. Mais un
chapitre spécial sera consacré à cette importante question. Néanmoins, quelle que soit l'opinion que l'on
adopte, le mari pourra évidemment aliéner, toutes les
fois qu'il agira dans les limites d'une bonne administration, car le pouvoir d'administrer emporte dans une
certaine mesure le pouvoir d'aliéner.

Obligations du mari administrateur. — Le mari,
administrateur des meubles dotaux, est tenu à ce titre
de tous les actes de gestion, d'entretien et de conservation de ces biens. C'est ce que dit l'art. 1562, § 2,
ainsi conçu : « Il est responsable de toutes prescriptions
acquises et détériorations survenues par sa négligence. »
Il est tenu d'interrompre toutes les prescriptions, même
celles qui ont commencé avant le mariage. Mais ceci
doit s'entendre avec un certain tempérament. S'il ne
restait que quelques jours à courir pour l'accomplissement de la prescription, au moment de la célébration du mariage, il ne serait pas responsable. Les
juges apprécieront, suivant les circonstances, si l'intervalle écoulé entre le mariage et la prescription acquise
est assez long, pour que l'accomplissement de cette
prescription puisse être imputé à faute au mari.

Le mari est également tenu des détériorations survenues par sa négligence ; ainsi il ne doit rien omettre
pour empêcher la dot de périr ; il doit poursuivre les

débiteurs, quand ceux-ci commencent à inspirer des craintes ; et s'il a négligé d'actionner à l'échéance un débiteur plus tard devenu insolvable, il sera responsable de la perte de la créance. Cependant, si le mari doit être diligent, il ne doit pas être sans pitié. A cet égard, nous admettrions la distinction proposée par MM. Rodière et Pont (1). La dot consiste-t-elle en une créance contre un tiers, le moindre retard peut être imputé au mari, parce qu'il ne doit au débiteur aucuns ménagements. Au contraire, le constituant de la dot est-il un donateur, l'indulgence du mari ou son respect pour la position d'un beau-père ou d'un bienfaiteur malheureux, peut être une exception opposable à la demande en restitution intentée par la femme ou ses héritiers. Au reste, c'est une pure question de fait, laissée à l'appréciation des tribunaux.

Incontestablement, le mari sera responsable de la perte des meubles corporels, arrivée à la suite d'un incendie, si cet événement est le résultat de sa faute ou de celle des personnes dont il répond. Mais demandons-nous s'il pourra être déclaré responsable pour n'avoir pas fait assurer les meubles dotaux, ou pour n'avoir pas renouvelé les assurances existant déjà au moment du mariage. Nous raisonnons, bien entendu, dans l'hypothèse où le contrat est muet sur ce point. S'il a reçu la chose non assurée, nous ne le déclarerons pas responsable ; car nous ne voyons pas pourquoi on exigerait du mari plus de prudence que n'en avait eu la femme ou le donateur. Nous pencherions pour la

(1) Rodière et Pont, *Op. cit.*, t. II, n° 477.

solution contraire, dans le cas où le mari aurait assuré des choses de même nature, lui appartenant en propre. Il est tenu d'apporter à la conservation de la dot les mêmes soins qu'il donne à ses propres affaires ; il ne pourrait donc pas prétendre, dans ce cas, s'exonérer de toute responsabilité. Si l'on objectait qu'il n'est pas tenu de s'appauvrir, nous répondrions que les primes d'assurance, en fait de meubles, sont tellement minimes comparativement à la valeur des objets assurés, qu'une pareille dépense ne peut constituer un appauvrissement.

A plus forte raison, si le mari n'a pas renouvelé l'assurance existant au moment du mariage, nous le déclarerions responsable, car il doit tout au moins maintenir le patrimoine dotal dans l'état où il lui a été livré, avec les sûretés et les garanties qui l'accompagnaient.

Du reste, dans toutes ces questions de responsabilité, les juges ont un pouvoir absolu d'appréciation. Le législateur s'est contenté de poser le principe de la responsabilité du mari, laissant aux tribunaux le soin de déterminer quand elle a été encourue et quelle en est l'étendue.

Le mari doit faire l'emploi des deniers dotaux d'après les conditions prescrites par le contrat de mariage. Il est tenu de l'insuffisance ou de l'inefficacité de l'emploi, s'il est établi qu'il y a eu faute ou imprudence de sa part.

En résumé, le mari doit apporter à la conservation de la dot mobilière les soins d'un bon père de famille. Il est mis sur la même ligne que l'usufruitier (art. 1562 et 601 cod. civ.).

Mais est-il usufruitier de la dot? C'est ce que nous allons examiner dans la section suivante.

SECTION TROISIÈME.

Le mari a la jouissance des biens dotaux.

Le mari a seul le droit de percevoir les fruits et intérêts dotaux, dit l'art. 1549. — Le mari est tenu, à l'égard des biens dotaux, de toutes les obligations de l'usufruitier, ajoute l'art. 1562. — Ces deux dispositions sont claires et précises : l'une nous indique l'étendue des droits, l'autre l'étendue des obligations du mari. Mais ni l'une ni l'autre ne nous disent quelle est la nature juridique du droit conféré au mari. Est-ce un véritable usufruit ? Le mari est-il investi d'un démembrement du droit de propriété, démembrement détaché du patrimoine de la femme et entré dans le sien ? Non.

Malgré l'emploi d'expressions quelquefois impropres, nous ne croyons pas que, sauf Marcadé (1), aucun auteur ait reconnu au mari un véritable droit d'usufruit. Si, faute d'un terme précis pour désigner la situation du mari, la plupart des auteurs emploient l'expression *usufruitier*, tous, Proud'hon, Toullier, Rodière et Pont, Aubry et Rau, etc., expliquent nettement qu'il ne s'agit pas d'un usufruit, droit réel, démembrement de la propriété.

Le droit du mari est identique au droit qu'ont le

(1) Marcadé, sur l'art. 1550.

père pendant le mariage, ou, après la dissolution du mariage, le survivant des père et mère, sur les biens de leurs enfants mineurs de 18 ans. C'est un droit de jouissance, légal dans le cas de l'art. 384, conventionnel, car il résulte du contrat et de la volonté des parties, dans le cas de l'art. 1549. De même que le père perçoit les revenus des biens de l'enfant mineur pour son compte personnel, à la condition de pourvoir à sa nourriture, à son entretien, à son éducation, de même le mari recueille à son profit les revenus des biens dotaux, mais à la charge de subvenir aux besoins du ménage. Dans les deux cas il y a affectation des revenus à un emploi déterminé, et cet emploi n'est ni exclusivement ni principalement l'intérêt du père ou du mari. L'un de ces droits est un attribut de la puissance paternelle; l'autre, un attribut de la puissance maritale. Entre eux l'analogie est complète. Le droit se rattache à une qualité de la personne. Il est en quelque sorte la conséquence de la qualité d'administrateur.

Au contraire, le droit d'usufruit proprement dit est principalement créé en vue de l'usufruitier; les fruits et revenus ne sont point soumis à une affectation spéciale et déterminée. Au lieu d'être comme un accessoire du droit d'administration, l'usufruit est le droit principal, entraînant avec lui le pouvoir d'administrer.

Enfin, quoique le Code appelle usufruit la jouissance du père, on reconnaît généralement qu'il ne s'agit pas là d'un véritable usufruit. Combien, à plus forte raison, faut-il le dire du droit du mari, auquel le Code ne donne pas cette dénomination.

Si le droit du mari n'est, comme celui du père, administrateur légal, qu'un droit de jouissance, attribut d'une qualité, il s'ensuit qu'il ne pourra être détaché de cette dernière. En conséquence, ce droit ne sera susceptible, ni de cession, ni de saisie, ni d'hypothèque. Les créanciers du mari ne pourront pas saisir et faire vendre le droit de leur débiteur, car ce droit n'est pas un élément de son patrimoine : les créanciers d'un usufruitier pourront au contraire l'exproprier. Si le mari peut vendre ou louer à des tiers la faculté de recueillir les fruits des biens dotaux, il ne peut ni céder ni vendre le droit en lui-même. Il n'en a pas la disposition, pas plus que celle de sa qualité de mari.

C'est justement du caractère de ce droit de jouissance, conféré au mari, que naît la difficulté de désigner par un seul mot la situation juridique du mari dotal. Une phrase est nécessaire, indispensable ; de là, la tendance à le dénommer *usufruitier*, quoique l'on reconnaisse l'impropriété du terme.

En soumettant le mari à presque toutes les obligations de l'usufruitier, la loi nous indique que nous devons lui en attribuer presque tous les avantages. On doit donc lui appliquer, en général, les règles relatives à l'usufruit, sauf certaines dérogations, certaines dispositions exceptionnelles, conséquences et suite de sa situation particulière d'époux et d'administrateur (art. 1550, 1571).

La jouissance du mari s'ouvre au jour de la célébration du mariage. Il a donc droit à tous les fruits naturels ou civils perçus pendant le mariage. Cependant, aux termes de l'art. 1549, § 3, « il peut être convenu, par le contrat de mariage, que la femme touchera annuellement, sur ses seules quittances, une partie de ses revenus pour son entretien et ses besoins personnels. » Le bien, dont la jouissance est ainsi enlevée au mari, n'en est pas moins dotal ; le mari en aura l'administration. La femme a voulu éviter d'être sans cesse obligée de demander au mari les sommes nécessaires à son entretien. Pour empêcher toute difficulté avec les débiteurs de la femme, il sera utile de désigner dans le contrat les créances dont celle-ci pourra toucher les revenus, sur ses seules quittances.

Sauf cette exception, le mari seul a la jouissance des biens dotaux, c'est-à-dire le droit de s'en servir et d'en retirer les fruits.

Si la dot comprend des objets qui, sans se consommer de suite, se détériorent peu à peu, comme du linge, des meubles meublants, le mari a le droit de s'en servir pour l'usage auquel ils sont destinés ; il est libéré, en les rendant, à la dissolution, dans l'état où ils se trouvent, non détériorés par son dol ou par sa faute (art. 589).

Le mari, comme le ferait un usufruitier, acquiert et recueille tous les fruits naturels, industriels ou civils. Il devient propriétaire de ceux produits et perçus depuis la célébration jusqu'à la dissolution du mariage. Si la livraison des meubles dotaux avait précédé la célébration du mariage, et que, dans l'intervalle, des fruits eussent été perçus par le mari, ils ne lui appartiendraient point, et feraient partie de la dot, comme accessoire des meubles dotaux. Pour les fruits civils, tels que les intérêts des sommes d'argent, les arrérages des rentes, les loyers des meubles loués, le mari les acquerra jour par jour. Mais il peut avoir perçu, pendant le mariage, des fruits échus avant sa célébration ; pourra-t-il les garder pour en jouir, ou bien devra-t-il les rendre à sa femme? Pour résoudre cette question, il suffit de rechercher dans quels cas cette portion de fruits est dotale, dans quels cas elle est paraphernale. Elle est dotale, et le mari pourra la garder, sauf à la restituer plus tard, quand la femme s'est constitué tous ses biens, ou tout ce qui pouvait lui être dû, tant en capital qu'intérêts. Elle est, au contraire, paraphernale, si la constitution de dot comprend seulement le capital de la créance, sans faire mention des intérêts ou arrérages, et la femme pourra, *constante matrimonio*, répéter contre le mari les fruits qu'il a perçus et dont il n'avait pas le droit d'exiger le paiement.

Ce qui provient de la dot sans être un fruit, n'appartient pas au mari, en vertu de sa jouissance : c'est ainsi que, aux termes de l'art. 598, il n'a aucun droit au trésor découvert par un tiers dans un meuble dotal.

Jusqu'ici nous avons appliqué les règles relatives à l'usufruit, mais il y a des différences entre le mari et un usufruitier ordinaire.

« A la dissolution du mariage, nous dit l'art. 1571, les fruits des immeubles dotaux se partagent entre le mari et la femme ou leurs héritiers, à proportion du temps qu'il a duré, pendant la dernière année. » Cette disposition exceptionnelle, empruntée au droit romain et à la jurisprudence des pays de droit écrit, repose sur cette idée que les fruits de la dot étant destinés à l'acquit des charges du ménage, le mari doit les gagner à proportion du temps pendant lequel il a supporté ces charges. Si, au contraire, on appliquait les règles de l'usufruit, le mari gagnerait irrévocablement tous les fruits naturels recueillis pendant le mariage, et n'aurait aucun droit sur ceux non encore perçus. Dans tous les cas, le mari acquerra les fruits, au prorata du temps que le mariage a duré, mais pas au delà. A-t-il perçu davantage, il doit restituer le surplus à la femme ou à ses héritiers; a-t-il reçu moins, il doit être indemnisé. L'art. 1571 s'applique aux fruits et revenus des meubles, comme à ceux des immeubles. Il contient un principe qui a sa raison d'être, quelle que soit la consistance de la dot.

Au cas où les meubles corporels frugifères auraient nécessité des dépenses spéciales pour la production de leurs fruits, on appliquera, non l'art. 585, mais l'art. 548. Tout le monde est d'accord sur ce point.

Aux termes de l'art. 599, l'usufruitier ne peut, à la cessation de l'usufruit, réclamer aucune indemnité pour les améliorations qu'il prétendrait avoir faites, encore que la valeur de la chose en fût augmentée. Avec la majorité des auteurs, nous pensons que cette règle est inapplicable au mari. L'usufruitier ne peut rien réclamer pour les améliorations qu'il a faites, car rien ne l'obligeait à les faire; il a eu uniquement pour but de rendre sa jouissance plus agréable. Si, par suite, une plus-value est produite pour le nu-propriétaire, aucune indemnité n'est due. Le nu-propriétaire ne s'enrichit pas au détriment de l'usufruitier, puisque celui-ci a retiré tout l'avantage qu'il avait espéré. Le mari, au contraire, n'a pas seulement la jouissance des meubles dotaux, il en est aussi administrateur, et, à ce dernier titre, il est tenu de faire toutes les améliorations qu'il croit utiles. En les faisant, il n'a pas agi dans son seul intérêt, mais dans le but de remplir ses obligations; il est donc juste qu'il en soit indemnisé à concurrence de la plus-value procurée à la dot.

En déterminant la nature du droit conféré au mari, nous avons reconnu que ce droit était incessible et insaisissable, comme accessoire d'une qualité inhérente à la personne de l'époux. Mais les fruits et revenus ne peuvent-ils, comme objets distincts du droit lui-même, être cédés et saisis? Que le mari puisse vendre ou donner les fruits retirés, recueillis par lui, qui en douterait? Il en est propriétaire ; ils sont entrés dans son patrimoine et soumis à son droit de disposition.

Mais ses créanciers personnels pourront-ils, comme les créanciers d'un usufruitier ordinaire, saisir les fruits et les intérêts produits par les meubles dotaux? La question fait l'objet d'une vive controverse.

Dans une première opinion défendue par M. Troplong, aucune restriction ne doit être apportée au droit du mari d'aliéner, et des créanciers de saisir les fruits de la dot. Il suffit que l'obligation ait été valablement contractée par le mari, pour que la saisie soit valable. Il importe peu que cette obligation ait pris naissance à une époque où le mari n'avait pas encore à sa disposition les revenus plus tard frappés de saisie; car un créancier a pour gage les biens présents et à venir de son débiteur. On ne doit non plus admettre aucune distinction entre les revenus nécessaires aux

18

besoins du ménage et le superflu. « On veut, dit
M. Troplong, que, étant chargé de pourvoir aux charges
du ménage, le mari ne puisse aliéner sur les fruits que
ce qui n'est pas nécessaire pour faire face à ces charges.
Il faut avouer que les jurisconsultes des pays coutu-
miers ont été bien peu clairvoyants (1), quand, n'aper-
cevant pas la profondeur et l'étendue de cette obligation
du mari de supporter les charges du mariage, ils
n'ont pas apporté de limites à son droit sur les fruits,
croyant au contraire qu'il n'avait pas à rendre compte,
qu'il en était maître *jure mariti*, qu'il pouvait les alté-
rer, les consommer, etc. Car le droit du mari est une
puissance qui n'a sa règle et sa modération qu'en elle-
même : de sorte que, sauf la faculté de demander la
séparation de biens pour dérangement des affaires, la
femme ne saurait s'insurger contre les actes faits par
le mari, en vertu de ce droit, de ce *jus mariti* qui est
la loi du ménage. »

Dans une deuxième opinion, adoptée par la jurisprudence, les créanciers du mari ne peuvent saisir que
l'excédant des revenus; quant à la fraction nécessaire
aux besoins du ménage, elle est insaisissable, et le mari
a le droit et le devoir de s'opposer à la saisie et à la
vente de cette fraction. Telle est la doctrine qui nous
paraît la plus conforme aux principes du régime dotal.
En effet, avec le système de M. Troplong, on arrive
à éluder la loi et l'inaliénabilité de la dot. Au moyen
de saisies périodiques, toute subsistance sera retirée

(1) Les jurisconsultes des pays de dotalité sont contraires à
l'opinion de M. Troplong.

à la famille, et, pour pourvoir à ses besoins, il faudra recourir à l'aliénation de la dot. La saisie des fruits doit donc être nulle, puisqu'elle se heurte contre le principe de l'inaliénabilité, principe inviolable, entraînant la nullité de tout ce qui, de près ou de loin, directement ou indirectement, lui porte une atteinte quelconque. Quant à la ressource de la séparation de biens, que M. Troplong accorde à la femme, dans le cas où le mari fait un mauvais emploi des revenus, sera-ce un remède efficace et suffisant? Nous ne le pensons pas.

Au surplus, le système de la Cour de cassation était suivi dans le ressort du Parlement de Bordeaux, et admis par plusieurs anciens jurisconsultes. Des passages rapportés par Tessier (1), il résulte que, anciennement, les créanciers du mari n'avaient pas le droit de saisir les fruits, si le ménage en avait besoin. La saisie était autorisée dans le cas où le mari avait d'ailleurs, *aliunde, ex aliis bonis,* de quoi satisfaire aux exigences du ménage et à la condition attachée à la jouissance des biens dotaux.

D'après Tessier, la femme seule pourra faire annuler la saisie, à la condition de demander la séparation de biens; d'après la jurisprudence, le mari lui-même pourrait provoquer cette nullité. Nous adoptons, sur cette question, la solution consacrée par la Cour de cassation : elle est la seule qui s'harmonise avec le caractère du régime dotal, dont le but est de faire de la dot en entier le patrimoine assuré de la famille. L'ar-

(1) Tessier, *Quest. sur la dot.,* n° 140.

gument que veut tirer M. Troplong des régimes de communauté ou exclusif de communauté, n'a pas de valeur ; car, sous ces régimes, le patrimoine de la femme est entièrement aliénable. Il n'y a aucune analogie entre les deux situations.

Une intéressante question est celle de savoir si, lorsqu'une femme s'est constitué en dot tous ses biens présents et à venir, les salaires ou bénéfices obtenus par elle dans l'exercice d'une industrie légitime, doivent être considérés comme des fruits ou comme un capital. En d'autres termes, le mari deviendra-t-il propriétaire définitif de ces bénéfices, comme il l'est des revenus des meubles dotaux, ou bien sera-t-il obligé, s'il les a perçus, de les restituer à la dissolution du mariage ? Cette question, suivant la remarque de MM. Rodière et Pont, « offre de nos jours un véritable intérêt pratique, puisque, indépendamment de certaines industries délicates où leur goût leur a toujours assuré une incontestable supériorité, un grand nombre de femmes se livrent aujourd'hui avec succès à la culture des lettres et des arts, et trouvent souvent dans cette culture des sources de lucre que les femmes de nos aïeux ne connaissaient pas (1). »

D'après quelques auteurs, l'industrie est un véritable capital, dont les produits sont réellement des fruits, appartenant comme tels au mari, dans le cas d'une constitution générale de biens présents et à venir. Leur raisonnement peut se formuler de la manière suivante : Qu'est-ce qu'un bien ? C'est ce qui peut être

_____

(1) Rodière et Pont, *Op. cit.*, t. II, n° 684

utile à l'homme. Or, l'industrie de la personne est assurément *très-utile*, dans le sens technique et juridique de
ce mot, c'est-à-dire susceptible de procurer des avantages positifs et des produits appréciables. Donc, l'industrie est un bien. Conséquemment, les produits, les
bénéfices appartiennent irrévocablement au mari, au
même titre que les fruits des autres biens.

Nous ne saurions admettre cette opinion. Si l'industries est considérée par quelques économistes comme
un capital, d'autres réservent cette expression pour
désigner les produits accumulés du travail humain, et
ce dernier sens est le seul acceptable au point de vue
juridique. En droit, les produits de l'industrie constituent des capitaux, et non pas seulement des fruits.
Ainsi, l'art. 1498, énumérant les biens qui doivent
être partagés à la dissolution de la communauté réduite
aux acquêts, cite : 1° les acquêts provenant de l'industrie
commune des époux ; 2° les économies faites sur les
fruits et les revenus. Or, si le législateur avait entendu
ranger les produits de l'industrie dans la catégorie des
fruits, il n'aurait pas distingué si nettement ces deux
choses. Qu'on le remarque bien, l'art. 1498 ne parle
pas des économies réalisées sur les produits de l'industrie, mais de tous les produits.

Ce qui peut induire en erreur, c'est qu'en fait,
très-souvent, les époux traitent les produits de leur
industrie comme s'ils étaient des fruits. Ils les consa-
crent pour les besoins du ménage : mais le fait ne peut
modifier le caractère juridique de ces produits. L'opinion contraire conduirait à l'absurde. Pour rester logique, il faudrait dire que le mari, en vertu de son droit

de jouissance, pourrait contraindre sa femme à produire, l'obliger, si elle a une belle voix, à monter sur les planches d'un théâtre, ou pis encore. Qui oserait aller jusque-là, et que deviendrait la liberté de la personne? D'après l'art. 213, la femme doit obéissance au mari : mais cette obéissance a des limites, et le mari ne peut imposer à la femme d'autres travaux que ceux qui découlent naturellement de sa double qualité de mère et d'épouse. Donc, les gains réalisés par la femme, grâce à son industrie ou à son art, lui appartiennent en propre, et ne sont pas acquis par le mari, à titre de fruits.

Si donc la constitution de dot est générale, les bénéfices que retire la femme, comme peintre, comme auteur, comme artiste lyrique, dramatique, etc., sont de véritables biens dotaux, dont le mari aura la jouissance, mais qu'il devra restituer, à la dissolution. Si, au contraire, la constitution de dot est spéciale, le mari n'a sur ces bénéfices aucun droit de jouissance, car ce sont des paraphernaux. Mais cette solution même comporte un tempérament. La femme a-t-elle remis ses gains au mari, et laissé celui-ci les employer aux besoins du ménage, elle ne pourra pas plus tard en demander la restitution. Elle a consenti à leur aliénation, et il faut lui appliquer, par analogie, les règles posées dans les art. 1578 et 1579 cod. civ.

M. Demolombe, se fondant sur ce que l'industrie est essentiellement personnelle, décide que les produits de cette industrie formeront toujours des paraphernaux, même dans le cas d'une constitution générale de tous les biens présents et à venir. Pourquoi une constitution

de dot ne peut-elle pas comprendre l'industrie? « Parce
que, dit l'éminent professeur, cela serait contraire aux
principes, contraire presque toujours à l'équité, et par
suite à la commune intention des parties, contraire
enfin à toutes les traditions de notre droit. Les principes s'y opposent, attendu que l'industrie n'est pas un
bien susceptible d'aliénation : or, la constitution de dot
est une espèce d'aliénation : c'est une concession d'u-
sufruit pour toute la durée du mariage, c'est-à-dire le
plus ordinairement pour toute la vie de la femme ; et
nul, pas plus la femme dans le mariage que tout autre,
dans quelque convention que ce soit, ne peut aliéner
à toujours son industrie, c'est-à-dire mettre toujours
ses facultés, sa personne même au service d'un
autre (1). »

Ce raisonnement ne nous a pas convaincu. Le savant
doyen de la faculté de Caen commet une confusion
entre l'industrie et les produits qu'elle engendre. Les
produits éventuels d'une industrie peuvent faire l'objet
d'une convention ; dès lors, pour qu'ils ne puissent pas
être compris dans une constitution générale, il faudrait
un texte formel qui n'existe pas dans le Code. Vainement on prétendrait que les produits doivent être paraphernaux. L'industrie de la femme n'est ni paraphernale ni dotale. Il n'est pas juridique d'étendre à de
simples aptitudes une distinction s'appliquant à des
biens.

Obligations dérivant de la jouissance. — Le mari, à
raison de son droit de jouissance est en général soumis

(1) Demolombe, t. IV, n° 315.

à toutes les obligations de l'usufruitier (art. 1562).

Il est tenu de faire dresser inventaire des meubles constitués en dot. S'il n'a pas accompli cette obligation, la femme ou ses héritiers pourront, par application des art. 1415 et 1504, faire la preuve de la valeur et de la consistance du mobilier, soit par titres, soit par témoins, soit même par commune renommée. L'inventaire du mobilier n'est nécessaire que dans le cas de constitution de dot par la femme elle-même ; si la dot est constituée par un tiers, il y a eu donation, et pour sa validité elle a dû être accompagnée d'un inventaire (art. 948).

Quant aux obligations du mari, postérieures à son entrée en jouissance, elles se résument en celle-ci : jouir en bon père de famille.

Il est tenu de toutes les charges annuelles, telles que contributions, impôt sur les valeurs mobilières et autres, considérées comme charges des fruits (art. 608).

Il doit supporter les frais des procès qui concernent sa jouissance, comme celui fait pour obtenir le paiement des intérêts d'une créance dotale, et les autres condamnations auxquelles ces procès pourraient donner lieu (art. 613).

Par exception aux règles de l'usufruit ordinaire, il est dispensé de donner caution pour la réception de la dot, s'il n'y a pas été assujetti par le contrat de mariage (art. 1550). Ce n'est point, comme l'ont dit certains auteurs, notamment M. Mourlon (1), que si les

___
(1) Mourlon, *Répét. écrit.*, t. III, p. 110.

maris avaient été obligés de fournir caution, la moitié de la société eût été caution de l'autre, ce qui eût été trop nuisible au crédit public. Cette considération a peu préoccupé le législateur qui n'a pas craint de frapper d'une hypothèque générale tous les biens du mari. La véritable raison nous est donnée par Justinien lui-même (1) : « *Si enim credendam mulier sese, suamque dotem patri mariti existimavit, quare fidejussor, vel alius intercessor exigitur, ut causa perfidiæ in connubio eorum gcneretur?* » On comprend, en effet, que poser en règle générale la nécessité de l'intervention d'un étranger pour garantir les biens dotaux, serait un affront fait au mari, une défiance qui pourrait devenir une cause de discorde dans le ménage.

Mais cette caution, que la loi n'exige pas, les parties peuvent l'imposer au mari dans le contrat de mariage. Toute convention intervenant dans ce but, pendant la durée de l'union conjugale, serait nulle, comme contraire à l'art. 1595.

Au lieu de soumettre le mari à l'obligation de fournir caution, le contrat de mariage pourrait exiger de lui d'autres sûretés. Il devrait, par exemple, faire un emploi déterminé, justifier qu'il possède des immeubles suffisants pour garantir la restitution de la dot, etc. Les parties contractantes ont, sur ce point, toute liberté.

(1) C. 2, C., *Ne fidej.* (5, 20).

CHAPITRE II.

Des droits de la femme sur la dot mobilière.

La femme, comme nous l'avons vu, reste propriétaire des meubles dotaux, corps certains non estimés, mais cesse de l'être ou ne le devient point, si la dot consiste en choses de consommation ou en meubles estimés dans le contrat. Ces biens ne méritent pas, à proprement parler, le nom de dotaux, puisque le mari en a la libre propriété. En réalité, ce qui est dotal, c'est la créance appartenant à la femme pour se faire restituer, à la dissolution du mariage, une somme égale à la valeur des objets qu'elle a apportés en se mariant. En matière de dot mobilière, les hypothèses dans lesquelles la femme est créancière de son mari, se réduisent à deux : 1° lorsque la dot comprend des choses qui se consomment par le premier usage, ou des choses fongibles d'après l'intention des parties ; 2° lorsque, se composant de meubles corps certains, il y a eu une estimation dans le contrat de mariage, sans déclaration que cette estimation n'en fait pas vente.

Dans tous les autres cas, la femme conserve la propriété des meubles dotaux. De ce droit de propriété découlent les conséquences suivantes :

1° La perte totale ou partielle sera pour la femme, à moins que cette perte ne provienne de la négligence du mari (art. 1566 et 1567).

2° Le mari ne peut renoncer aux droits dotaux de

là femme, par exemple à une succession s'ouvrant en faveur de celle-ci.

3° Sauf le cas de saisie-gagerie, pratiquée par le propriétaire de la maison ou de la ferme, la femme peut s'opposer à la saisie et à la vente de ses meubles dotaux, opérées par les créanciers du mari. Elle peut aussi demander la nullité des saisies-arrêts, faites entre les mains de ses débiteurs personnels par les créanciers du mari. Ces solutions ont été déjà justifiées.

4° La femme peut faire des actes conservatoires, comme prendre ou renouveler une inscription hypothécaire. L'art. 2139 ne laisse aucun doute à cet égard. Mais pourrait-elle, pour interrompre une prescription imminente, exercer des poursuites, donner une citation, signifier un commandement, pratiquer une saisie? M. Troplong admet l'affirmative, parce que, dit-il, pour conserver son droit, l'incapable est toujours considéré comme ayant une capacité suffisante (1). M. Sériziat reconnaît à la femme le droit de faire un commandement, mais il lui refuse celui de donner une citation en justice (2).

Nous n'admettons ni la doctrine de M. Troplong, ni la distinction de M. Sériziat, car c'est violer ouvertement le texte et l'esprit de l'art. 1549. En effet, qu'a voulu le législateur? écarter la femme des affaires, et ne pas lui permettre de s'ingérer dans une administration qui convient mieux à son mari. Elle ne peut pas se plaindre du rôle passif, auquel elle est condamnée,

(1) Troplong, *De la prescription*, t. II, n° 599.

(2) Sériziat, *Régime dotal*, n° 218.

car elle jouit, en compensation, de certaines préroga-
tives dont elle aurait été privée, si elle avait choisi
tout autre régime. Les pouvoirs attribués au mari,
quant à l'exercice des actions dotales, sont exclusivement attachés à sa personne. Même autorisée de justice,
la femme dotale ne pourrait pas valablement intenter
une action.

La femme, propriétaire des meubles dotaux non estimés, peut-elle les aliéner, avec le consentement du mari
ou de justice, ou bien l'acceptation du régime dotal
a-t-elle pour résultat de paralyser son *jus abutendi?*
La femme, créancière du mari, peut-elle disposer de sa
créance? Nous allons examiner ces graves questions
dans le chapitre suivant.

CHAPITRE III.

De l'inaliénabilité de la dot mobilière.

La dot mobilière est-elle aliénable ou inaliénable?
Question très-discutée et la plus importante de la matière qui fait le sujet de cette thèse. Elle se pose dans
les deux hypothèses que nous avons distinguées ci-
dessus.

1° La femme est restée propriétaire des meubles
dotaux constitués en dot. Le mari pourra-t-il, en sa
qualité d'administrateur, les aliéner seul, ou faudra-t-il
le concours de la femme? Les deux époux, agissant conjointement, pourront-ils aliéner les meubles dotaux, ou
ceux-ci seront-ils indisponibles comme les immeubles?

La femme, incapable de les aliéner seule directement, tant que dure la jouissance du mari, pourra-t-elle les aliéner *indirectement*, en contractant des obligations, en cédant son action en restitution, en cédant ou abandonnant l'hypothèque légale, qui garantit cette restitution?

2° Le mari est devenu propriétaire des meubles dotaux. Nul doute qu'il puisse en disposer à sa volonté. Mais la femme, dont la dot consiste, en réalité, dans une créance contre le mari, peut-elle aliéner directement cette créance, et son accessoire l'hypothèque légale, par voie de cession, renonciation ou subrogation? Peut elle l'aliéner indirectement en contractant des obligations, qui permettront aux créanciers de saisir ses reprises et de les exercer en son lieu et place?

Sur tous ces points le Code garde le silence. Les textes peuvent tout au plus fournir des arguments *à pari*, *à fortiori* ou *à contrario*. Les commentateurs sont divisés. Seule, la jurisprudence de la Cour de cassation, imitant le préteur romain, *supplendi juris gratiâ*, a établi un système complet, dont ses divers arrêts n'ont été que le développement successif, et auquel elle s'est attachée, jusqu'à nos jours, avec une constance iné- branlable.

Trois opinions principales se partagent les suffrages des auteurs et des tribunaux. Nous allons les exposer, en résumant brièvement les arguments sur lesquels on les appuie, et en indiquant les conséquences qu'elles produisent.

SECTION PREMIÈRE.

Première opinion. — Aliénabilité absolue.

D'après un grand nombre d'auteurs recommandables, la dot mobilière n'est point inaliénable. Tous les meubles dotaux, sans distinguer à qui ils appartiennent, peuvent faire, durant le mariage, l'objet d'actes de disposition. Il est permis à la femme, avec autorisation, de disposer de sa dot mobilière, en cédant son action en reprise et l'hypothèque légale qui la garantit, en contractant des obligations exécutoires sur la dot. Cette opinion s'appuie sur l'idée que l'inaliénabilité est une exception anormale et exorbitante. Or, toute exception, et surtout celle qui est contraire au crédit et à l'intérêt général, doit être interprétée restrictivement, et rester cantonnée dans les limites pour lesquelles elle a été tracée. Il faut donc trouver dans le Code un texte de loi duquel on puisse induire que les meubles constitués en dot sont placés hors du commerce et ne peuvent être aliénés par les deux époux, même conjointement. Ce texte n'existe pas ; tout au contraire, l'examen le plus minutieux des dispositions du Code civil entraîne cette conviction, que la loi a laissé la dot mobilière sous l'empire de la règle générale, qu'un propriétaire peut valablement aliéner sa chose. En effet, la rubrique de la section II est ainsi conçue : *Des droits du mari sur les biens dotaux et de l'inaliénabilité du fonds dotal.* L'antithèse, contenue dans cet intitulé, n'est-elle pas l'indication claire et précise de la pensée du législateur ? Si l'on n'avait pas voulu établir une différence, pourquoi cet emploi de termes différents? Il s'agit dans cette rubrique de deux idées complétement étrangères l'une à l'autre, la seconde n'étant pas le développement de la première. Réglant les droits du mari, qui portent sur toute la dot , le législateur emploie l'expression la plus large, *biens dotaux.* S'occupe-t-il de l'inaliénabilité, la formule change aussitôt ; c'est le *fonds,* c'est-à-dire l'immeuble dotal, que la loi a en vue. Or le mot *fonds* a un sens précis, déterminé : il ne sert qu'à désigner des immeubles. Tous les articles relatifs à l'inaliénabilité , pour en formuler le principe, pour en indiquer les exceptions , pour en déduire les conséquences, ne parlent que des immeubles et jamais des meubles, Il suffit, pour s'en convaincre , de jeter un coup d'œil sur les art. 1554, 1557, 1558, 1559 et 1561.

Et ces divers textes sont en harmonie avec la tradition historique, dont on ne peut présumer, *à priori,* que le législateur ait voulu s'écarter. Notre régime dotal n'est pas un droit nouveau : c'est le droit romain. Or celui-ci n'a jamais adopté l'inaliénabilité de la dot mobilière. La loi Julia et les prohibitions de Justinien s'appliquaient exclusivement au fonds dotal. Tous les commentateurs anciens, Brisson , Voët, Vinnius, Noodt, Cujas, répètent à l'envi que les meubles sont parfaitement aliénables : *in rebus tantum soli locum habere, mobiles vero res alienari posse.* « Dans notre ancien droit français, il est très-vrai que le Parlement de Bordeaux et quelques autres localités avaient étendu à la dot mobilière l'inaliénabilité des immeubles, mais il s'en faut beaucoup que cette dotalité corrigée et augmentée soit jamais devenue la règle générale, et la plus grande partie de nos pays de droit écrit n'a jamais admis que le système romain (1). » Toullier va même plus loin. D'après lui, « l'existence de cette prétendue jurisprudence est un fait qui, loin d'être prouvé ou reconnu, est positivement démenti par une loi précise (2) et par les auteurs les plus accrédités (3). » Colmet de Santerre est obligé de reconnaître que l'inaliénabilité de la dot mobilière était consacrée par la majorité des pays de droit écrit ; et voici sa réponse : « Même en admettant qu'il y eût, sur ce point, une jurisprudence claire et constante dans les pays de droit écrit, il n'est pas bien sûr que le Code ait accepté en bloc toutes les idées des partisans anciens de la dotalité. Le régime dotal n'était pas entré de plain-pied dans le Code civil, on l'avait d'abord repoussé, puis concédé aux réclamations des provinces du Midi ; pour la dot immobilière elle-même, on avait eu peine à admettre la règle de l'inaliénabilité. N'est-il pas naturel de penser qu'on a concédé le moins possible, et faut-il partir de cette idée, que le régime du Code est nécessairement le régime dotal ancien, tel qu'il avait reçu tous ses développements dans les pays où il était le plus florissant ? »

A ces divers arguments, les partisans de l'aliénabilité de la dot mobilière ajoutent les considérations

---

(1) Marcadé, sur l'art. 1554, II.

(2) L'auteur fait allusion à la déclaration du 21 avril 1664.

(3) Toullier, t. XIV, n° 184.

suivantes : « La doctrine de l'inaliénabilité ne se con-
damne-t-elle pas assez par le résultat absurde auquel
elle conduirait? S'il était vrai que tout bien est inaliénable par cela même qu'il est dotal, et que par conséquent l'art. 1541, en déclarant dotal sans distinction
tout ce qui est constitué en dot, imprime ainsi l'inaliénabilité aux meubles constitués aussi bien qu'aux
immeubles, on arriverait à cette conclusion très-logique
assurément, mais parfaitement ridicule, que l'art.
1558 ne faisant exception à l'inaliénabilité, pour les cas
qu'il prévoit, que quant à l'immeuble dotal, les meubles
resteraient alors soumis au principe, et ne pourraient
pas plus être aliénés dans ces cas urgents que dans
les circonstances ordinaires... De même, l'exception de
l'art. 1557 serait inapplicable aux meubles dotaux, en
sorte que la réserve formellement écrite au contrat
d'aliéner la dot mobilière se trouverait nulle, aux termes
de l'art. 1388, comme dérogeant, en dehors des limites
permises par la loi, à la disposition prohibitive desdits art. 1541 à 1554. Ainsi, même pour donner des
aliments à la famille, et nonobstant la clause formelle
d'aliénabilité mise au contrat, la vente serait impossible, et il faudrait mourir de faim pour conserver
intact le dépôt sacré de la dot mobilière (1) ! »

Pourquoi s'étonner, du reste, que le Code civil n'ait
pas étendu aux meubles la protection accordée aux
immeubles? Y a-t-il là une inconséquence ou une
contradiction? Ne sait-on pas que le législateur de
1804, subissant l'influence de la maxime *vilis mobilium*

(1) Marcadé, *Op. cit.*

possessio, n'a jamais donné aux meubles la même importance qu'aux immeubles? Sous le régime de la communauté, ne laisse-t-il pas au mari la faculté de faire donation des valeurs mobilières de la communauté, quelles qu'elles soient, alors qu'il lui interdit de donner le moindre immeuble de cette communauté? Sous ce même régime, le mari a l'exercice des actions mobilières, mais il lui est défendu d'intenter seul une action réelle immobilière (art. 1428). De même, le tuteur peut exercer seul toutes les actions mobilières, indistinctement, tandis que pour les actions immobilières il a besoin de l'autorisation du conseil de famille.

Le législateur a donc toujours pris plus de soin de la conservation des immeubles que de celle des meubles. Il a été conforme à lui-même quand, dans la réglementation du régime dotal, il n'a appliqué l'inaliénabilité qu'aux immeubles. Cette législation se comprend d'autant mieux que, à l'époque de la rédaction du Code, la fortune mobilière était relativement peu importante. Qui pouvait prévoir le développement rapide et l'extension inouïe qu'elle a prise aujourd'hui, la création de ces valeurs qui se comptent par milliards dans la fortune publique?

Si l'on objecte qu'ainsi compris et entendu, le régime dotal n'est plus qu'une institution trompeuse et décevante, ne donnant pas aux parties, à la femme, les sécurités qu'elle a cru y trouver en l'adoptant, les partisans de cette opinion répondent qu'il n'est pas étonnant que le régime du droit romain, créé pour une autre civilisation, ne satisfasse plus les besoins de l'époque actuelle. Les contractants se sont trompés, en lui demandant ce qu'il ne pouvait donner. Pour garantir la dot mobilière, il faut corriger, par des stipulations, les inconvénients du système légal. Que la femme fasse insérer au contrat une clause formelle d'emploi, qu'elle désigne les valeurs, qui, seules, pourront servir à l'effectuer : elle sera alors presque assurée de recouvrer sa dot, sauf les chances de perte, dont aucune valeur n'est affranchie. Mais si, en disant qu'elle adoptait *le régime dotal*, elle a cru trouver dans ces seuls mots une vertu magique qu'ils ne renferment point, elle n'a qu'à s'en prendre à elle-même de sa propre erreur. Du reste, la femme n'a-t-elle pas intérêt à ce que sa dot mobilière ne soit pas inaliénable? Ne faut-il pas qu'un mari prudent puisse prévenir la perte qu'une baisse inévitable va faire subir à la fortune de la femme? Pourquoi lui interdire de remplacer ces valeurs par d'autres, plus solides et plus fructueuses? Faut-il le condamner à l'impuissance, et plus tard la femme ne maudira-t-elle pas cette inaliénabilité, qui a consacré sa ruine?

Les meubles dotaux sont donc aliénables. Mais qui pourra les aliéner? Ici, les partisans de cette première opinion ne s'entendent plus.

D'après M. Troplong, la femme ne peut, pendant le mariage, disposer des meubles dotaux, car, ayant transmis tous ses droits à son mari, elle s'est également dépouillée du droit de disposition. Le mari seul a la faculté d'aliéner, parce qu'il a la propriété civile. Mais que la séparation intervienne, que le mari donne son autorisation ou vienne à prédécéder, immédiatement l'obstacle disparaît. Désormais, la femme, recouvrant l'exercice de son droit paralysé, aura le pouvoir de faire tous les actes d'aliénation.

Marcadé adopte la même solution, mais il ne fait pas découler ce droit, pour le mari, du titre de propriétaire. D'après lui, c'est par l'idée d'un mandat très-étendu, qu'il faut expliquer le droit de disposition accordé au mari. De même que le mari seul, sous le régime extraordinaire de la dot, a capacité pour exercer les actions pétitoires concernant les immeubles dotaux, de même, le mari seul a capacité pour aliéner les meubles dotaux. Mais s'il y a incapacité dans la personne de la femme de disposer de ces choses, cette incapacité ne pourrait-elle pas être levée par l'autorisation du mari ? Marcadé ne s'en explique pas ; cependant l'affirmative est la conséquence logique de son système, puisque le mandat cesse par le désistement que fait le mari de son droit de disposition, en faveur de la femme. D'ailleurs, il y a même raison de décider que lorsque la séparation de biens a été prononcée ; or, dans ce cas, Marcadé adopte pleinement l'opinion de M. Troplong, et décide que désormais la femme exercera tous les droits conférés à son mari par le régime dotal, et notamment le droit de disposition.

D'après d'autres auteurs, le concours des deux époux est nécessaire. Mais dans cette opinion se produit une légère dissidence. Toullier et Colmet de Santerre admettent que la femme joue le rôle principal ; c'est elle qui aliène, avec l'autorisation du mari. Elle a conservé la propriété, et il y a lieu d'appliquer la maxime :

id quod nostrum est, sine facto nostro ad alium transferri non potest. L'autorisation du mari lui est nécessaire à un double titre. Elle est femme mariée, et cette autorisation, à ce point de vue, lui serait tout aussi indispensable pour la disposition de ses paraphernaux. En second lieu, l'aliénation va faire perdre au mari sa jouissance ; il faut donc son concours. Mais si l'aliénation, consentie par la femme, laissait intact le droit du mari, comme lorsque la femme cède sa créance contre lui, l'autorisation de justice serait suffisante. Odier, au contraire, tout en reconnaissant la nécessité du concours des deux époux, pense que le mari, ayant seul l'administration des biens dotaux pendant le mariage, « c'est lui, *en nom*, avec le consentement de sa femme, ou *conjointement* avec sa femme, et non la femme *en nom*, avec la seule autorisation de son mari ou de justice, qui pourra aliéner la dot mobilière ou l'engager par des obligations. »

Le principe, adopté par les partisans de cette première opinion, engendre les conséquences suivantes :

1° *A l'égard de la femme.* — Si la dot consiste dans une créance contre son mari, elle peut la céder à des tiers, les y subroger, ou faire, relativement à son hypothèque légale, toutes sortes de conventions, telles que cession, cession d'antériorité ou de rang, subrogation, renonciation, etc.

Si la dot consiste en meubles corporels, la femme (sauf les divergences signalées) peut les aliéner, à titre gratuit ou à titre onéreux, au profit de toutes personnes, conférer sur eux un droit de gage, etc.

La femme s'est-elle constitué en dot des créances contre des tiers, non-seulement elle peut les céder directement, et avec ou sans elles, les hypothèques conventionnelles ou judiciaires qui peuvent les accompagner; mais elle peut se voir opposer la compensation par son débiteur, devenu à son tour son créancier. Elle peut les éteindre par la novation ou par la remise de dette, etc.

Toutes les dettes contractées par la femme pourront être ramenées à exécution, avant ou après la séparation de biens, par voie de saisie sur les meubles corporels, par voie de saisie-arrêt sur les créances dotales.

Quelle que soit la composition de la dot, la femme peut faire, sur ses droits, transactions, aveux, compromis, en un mot toutes sortes d'actes, même de nature à y porter atteinte.

Il est bien entendu, que nous supposons la femme dotale autorisée de son mari, dans tous les actes juridiques énumérés ci-dessus; car, comme toute femme mariée, elle est soumise à la règle de l'autorisation maritale.

2° *A l'égard du mari*. — D'après l'opinion de quelques auteurs, le mari pourra aliéner seul les meubles corporels non estimés, céder les créances dotales, même avant leur exigibilité, consentir des remises, renoncer purement et simplement, en dehors de tout paiement, aux hypothèques qui les garantissent, céder leur rang hypothécaire, laisser les créances s'éteindre par prescription, concourir au concordat du débiteur de la femme tombé en faillite, transformer des capitaux en rentes viagères ou réciproquement, opposer les créances de sa femme en compensation à ses propres créanciers, transiger , compromettre relativement aux meubles dotaux, faire tous les actes de disposition.

SECTION DEUXIÈME.

Deuxième opinion. — Inaliénabilité absolue.

Des auteurs qui ont spécialement écrit sur le contrat de mariage, pensent et enseignent que la dot mobilière est absolument inaliénable, comme l'immeuble dotal. Les objets corporels, qui ne sont pas devenus la propriété du mari, ne peuvent, en principe, être aliénés ni par le mari, ni par la femme, ni par les deux époux conjointement. L'aliénation n'en est autorisée que dans les cas exceptionnels où est admise celle de l'immeuble dotal. Si cependant un meuble corporel a été vendu et livré à un tiers de bonne foi, celui-ci protégé par l'art. 2279, est à l'abri d'une revendication. Mais la vente, non suivie de livraison, doit être annulée. Doit l'être aussi la cession d'un meuble incorporel, tel que créance nominative, rente sur l'Etat, action de la Banque, obligation de chemin de fer, etc., auquel ne peut s'appliquer la règle : *En fait de meubles, possession vaut titre.*

Sur ce dernier point, cependant, un des partisans de l'inaliénabilité absolue, notre savant et regretté professeur, M. Rodière, admettait une atténuation. La cession de la créance dotale, faite par le mari, doit être validée, lorsqu'elle constitue un acte d'administration, ou lorsque constituant un acte d'aliénation, elle ne cause à la femme aucun préjudice : *point de griefs, point de nullité* (1).

La dot mobilière est aussi inaliénable, en ce sens que la femme ne peut, par aucun acte, de quelque nature qu'il soit, diminuer ou perdre l'action en restitution qu'elle a contre son mari et l'hypothèque légale qui y est attachée.

Telle est, en résumé, la thèse de l'inaliénabilité absolue, dont les conséquences et les applications sont justement le contre-pied de celles engendrées par la thèse précédente de l'aliénabilité absolue. Cette deuxième opinion est adoptée par un grand nombre de jurisconsultes, parmi lesquels nous citerons MM. Rodière et Pont, Tessier, Taulier, Dalloz, Bellot des Minières, Benoît, Rolland de Villargues, etc.

Les arguments sur lesquels elle s'appuie se tirent du caractère du régime dotal, des précédents historiques, de la discussion du Conseil d'Etat, des textes de la loi, et de considérations puisées dans les nécessités de la vie. Résumons-les rapidement.

On invoque d'abord le caractère et le but du régime dotal. Dotalité et inaliénabilité sont deux idées corrélatives l'une à l'autre. « Qu'est-ce que la dotalité, dit Bellot des Minières, c'est l'inaliénabilité. On me demande où est l'article qui prononce l'inaliénabilité de la dot mobilière. Avant de chercher cet article, je demanderai, moi, pourquoi on se marie sous le régime dotal. Ce pourquoi, c'est la conservation de la dot, c'est d'empêcher les époux de la dissiper, c'est d'en assujettir les revenus aux charges du ménage... L'inaliénabilité est

(1) Rodière et Pont, *Op. cit.*, n° 497.

dans la dotalité ; sans l'inaliénabilité, point de dotalité, c'est autre chose, un autre régime (1). » L'inaliénabilité doit s'appliquer indistinctement aux meubles comme aux immeubles, si l'on veut atteindre le but, le résultat espéré par l'adoption du régime dotal. Ce que les époux ont voulu protéger contre la dissipation possible du mari, et contre la faiblesse présumée de la femme, c'est le patrimoine maternel tout entier, mobilier et immobilier. Comme le disait M. Siméon au Corps législatif, le 20 pluviôse an XII (10 février 1803), « l'inaliénabilité de la dot, modifiée par les causes qui la rendent juste et nécessaire, et que la loi exprime, a l'avantage d'empêcher qu'un mari dissipateur ne consomme le *patrimoine maternel* de ses enfants ; qu'une femme faible ne donne à des emprunts et à des ventes un consentement que l'autorité maritale obtient presque toujours, même des femmes qui ont un caractère et un courage au-dessus du commun (2). » — « Aujourd'hui que les dots ne consistent généralement qu'en des valeurs mobilières, aujourd'hui que l'abrogation du Velléien permet aux femmes de s'obliger par des cautionnements aussi bien que de toute autre manière, le principe de l'inaliénabilité restreint aux seuls immeubles ferait du régime dotal une véritable déception pour les femmes et pour leurs familles, à qui ce régime semble garantir la conservation de la dot, qu'il ne pourrait cependant presque jamais assurer (3). » On

(1) Dalloz, *Recueil* (1852, 2, 57).

(2) Locré, t. XIII, p. 471.

(3) Rodière et Pont, *Op. cit.*, n° 494.

l'oublie trop dans l'opinion opposée; le régime dotal
est un régime de conservation, de défiance, de protection. En adoptant l'aliénabilité de la dot mobilière,
on dénature son caractère traditionnel; on crée un
régime nouveau.

Cette affirmation est pleinement confirmée par l'étude
de l'ancien droit. D'après la jurisprudence des Parlements des pays de droit écrit, en Provence, à Toulouse,
à Bordeaux, à Paris, la femme n'avait, en aucune
manière, la disposition de ses biens mobiliers. Si, à
l'égard du mari, il existait une divergence sur ce point
entre le Parlement de Toulouse et celui de Bordeaux,
on décidait néanmoins d'une manière uniforme que les
meubles dotaux corporels n'étaient pas saisissables pour
ses dettes. Despeisses, que nous avons cité, est formel
sur l'inaliénabilité de la dot mobilière, et l'édit de 1664
prouve qu'avant cette date, dans le Lyonnais, les biens
dotaux mobiliers ne pouvaient être ni engagés ni vendus.

Or, qu'ont voulu les rédacteurs du Code civil?
L'étude des travaux préparatoires nous l'a appris:
conserver aux pays de droit écrit, le régime dotal qu'ils
avaient toujours pratiqué. Qu'on se rappelle les obser-
vations de Portalis, de Cambacérés, les paroles de
Siméon, de Duveyrier, d'Albisson. Duveyrier, dans son
rapport au Tribunat, s'exprimait ainsi: « L'intention
du législateur n'a jamais été d'enlever violemment au
midi de la France un système de législation matrimo-
niale, dont une longue habitude et le calcul accoutumé
des intérêts ont fait un besoin et presque un objet
essentiel (1). » Il est impossible d'énoncer plus clai-

(1) Locré, t. XIII, p. 323.

rement que les règles transformées en lois sont celles de l'ancien droit, et que la codification a laissé subsister le régime dotal tel qu'il était et dans toutes ses parties. Veut-on encore une autre preuve ? On la trouve dans les considérants du fameux arrêt du 1er février 1819, rendu au rapport de Chabot de l'Allier, qui devait être bien renseigné, puisqu'il avait concouru à la rédaction du Code civil. « Attendu, nous dit l'arrêt, qu'il résulte du procès-verbal de la discussion du Code civil, que les auteurs de ce Code ont voulu maintenir le régime dotal tel qu'il existait dans les pays de droit écrit, sauf les modifications qu'ils ont formellement exprimées, etc. (1). » Lorsque les habitants du midi de la France se levèrent avec énergie contre un projet dans lequel ils crurent entrevoir la suppression de leur législation traditionnelle, ils ne réclamèrent pas une garantie illusoire, un pâle reflet de la dotalité, des espérances décevantes, mais bien une protection efficace et complète (2). C'est cette protection que le législateur a voulu leur donner.

Il est donc incontestable que, dans l'intention des rédacteurs de la loi, la dot mobilière dut, comme par le passé, rester inaliénable aussi bien que l'immeuble dotal.

Le système opposé est, en outre, le résultat d'une manière de voir entièrement erronée. Partant de cette idée qu'il faut, à tout prix, favoriser la circulation et la transmission des biens, que tel a été le désir

_____

(1) Cass., Ch. civ., 1er février 1819 (Sir., 1819, 1, 146).

(2) Pont, Revue critique, 1853.

impérieux du législateur, faisant du mot *crédit*, cette
application abusive dont s'égayaient Carrion-Nisas et
Voyer d'Argenson (1), on présente l'inaliénabilité dotale
comme une malheureuse et déplorable exception, dont
il faut restreindre l'étendue. C'est là une erreur. Si
le législateur a dû déterminer un régime, comme celui
de droit commun, il ne s'ensuit pas que les autres
soient des exceptions. « Le régime dotal, dit M. Bé-
renger, n'est pas, en effet, qu'on le remarque bien,
une exception à telle ou telle règle posée dans notre
loi civile : il est à lui seul un tout, qui a lui-même
et ses règles et ses exceptions bien caractérisées, et
surtout bien différentes de celles du droit commun ;
c'est une législation à part, avec ses principes tranchés
et originaux ; le régime dotal est, pour ainsi dire, au
milieu du Code, comme une enclave qui ne reconnaît
pas sa domination, mais se gouverne par ses propres
lois ; c'est un étranger qui n'a de commun avec les
autres matières du droit que la place qu'il occupe dans
notre corps de lois, car il ne s'y est introduit qu'avec
sa législation personnelle et spéciale. » Or, l'idée dominante sur laquelle repose ce régime, le principe fondamental en dehors duquel il n'y a plus de dotalité,
c'est la conservation et la restitution de la dot. Donc,
tout ce qui a pour but d'assurer cette conservation
est en parfaite harmonie avec ce régime, et fait partie
de la règle générale qui le gouverne. Inaliénabilité,
tel est le principe ; liberté de circulation, telle est
l'exception.

(1) *Rapport du tribun Carrion-Nisas*, Locré. t. XIII, p. 413.

Les textes du Code sont-ils contraires à cette solution, comme on le prétend dans le système opposé ? L'argument tiré de la rubrique est peu probant. Le mot *fonds* n'a pas, dans la langue française, le sens restreint du *fundus* des Romains. On l'applique à un capital mobilier aussi bien qu'à un immeuble. On dit le *fonds commun* d'une société. Il est pris ici comme synonyme de patrimoine, de dot.

Si l'art. 1554 ne parle que des immeubles, la raison en est bien simple. Il suffit de relire la discussion qui eut lieu au Conseil d'Etat. Dans le projet de la section de législation, les immeubles étaient déclarés aliénables. Cette règle fut combattue et rejetée, et le rédacteur de la section se contenta de remplacer *aliénable*, par *inaliénable*. Mais tirer un argument *à contrario* d'un texte ainsi rédigé, c'est faire porter la solution sur un point que le législateur n'a pas examiné. Du reste, quoi de plus naturel de ne parler que des immeubles dans un texte où l'on s'occupe d'hypothèque. Si l'on eût voulu décider la question à l'égard des meubles, on aurait établi des distinctions, réservé le cas de l'art. 2279. Or, le législateur a suivi le conseil de Cambacérés (1). Pour les détails, il s'en est référé à la jurisprudence des pays de droit écrit.

L'argument *à contrario* est d'autant moins acceptable, que le législateur traitant des exceptions apportées à l'art. 1554, emploie l'expression *biens dotaux*. Or, comment l'exception pourrait-elle atteindre des biens auxquels, par leur nature même, le principe serait

(1) Séance du 6 vendémiaire, an XII.

inapplicable? Ainsi, dans les art. 1555 et 1556, la loi parle des biens dotaux. Et ce n'est pas arbitrairement que, dans la série des exceptions au principe de l'inaliénabilité, le législateur s'est servi, tantôt du mot *immeuble*, tantôt de l'expression *biens dotaux*. Dans les art. 1555 et 1556, prévoyant l'aliénation à titre gratuit, il est dit que les époux peuvent donner les biens dotaux à leurs enfants communs, et que la femme peut aussi en disposer en faveur des enfants nés d'un précédent mariage, sauf néanmoins à réserver la jouissance à son mari. A l'égard de tous autres, la donation serait nulle, quelle que soit la nature des objets donnés, qu'il s'agisse de meubles ou d'immeubles. Les meubles dotaux eux-mêmes peuvent être revendiqués entre les mains des tiers donataires, qui ne méritent pas la faveur de la loi, en raison de leur titre purement lucratif. Aussi trouvons-nous, dans les art. 1555 et 1556, l'expression générale : *biens dotaux*.

Au contraire, dans les art. 1558 et suivants, où il s'agit d'aliénation à titre onéreux, le législateur ne parle avec raison que des immeubles. La situation des acquéreurs varie, en effet, suivant que leur acquisition porte sur un meuble ou sur un immeuble. Et ç'est justice. On n'acquiert pas un immeuble sans s'enquérir du droit de l'aliénateur, sans se faire produire ses titres. De deux choses l'une : ou l'acquéreur de l'immeuble dotal en a connu le caractère, ou il a manqué de prévoyance. Qu'il s'en prenne à lui-même, si son acquisition est annulable. Au contraire, les meubles se transmettent, à titre onéreux, de la main à la main, sans actes écrits. La possession de l'aliénateur fait présumer sa propriété : telle est la base de l'art. 2279. Et l'acquéreur du meuble dotal, voyant le mari en possession, a pu, de bonne foi, l'en croire propriétaire. C'est ce qui arrivera le plus fréquemment ; la revendication du meuble dotal sera impossible. Donc les art. 1558 et suivants ne parlent que des immeubles, parce qu'il ne fallait pas laisser croire que les meubles dotaux aliénés pussent être, dans tous les cas, l'objet d'une revendication valable du mari ou de la femme. Pour les meubles, la règle, ainsi généralisée, n'eût pas été exacte ; il eût fallu distinguer suivant leur nature. Aussi conçoit-on que le législateur, voulant formuler le principe de l'inaliénabilité d'une façon simple et brève, ne soit pas entré dans toutes ces distinctions, et se soit principalement occupé des immeubles auxquels l'inaliénabilité est toujours applicable de droit.

Les partisans de l'inaliénabilité invoquent encore l'art. 1541, aux termes duquel tout ce que la femme se constitue ou qui lui est donné en contrat de mariage, est dotal, s'il n'y a eu stipulation contraire. Tout est dotal, d'après la loi, c'est-à-dire, comme l'exprimait M. Dupin, dans son réquisitoire du 29 mai 1839 devant la Cour de cassation, que le principe général est la conservation, l'inaliénabilité, le remploi, le privilége dotal, ne variant dans ses applications que par la force et la nature même des choses.

L'art. 1564, prescrivant la restitution de la dot mobilière immédiatement après la dissolution du mariage, dans le cas où la propriété n'en est pas passée au mari, suppose évidemment que cette dot a dû être conservée.

Un autre argument se tire de la combinaison des art. 83, 1003 et 1004, cod. pr. L'art. 83 range au nombre des causes qui doivent être communiquées au ministère public, toutes celles intéressant la dot, soit mobilière, soit immobilière. L'art. 1004 défend de compromettre sur aucune des contestations sujettes à communication. Et comme l'art. 1003 pose en principe que l'on peut compromettre sur tous les droits dont on a la libre disposition, il résulte de ce rapprochement que si la femme, même autorisée de son mari, ne peut pas compromettre sur sa dot mobilière, c'est parce qu'elle n'en a pas la libre disposition, en d'autres termes, parce que la dot est inaliénable.

L'art. 7, cod. com., après avoir disposé que les femmes marchandes publiques peuvent aliéner leurs immeubles à titre onéreux, ajoute : « Toutefois, leurs biens stipulés dotaux, quand elles sont mariées sous le régime dotal, ne peuvent être hypothéqués ni aliénés que dans les cas déterminés et avec les formes réglées par le Code civil. » Qu'on remarque les expressions différentes dont s'est servi le législateur dans les deux parties de cet article. Au commencement, il ne parle que d'immeubles; puis, il généralise, et applique la règle à tous les biens dotaux. Y a-t-il rien de plus significatif? Les rédacteurs du Code de commerce admettaient donc que l'art. 1554 n'est nullement limitatif, que la dot tout entière, et non pas seulement la dot immobilière, est frappée d'inaliénabilité.

Tels sont les principaux arguments invoqués en faveur de la deuxième opinion. Mais l'inaliénabilité est-elle absolue, ne comporte-t-elle ni restrictions ni limites? Non évidemment. Outre celles qui résultent de l'art. 2279, on doit en admettre d'autres dans les cas exceptionnels où les immeubles dotaux eux-mêmes sont aliénables. Il est certain que l'inaliénabilité ne peut pas être plus rigoureuse à l'égard des meubles qu'à l'égard des immeubles. Et sur ce point l'argumentation de Marcadé, ci-dessus reproduite, mérite d'être taxée de pure chicane et de vaine subtilité. Son raisonnement par l'absurde se retourne contre lui-même. On admet aussi la validité de l'aliénation, qui rentre dans les limites des actes d'administration ; question de fait à résoudre par les tribunaux.

Mais, comme nous l'avons indiqué déjà, d'autres auteurs vont plus loin encore. Voici ce que disent MM. Rodière et Pont : « Si la dot consistait en meubles incorporels autres que des effets de commerce, le principe qu'en fait de meubles possession vaut titre, ne suffirait plus pour protéger l'acquéreur ; car il est reconnu en jurisprudence que ce principe ne s'applique pas aux meubles incorporels de la nature de ceux dont nous parlons. En effet, le tiers qui a traité en pareil cas avec le mari ou avec les deux époux, semble inexcusable de n'avoir pas recherché l'origine et le véritable caractère de la créance, en exigeant la représentation du contrat de mariage.

Est-ce à dire pourtant que la cession de ces créances, rentes et actions, ne puisse jamais produire aucun effet? Non, sans doute ; il est un autre principe qui peut, dans maintes circonstances, protéger la translation opérée. En effet, on ne peut demander la nullité d'un acte qu'autant qu'il cause quelque préjudice à celui qui la demande : *Point de griefs, point de nullité.* Si donc la cession de la créance avait été faite à un prix égal à son capital nominal, si de plus le débiteur s'était libéré entre les mains du cessionnaire, ni le mari ni la femme ne pourraient se plaindre ; le mari, parce qu'il aurait touché la dot ; la femme, parce qu'il est égal pour elle que le mari ait touché directement ou par le moyen d'une cession ce qu'il avait le droit de recevoir (1). »

Mais ces estimables auteurs n'abandonnent-ils pas ainsi la doctrine de l'inaliénabilité absolue ? Ne sont-ils pas sur la pente au bas de laquelle se trouve le droit absolu du mari de disposer librement, à sa volonté, de la dot mobilière ? Nous sommes porté à le croire, et nous pensons que ces savants jurisconsultes s'approchent de la doctrine admise par la Cour suprême, doctrine qu'ils repoussent sur certains points d'application, et qu'il nous faut actuellement examiner.

SECTION TROISIÈME.

Troisième opinion. — Inaliénabilité relative.

La jurisprudence a, sur la question de l'inaliénabilité de la dot mobilière, une opinion qui lui est propre. C'est un système mixte, éclectique, ayant des points communs avec les deux autres. Au premier, la jurisprudence emprunte la règle que le mari peut disposer des meubles dotaux et des créances dotales ; au second, le principe qu'aucun acte de la femme ne peut diminuer

(1) Rodière et Pont, *Op. cit.,* n° 497.

ou compromettre sa créance contre le mari, ni l'hypothèque légale qui l'accompagne. La synthèse des diverses solutions données par les Cours d'appel et par la Cour suprême, aux procès soumis à leur examen, trouve sa formule dans la double proposition suivante :

1° Le mari a, libre et entier, le droit de disposer des valeurs, meubles corporels et créances, composant la dot de la femme.

2° La femme n'a sur les biens meubles, apportés en dot, qu'un droit susceptible de se convertir en une créance contre le mari, créance indisponible entre ses mains, non-seulement en elle-même, mais aussi quant aux sûretés qui l'accompagnent.

En ce qui concerne l'inaliénabilité de la dot mobilière, à l'égard de la femme, sauf trois ou quatre arrêts dissidents et déjà fort anciens, la jurisprudence est solidement fixée. La Cour de cassation notamment, depuis 1810 jusqu'en 1875, n'a pas varié : elle a nettement posé le principe de l'inaliénabilité de la dot mobilière, c'est-à-dire l'impossibilité pour la femme d'anéantir ou de diminuer, par un acte quelconque, la créance dotale existant contre le mari, ou la garantie accessoire consistant dans son hypothèque légale. Un moment les Cours de Paris, de Douai et de Lyon essayèrent de repousser la solution adoptée par la Cour suprême ; mais l'arrêt du 4 novembre 1846, rendu par les Chambres réunies, mit fin à toute velléité d'indépendance. Quoique cet arrêt, dont la rédaction eût exigé plus de soin et d'étendue, à raison de l'importance de la question, se soit contenté d'affirmer le principe de l'inaliénabilité, il n'en a pas moins fixé la jurisprudence d'une manière définitive. Aujourd'hui, devant les tribunaux, le principe de l'inaliénabilité de la dot mobilière, à l'égard de la femme, a la valeur d'un axiome.

Les arrêts de la Cour de cassation des 22 mai 1855, 11 mai 1859, 12 mars 1866 et 13 janvier 1874 n'ont fait autre chose qu'appliquer le susdit principe à des hypothèses spéciales.

Relativement au mari, quand on examine de près les divers arrêts rendus par la Cour suprême, on ne tarde pas à s'apercevoir qu'ils sont encore conçus dans une pensée harmonique. Tous, celui de 1819 comme ceux de 1866, proclament cette idée que la dot mobilière est libre, aliénable et disponible entre les mains du mari. Le seul point sur lequel on puisse constater une variation dans la jurisprudence de la Cour suprême, est relatif à la justification de cette même jurisprudence.

On trouve, dans les arrêts, la trace sensible d'un changement profond dans les motifs et les raisons sur lesquels s'appuie la Cour de cassation. Dans le premier arrêt de la Chambre civile, rendu le 1er février 1819, on lit nettement que, d'après les dispositions du droit romain, le mari étant seul *maître* de la dot mobilière dont il a la *propriété* ou la *libre possession*, lui seul peut en avoir la disposition. Par suite, la femme se trouvant dans l'heureuse impuissance d'aliéner elle-même directement ses meubles ou deniers dotaux, il était inutile de lui en interdire l'aliénation. C'est donc en se basant sur l'idée d'un droit de propriété reconnu au mari, que la Cour accorde à ce dernier la faculté d'aliéner la dot. Cette même idée est reproduite dans plusieurs arrêts subséquents (1).

Mais dans le célèbre arrêt de la Cour suprême du 12 août 1846, le pouvoir de disposition du mari n'est plus présenté comme conséquence de son droit de propriété. « Aux termes de l'art. 1549, dit la Cour, le mari a l'administration des biens dotaux, et le droit de recevoir le remboursement des capitaux, par conséquent celui de disposer desdits capitaux, lorsque aucune condition d'emploi n'a été stipulée. — Si, d'après les dispositions du Code civil sur le régime dotal, la dot mobilière est inaliénable comme la dot immobilière, il s'ensuit seulement que la femme autorisée de son mari ne peut aliéner, ni directement, ni indirectement, les droits qui lui sont assurés par la loi pour la conservation de sa dot. — Ces droits, quant à la dot mobilière, lorsque le mari a usé de la faculté d'en disposer, consistent dans un recours contre le mari, recours garanti par l'hypothèque légale, et auquel la femme, pendant le mariage, ne peut renoncer. — Cette créance dotale ne peut être aliénée ni par la femme, ni par le mari, ni par tous les deux conjointement. — Mais le mari qui reçoit le remboursement d'un capital constitué en dot, qui en fait un emploi plus ou moins utile pour lui ou pour sa femme, ou qui fait cession à un tiers d'une créance dotale, ne fait qu'user du droit de libre disposition qui lui appartient à cet égard, puisque la propriété de la femme est con-

(1) Cass., 2 janvier 1837. — Grenoble, 13 juillet 1848. — Bordeaux, 26 mai 1849.

vertie par la loi en une créance contre le mari, lequel est personnellement et hypothécairement obligé à la restitution, après la séparation de biens ou la dissolution du mariage (1). »

C'est encore en s'appuyant sur l'art. 1549, et sans affirmer le droit de propriété du mari, que la Cour de cassation lui accorde la faculté de disposer des meubles dotaux (2).

L'arrêt du 6 décembre 1859, rendu au rapport de M. Laborie, contient un véritable exposé de principes, dans lequel la Cour suprême résume sa jurisprudence précédente et détermine l'étendue des pouvoirs du mari. Nous reproduisons une partie de cet arrêt, à raison de son importance doctrinale : « Attendu que les droits du mari sur la dot excèdent les limites dans lesquelles se circonscrit la sphère d'action d'un administrateur ordinaire, ou même d'un usufruitier ; que le mandat exclusivement conféré au chef de l'association conjugale par la première disposition de la sect. 2, chap. 5, tit. 5, liv. 5, Cod. civ., lui attribue les actions dotales, et ne comporte d'autres restrictions que celles expressément établies par les dispositions subséquentes de la même section ; que, restreint seulement à l'égard des immeubles dotaux, pour lesquels il ne peut aller jusqu'à l'aliénation ou l'hypothèque, si ce n'est dans des cas et sous des conditions rigoureusement déterminées, il n'est soumis à aucune limitation analogue

---

(1) Cass., Ch. civ., 12 août 1846 (Sir., 1846, 1, 602).

(2) Cass., 29 août 1848. — Cass., 18 février 1851. — Cass., 26 août 1851.

en ce qui concerne les valeurs mobilières constituées
en dot ; qu'il eût été contraire au but même du régime
dotal d'assimiler complètement, sous ce rapport, la dot
mobilière à la dot immobilière ; que si la dot immobilière se prête aisément et sans danger à des conditions
d'immuable stabilité pendant la durée de l'association
conjugale, il en est autrement de la dot mobilière ;
que, soumise par sa nature même à des chances diverses
d'altération ou de perte, elle devait, dans les vues du
législateur, comporter tous actes de disposition qui
permettraient au mari d'en faire l'emploi le plus utile
à l'intérêt de la famille ; que, dans le silence de la loi,
il n'y a, à cet égard, aucune raison de distinguer entre
les choses fongibles ou les créances exigibles et les
choses qui ne se consomment pas par l'usage ou les
droits incorporels productifs de revenus à des époques
périodiques ; qu'il peut y avoir utilité, soit à transiger
sur un droit mobilier, en présence ou en prévision
d'un litige, soit à faire cession d'une créance non exigible, soit à convertir, comme dans l'espèce, une rente
viagère en un capital destiné à assurer l'avenir de la
famille ; — Attendu que, sauf les cas de concert frauduleux entre le mari et les tiers, ces appréciations et
ces actes rentrent dans les limites du pouvoir du mari
sur la dot mobilière ; que si, à côté des avantages
d'une administration intelligente et sage, se présentent
les dangers d'une gestion imprudente, c'est aux conventions matrimoniales d'y obvier ; que, à défaut de
stipulations spéciales, il y est pourvu dans la mesure
que la loi a jugée suffisante, par la responsabilité du
mari avec la garantie de l'hypothèque légale sur tous

ses immeubles ; que c'est ce recours hypothécaire de
la femme qui ne peut être aliéné par elle ; qu'ainsi,
pour la femme, la règle de l'inaliénabilité, quant à
la dot mobilière, se traduit dans l'impuissance légale
de renoncer, même avec l'autorisation de son mari, aux
créances résultant pour elle de la responsabilité encourue par celui-ci dans l'exercice du pouvoir d'administration qui lui appartient... (1) »

Le 1er août 1866, la Chambre des requêtes se borne
à rappeler que la jurisprudence a admis le droit pour
le mari de disposer de la dot, de la façon qu'il juge
utile aux intérêts de la femme , et la Cour paraît
rattacher à l'art. 1549 cette faculté de disposition.

En résumé donc, la Cour suprême, et avec elle- la
plupart des Cours d'appel, ont nettement admis, en en
faisant l'application aux diverses espèces qui se sont
présentées devant elles, la règle que le mari peut aliéner les biens dotaux de la femme, sans distinguer, ni
d'après la nature de ces biens, ni d'après celle des actes
d'aliénation. Reconnaissant d'abord au mari un droit
de propriété, la Cour de cassation s'est bientôt aperçue
que cette explication cadrait mal avec les articles du
Code civil relatifs au régime dotal. Mais alors elle a
cru trouver et a persisté à trouver, depuis 1846, la
base de ce droit dans le pouvoir, conféré au mari par
l'art. 1549, d'administrer le patrimoine dotal. Ce changement de vue présente un intérêt pratique. Si le
mari aliène comme administrateur, ses créanciers personnels n'auront pas le droit de saisie ; s'il aliéne les

---

(1) Cass., Ch. civ., 6 décembre 1859 (Sir., 1860, 1, 644).

meubles dotaux, comme à lui appartenant et à titre
de propriétaire, il est bien difficile, disent MM. Aubry
et Rau, de les soustraire à l'action de ses créanciers (1).

L'argument tiré de l'art. 1549 n'est pas le seul sur
lequel s'appuient et la jurisprudence et les auteurs qui
suivent sa doctrine. On invoque aussi les précédents
historiques, et la volonté nettement manifestée par le
législateur de conserver aux pays de droit écrit le régime qui leur était cher. Le système adopté par la
Cour de cassation est, en effet, assez conforme à celui
qui était pratiqué dans les ressorts des Parlements de
Toulouse, d'Aix et de Grenoble, et admis par Serres,
d'Olive, Rousseau de Lacombe, Mallebay de la Mothe,
Roussilhe. On s'explique aisément, par cette concor-
dance, l'adhésion qu'il a rencontrée, dès l'origine, dans
presque toutes les Cours d'appel du midi de la France.
En allant ainsi demander à l'ancien droit la solution
des questions soulevées devant elle, la Cour suprême
s'est conformée à l'esprit de la loi. Elle a suivi les
indications de Cambacérés, de Portalis, d'Albisson. Cet
argument historique est irréfutable et constitue la
meilleure assise de l'édifice élevé par la jurisprudence.

Ce système, ajoutent ses partisans, donne en outre
satisfaction tout à la fois au besoin de progrès et au
besoin de conservation. En permettant au mari d'aliéner
les meubles dotaux, les créances dotales, on évite
l'immobilisation des capitaux, on laisse dans le courant
de la circulation des valeurs considérables, qui serviront à la création de nouveaux capitaux. Le mari peut

_____

(1) Aubry et Rau, 4me édit., § 536, note 3.

profiter des spéculations avantageuses qui s'offrent à lui; son crédit s'augmente et gagne en surface : la fortune de la famille s'accroît, et avec elle la fortune publique.

Le principe de conservation n'est pas moins sauvegardé. L'heureuse impuissance où est la femme de disposer de la créance qu'elle a contre le mari, et de son accessoire, l'hypothèque légale, assure à la famille la fortune par elle apportée. Le vœu de ses parents est rempli : leur fille et ses enfants sont à l'abri du besoin.

Nous examinerons bientôt la valeur de ces arguments et les conséquences pratiques du système de la jurisprudence. Indiquons d'abord les diverses applications qui en ont été faites.

1° *A l'égard du mari*. — Le mari a la libre disposition du mobilier dotal.

En conséquence, il peut, sans le concours de sa femme, céder une créance dotale, alors même qu'elle n'est pas actuellement exigible. Cette doctrine a été inaugurée par un arrêt de rejet de la Chambre civile du 12 août 1846. Cet arrêt admit la validité de la cession d'une créance dotale exigible seulement après le décès des père et mère qui avaient constitué la dot, et déclara que ce transport devait recevoir son exécution, malgré la séparation de biens obtenue par la femme avant l'exigibilité de la créance. Le principe de la validité de la cession consentie par le mari a été, depuis, consacré par de nombreux arrêts (1).

(1) Grenoble, 13 juillet 1848. — Caen, 13 juillet 1848. — Cass., 29 août 1848. — Bordeaux, 26 mai 1849. — Paris, 18 décembre 1849. — Bordeaux, 18 février 1850. — Cass., 18 février 1851. — Cass., 26 août 1851. — Cass., 1er décembre 1851. — Paris, 14 janvier 1854. — Caen, 26 mars 1862. — Cass., 1er août 1866.

La participation du mari à un concordat, à raison de la créance dotale de la femme, n'est de sa part que l'exercice d'un droit légitime valable à l'égard des tiers, sauf sa responsabilité à l'égard de la femme; et le vote du mari à ce concordat emporte, de plein droit, renonciation à l'hypothèque garantissant la créance dotale (1).

Dans une espèce où il s'agissait de la vente d'une rente dotale faite par le mari, agissant en vertu de la procuration de sa femme, la Chambre des requêtes a déclaré la saisie valable : « Les conséquences de la dotalité, en ce qui concerne les valeurs mobilières, porte l'arrêt, se restreignent nécessairement à l'impossibilité pour la femme d'aliéner, même avec le consentement de son mari, les garanties hypothécaires que les dispositions de la loi, et notamment l'art. 2135, lui accordent pour la conservation de la dot. La loi n'autorise à cet égard aucune distinction entre les meubles corporels et les meubles incorporels, non plus qu'entre les capitaux ou les créances à terme et les rentes constituées, lesquels sont formellement déclarés meubles par l'art. 529 cod. civ. (2). »

D'après l'arrêt du 6 décembre 1859 déjà transcrit, le mari a le droit de consentir, moyennant un capital, à l'extinction d'une rente viagère que la femme apportée en dot.

Le mari peut également traiter sur un compte tutélaire dû à sa femme, lorsque celle-ci s'est constitué

(1) Cass., Ch. civ., 26 août 1851 (Sir., 1851, 1, 805).
(2) Cass., Ch. req., 1er décembre 1851 (Sir., 1851, 1, 808).

en dot tous ses biens présents et à venir (1), transiger sur n'importe quels intérêts dotaux, et en particulier sur un capital mobilier litigieux (2), renoncer purement et simplement aux hypothèques garantissant les créances dotales ou faire seulement une cession d'antériorité (3), laisser éteindre par la prescription les créances dotales. Quant aux meubles corporels, le mari peut les aliéner, alors même qu'ils sont restés la propriété de la femme, d'après une clause formelle du contrat de mariage. Il peut en faire l'apport dans une société (4), les livrer à des tiers, qui pourront invoquer l'art. 2279. Mais ces mêmes meubles, pas plus que les incorporels, ne sont saisissables par les créanciers du mari : ce dernier, en effet, n'aliéne pas en qualité de propriétaire, mais seulement comme administrateur.

Toutefois, la Cour a apporté un juste tempérament au pouvoir de libre disposition qu'elle reconnaît au mari, à l'égard de la dot mobilière. « La fraude, dit l'arrêt du 26 mars 1855, fait exception à toutes les règles ; quelle que soit l'étendue des pouvoirs du mari sur les meubles dotaux de la femme, on ne saurait en faire dériver pour lui le droit, suivant son caprice ou ses convenances personnelles, de dépouiller celle-ci de sa fortune mobilière par des actes évidemment contraires à ses intérêts, et empreints, sous ce rapport, à

(1) Montpellier, 20 janvier 1830 (Sir., 1830, 2, 121).

(2) Cass., Ch. civ., 10 janvier 1826 (Sir., 1826, 1, 175).

(3) Grenoble, 13 juillet 1848 (Sir., 1848, 2, 753). — Cass., Ch. civ., 26 août 1851 (Sir., 1851, 1, 805). — Cass., Ch. req., 1er août 1866 (Sir., 1866, 1. 363).

(4) Paris, 14 janvier 1854 (Sir., 1854, 2, 90).

l'égard de la femme, d'un caractère vraiment dolosif. — Si, en général, l'usage inintelligent ou l'abus que le mari fait de son autorité n'engage que sa responsabilité garantie par l'hypothèque légale de la femme, et si l'exécution des actes passés par lui peut même, dans certains cas, être maintenue vis-à-vis des tiers de bonne foi, il en doit être autrement, lorsque cette bonne foi ne se rencontre pas ; que, loin de là, les tiers se sont rendus coupables de l'abus et de la fraude, en y concourant, ou même en la provoquant pour en tirer profit (1). »

2° *A l'égard de la femme.* — Le 1ᵉʳ février 1819, la doctrine de l'inaliénabilité de la dot mobilière, de la part de la femme, autorisée de son mari, était consacrée par le célèbre arrêt de rejet de la Chambre civile. Depuis lors, la Cour de cassation est restée fidèle à ce principe, et voici les conséquences qu'elle en a tirées.

La femme ne peut céder ses reprises dotales ou y renoncer. Elle ne peut davantage, du moins avant la dissolution du mariage ou la séparation de biens, recevoir le remboursement des créances dotales. Le paiement qui en serait fait ne libérerait pas le débiteur (2).

La femme ne peut ni subroger un tiers à l'hypothèque légale qui garantit sa créance en restitution, ni y renoncer soit en totalité soit en partie, ni même consentir une cession d'antériorité (3).

(1) Cass., Ch. civ., 26 mars 1855 (Sir., 1855, 1, 481).
(2) Cass., Ch. civ., 23 août 1854 (Sir., 1855, 1, 104). — Cass., Ch. civ., 12 janvier 1857 (Sir., 1857, 1, 349).
(3) Cass., Ch. req., 28 juin 1810 (Sir., 1810, 1, 341). — Cass., Ch. civ., 13 février 1866 (Sir., 1866, 1, 197). — Cass., Ch. req., 14 novembre 1866 (Sir., 1867, 1, 21).

La femme ne peut donner main-levée des inscriptions destinées à garantir les créances dotales, tant que les débiteurs ne se sont pas libérés, ni acquiescer valablement aux jugements prononçant la radiation de pareilles inscriptions (1).

La femme ne peut ni transiger ni compromettre, même sur les contestations relatives au partage d'une succession non liquidée, sur laquelle elle a des droits qu'elle s'est constitués en dot (2). Elle ne peut non plus faire des aveux ou déclarations de nature à porter atteinte à ses droits dotaux mobiliers.

La femme ne peut se dessaisir de sa dot mobilière par un partage anticipé fait entre tous ses enfants précédemment dotés par elle (3).

La femme ne peut engager ses biens dotaux, et toutes les obligations qu'elle contracte pendant le mariage, soit avec son mari ou pour lui, soit comme seule débitrice, sont nulles en ce qui concerne la dot mobilière, comme elles le sont par rapport aux immeubles dotaux (4). L'exécution de ces obligations ne peut être poursuivie sur la dot ni durant le mariage, avant ou après la séparation de biens, ni postérieurement à la dissolution du mariage, — ni par voie de saisie sur

---

(1) Rouen, 8 février 1842 (Sir., 1842, 2, 271).

(2) Cass., Ch. civ., 23 août 1865 (Sir., 1865, 1, 398).

(3) Cass., Ch. req., 13 avril 1864 (Sir., 1864, 1, 174). — Caen, 11 juin 1869 (Sir., 1870, 2, 36).

(4) Cass., Ch. civ., 1er février 1819 (Sir., 1819, 1, 116). — Paris, 26 août 1820 (Sir., 1820, 2, 84). — Cass., Ch. civ., 2 janvier 1837 (Sir., 1837, 1, 97). — Cass., Ch. civ., 11 mai 1859 (Sir., 1859, 1, 481). — Caen, 26 mars 1862 (Sir., 1863, 2, 62). — Caen, 28 janvier 1865 (Sir., 1865, 2, 257).

les meubles, ni par voie de saisie-arrêt de la créance
en restitution existant contre le mari, ni par voie de
compensation, ni d'aucune autre manière — ni sur le
capital, ni sur les revenus de la dot mobilière (1).
L'acte par lequel la femme ratifierait, pendant le mariage, un engagement rescindable, n'aurait pas plus
de valeur que l'obligation qu'elle contracterait (2).

Mais ces obligations peuvent être exécutées sur les
biens paraphernaux, ou sur les biens qui adviendront
à la femme après la dissolution du mariage (3).

Les héritiers de la femme ne peuvent être poursuivis,
sur les biens précédemment dotaux, à raison de dettes
contractées par la femme. Ils ne peuvent l'être que sur
leurs biens propres et sur les biens qui, pendant le
mariage, étaient des paraphernaux. On a contesté cette
solution, au cas d'acceptation pure et simple de la
succession de la femme, en invoquant les art. 724,
873, 879 cod. civ. Mais la Cour de cassation a répondu
à cette objection, que si l'héritier pur et simple, est
personnellement obligé aux dettes du *de cujus*, ce n'est
point en vertu d'un engagement nouveau et distinct
de celui de son auteur. L'héritier, en effet, est de la
même condition que son auteur ; il en continue la personne. La dette du *de cujus* lui est transmise avec tous
ses caractères. Il en est de même des biens. Ceux-ci

(1) Cass., Ch. civ., 4 novembre 1846 (Sir., 1847, 1, 201). — Cass.,
Ch. req., 12 août 1847 (Sir., 1848, 1, 56). — Cass., Ch. réun., 7 juin
1864 (Sir., 1864, 1, 201).

(2) Cass., Ch. civ., 2 juillet 1866 (Sir., 1866, 1, 315). — Cass., Ch.
civ., 10 décembre 1867 (Sir., 1868, 1, 121).

(3) Cass., Ch. civ., 14 novembre 1855 (Sir., 1856, 1, 455).

ne cessent point à l'égard des créanciers de la femme,
d'être dotaux et indisponibles. Décider autrement serait
tronquer, dénaturer le régime dotal, et, pour être
logique, il faudrait admettre que les héritiers purs et
simples de la femme, ne peuvent faire révoquer l'aliénation de l'immeuble dotal, parce qu'ils ont succédé à
l'obligation de garantie. Or l'art. 1560 dit formellement le contraire. La confusion du patrimoine de l'héritier et de celui du défunt augmente le gage du créancier héréditaire; elle lui permet de se payer sur les biens
personnels de l'héritier. Mais elle ne saurait changer ni
la nature, ni le caractère, ni l'efficacité de la créance.
Celle-ci reste ce qu'elle était envers le défunt (1).

Telles sont les principales conséquences que la jurisprudence a déduites du double principe par elle posé.
Le système qu'elle a créé est-il acceptable? Faut-il lui
donner la préférence sur les deux autres, ou devons-
nous déclarer qu'aucun d'eux ne satisfait ni la raison
ni les intérêts en jeu? C'est ce que nous allons examiner dans la section suivante.

Disons, en terminant cet exposé, que d'après l'art.
163 du décret du 24 août 1793, relatif au Grand-Livre
de la dette publique, le transfert des rentes sur l'Etat,
dont le propriétaire est une femme mariée, ne peut
s'opérer que sur une déclaration faite conjointement
par la femme et le mari. Les actions de la Banque
de France ne peuvent non plus être transférées que
moyennant une déclaration du véritable propriétaire
(art. 4 du décret du 16 janvier 1808).

---

(1) Cass., Ch. civ., 16 décembre 1846 (Sir. 1847, 1, 194).

SECTION QUATRIÈME.

Examen critique des diverses opinions.

La première opinion est évidemment inacceptable. Les conséquences qu'elle engendre (indiquées page 293), toutes naturellement et logiquement déduites de la prémisse posée, sont la condamnation de ce premier système. Sans doute, il est d'une simplicité remarquable, et par elle il séduit au premier abord. Il se prête facilement aux transformations de la fortune mobilière. Sans doute encore, il permet ces spéculations quotidiennes qu'aiment tant et que préconisent les agioteurs ; il facilite les opérations de bourse, où l'on essaie de s'enrichir en un jour. Ce sont justement ces avantages qui doivent le faire repousser. Ils sont la négation même de la dotalité. Ils sont antipathiques à son esprit et en méconnaissent le caractère éminemment conservateur.

Comment, voilà une femme qui a adopté le régime dotal, parce que le seul nom de ce régime éveille une idée de conservation, parce que ce régime a la réputation d'être protecteur, que ses auteurs primitifs l'ont créé et leurs successeurs complété dans le but de garantir la fortune de l'épouse, et c'est là le régime que vous lui offrez, régime où elle est plus mal traitée que la femme commune! Celle-ci, si elle est exposée à voir le mari dissiper les biens communs, a du moins la perspective, l'espérance de participer aux bénéfices que l'emploi judicieux de ses capitaux a pu produire.

Exposée aux chances de perte, elle court aussi les chances de gain. A la femme dotale on fait supporter les risques de perte ; les gains lui sont refusés. Le mari peut la ruiner ; il ne peut pas l'enrichir. Les bénéfices que l'emploi intelligent de ses capitaux aura procurés seront pour l'époux ; mais, en revanche, la femme subira les pertes produites par l'ineptie ou la fureur de la spéculation.

Ce n'est pas tout. Sous ce régime le mari a plus de liberté que sous les autres. Y a-t-il exclusion de communauté, l'époux ne peut aliéner seul (sauf les limites de l'administration) les meubles de la femme, ses créances. Pour que la femme se ruine, il faut au moins qu'elle ait donné son consentement aux actes qui ont englouti sa fortune. En résistant, elle peut sauver quelques débris de son patrimoine. Sous le régime dotal des partisans de la première opinion, le mari est libre de disposer des meubles dotaux, sans le consentement de sa femme.

Peut-on soutenir sérieusement que ce soit là le régime dotal, que réclamèrent avec tant d'insistance les pays du Midi, celui que les auteurs du Code ont voulu consacrer, celui à propos duquel Albisson disait : « J'ai dû ne laisser aucun doute à mes compatriotes méridionaux sur la conservation des lois et des usages qui leur sont justement précieux? » Mais pourquoi s'étonner? Les partisans de l'aliénabilité absolue ne sont-ils pas tous des ennemis, des adversaires du régime dotal? N'est-il pas pour eux un anachronisme, un vieux reste du passé? Comment, avec une pareille prédisposition d'esprit, pourraient-ils en saisir le caractère, en étudier la nature, en déterminer le tempérament?

Si l'inaliénabilité de la dot mobilière est repoussée, quel sera donc le régime qui, en présence d'une dot de cette nature, donnera satisfaction à l'esprit de conservation? Quel est celui qui assurera un père contre les agissements d'un gendre, dont l'esprit d'aventure a besoin d'être réfréné et contenu, ou que l'ignorance des affaires pourrait entraîner à sa ruine? On peut être excellent époux, mari modèle, et ne rien comprendre à ce tourbillonnement des capitaux, où les habiles s'enrichissent au détriment des naïfs. La Bourse est devenue un véritable coupe-gorge, et un père ne pourrait pas empêcher sa fille et son gendre d'aller s'y faire dépouiller! Mais pour atteindre ce but, honnête et moral entre tous, à quel régime ce père prudent pourrat-il s'adresser? A aucun, faudrait-il lui répondre, si la première opinion était vraie; le Code n'a pas songé à votre prévoyance. Achetez des immeubles : le revenu en est mince; mais qu'y faire? les immeubles seuls peuvent être inaliénables. La loi a des mesures de protection pour la femme qui possède une cabane, un arpent de terre; elle n'en a point pour celle qui jouit de cent mille livres de rente en capitaux mobiliers.

Dira-t-on que les époux peuvent stipuler conventionnellement, dans le contrat de mariage, l'inaliénabilité des meubles constitués en dot, et suppléer ainsi à l'insuffisance de la loi. Mais que devient alors ce souci de la circulation de la richesse, de l'expansion du crédit, si l'on admet la validité d'une semblable clause? N'est-elle pas contraire aux besoins de la civilisation moderne, à l'ordre public par conséquent? Si le Code n'eût pas admis les art. 1554 et suivants, est-il bien sûr que les époux pourraient valablement stipuler l'inaliénabilité de la dot immobilière? Si la loi proclame le principe de la liberté des conventions matrimoniales, elle repousse aussi celles qui sont contraires à l'ordre public. Or, pour les théoriciens et les économistes, n'est-il pas contraire à l'ordre public de retirer des biens de la circulation? Ne disent-ils pas tous que l'inaliénabilité est une exception? Est-ce que les exceptions peuvent être étendues? Qui assure les époux, leurs parents, qu'un tribunal imbu des idées de crédit, de circulation, ne déclarera pas contraire à l'ordre public, la clause d'inaliénabilité?

Et c'est avec une telle absence de protection que l'on veut donner satisfaction à l'esprit de conservation! Non, la loi ne peut être ainsi faite; elle ne peut avoir méconnu à ce point les intérêts de la famille, l'avenir des enfants, et par suite les besoins de la société.

La première opinion doit donc être repoussée. Elle n'a aucune chance d'être admise par les tribunaux. Elle fait sourire les praticiens, les hommes d'affaires, qui voient tous les jours le droit en action. Et si le régime dotal gagne du terrain dans les provinces qui l'ignorèrent autrefois, c'est justement à raison de l'inaliénabilité de la dot mobilière. Il n'est pas à présumer que cette opinion fasse rétrograder la pratique dans la voie qu'elle suit. On peut subtiliser avec des textes; on ne domine pas des intérêts.

Faut-il donc s'attacher au système établi par la jurisprudence? Il a en sa faveur sa conformité avec la jurisprudence de la plupart des pays de droit écrit. On peut dire que la Cour de cassation n'a fait que suivre les errements des anciens Parlements, et qu'en cela elle a réalisé les vœux du législateur. Mais la question est de savoir si justement elle n'a pas suivi trop fidèlement ces anciens errements, sans tenir assez de compte des principes nouveaux admis par le Code civil. Quand Rousseau de Lacombe, Serres, Mallebay de la Mothe, proclamaient le droit du mari d'aliéner les meubles dotaux, il n'y avait là pour eux qu'une conséquence de son droit de propriété. Ils étaient logiques. Mais aujourd'hui, peut-on justifier par la même raison le droit que la Cour de cassation reconnaît au mari? Elle l'avait d'abord pensé : elle a bientôt abandonné un principe inexact, et, comme nous l'avons dit, elle s'est rattachée à l'art. 1549.

Voyons si elle peut raisonnablement trouver dans ce texte la base et le fondement de son système. Le mari n'étant plus propriétaire de la dot, et ne pouvant plus aliéner à ce titre, sa qualité d'administrateur l'habilite-t-elle suffisamment? Telle est la question. La Cour de cassation et ses partisans la résolvent affirmativement. Mais la conséquence ne découle pas logiquement du principe. Le mandataire, et le mari n'est qu'un mandataire, à la fois conventionnel et légal, le mandataire n'a pas le droit de faire des actes de disposition (art. 1988). Il lui faut, pour les accomplir, un mandat spécial. Ce mandat particulier, on veut le trouver dans le droit conféré au mari de poursuivre les débiteurs de la dot, et de recevoir le remboursement des capitaux; on en conclut qu'il a qualité pour opérer des cessions-transports, et de ce pouvoir d'aliéner les créances, on tire celui de disposer des meubles corporels. — Mais « poursuivre les détenteurs des meubles corporels, quand cette poursuite est possible, c'est faire un acte qui ne compromet aucunement la situation de la femme, puisqu'il aura pour effet de mettre le meuble revendiqué à la possession du mari, qui a le droit de posséder les meubles dotaux. Poursuivre les débiteurs dotaux, les contraindre à payer, recevoir le remboursement, c'est faire des actes nécessaires et dont le résultat a dû entrer dans les prévisions de la femme, quand elle a fait ses conventions matrimoniales. Il fallait bien qu'à une certaine époque son droit de créance s'éteignît par le paiement, et qu'à ce droit se substituât dans son patrimoine la somme d'argent ou la chose fongible payée par le débiteur. Quand même la femme aurait eu le droit de poursuivre elle-même le débiteur et de recevoir le remboursement, elle aurait dû mettre à la disposition du mari, quasi usufruitier, les valeurs reçues en paiement. — Mais céder une créance, c'est convertir le droit en argent, changer l'usufruit en quasi-usufruit en dehors des conditions normales, souvent avant le temps prévu : c'est faire une opération, qui n'est pas imposée par la nature de la chose dotale. La cession d'une rente ou d'une action est une opération encore moins nécessaire (1). » Céder une créance dotale, c'est accomplir un acte en dehors des prévisions de la femme, c'est dépasser les pouvoirs d'un administrateur.

Au point de vue des textes, le système de la Cour

---

(1) Colmet de Santerre, t. VI, n° 233 *bis*.

suprême est donc répréhensible. La base qu'elle veut lui donner fait défaut. Aucune des qualités du mari ne peut l'habiliter à faire seul des actes de disposition, sauf le cas où un pareil acte rentre évidemment dans la catégorie des actes d'administration.

Défectueux en présence de la loi écrite, le système de la Cour suprême est critiquable dans ses résultats. Si, par les pouvoirs reconnus au mari, il autorise cette circulation des capitaux, cette facilité de transmission si désirée des économistes, s'il n'engendre pas l'immobilité, s'il permet les spéculations fructueuses, il a le tort grave de mettre la fortune de la femme entièrement à la discrétion du mari. Sauf les cas de fraude, à l'égard desquels, du reste, la preuve est difficile, le mari peut disposer à son gré de la dot mobilière. Au point de vue l'*elegantia juris*, n'est-il pas bizarre que le mari ait des pouvoirs plus étendus sous le régime dotal que sous celui de la communauté? Sous ce dernier, que les pays de droit écrit repoussaient comme imprévoyant, comme abandonnant aux caprices du mari le sort de la famille entière, sous le régime de la communauté, le mari ne peut vendre un meuble, céder une créance réservés comme propres à la femme, sans le consentement de celle-ci; de même, sous le régime exclusif de communauté. Sous le régime dotal, le mari serait capable de disposer seul de tous les meubles constitués en dot! La femme a, il est vrai, un recours contre lui, garanti par une hypothèque, et c'est là la différence existant avec les autres régimes, recours et garantie auxquels elle ne peut ni renoncer ni porter atteinte. Mais pour que le système de la Cour suprême produise quelque efficacité, il faut supposer le mari solvable, ou possédant des immeubles non grevés d'hypothèques antérieures au mariage. Or, le plus souvent, aujourd'hui, se rencontrent les deux circonstances suivantes : la dot de la femme est mobilière et le mari ne possède pas d'immeubles ; l'hypothèque légale de la femme, la seule garantie que lui laisse le système de la jurisprudence, frappe dans le vide. Et le régime dotal ainsi entendu, n'est plus ce régime protecteur, dont parlaient Henrys et nos anciens auteurs, qui assure la femme et la famille contre les prodigalités du mari. Aussi M. Bellot des Minières s'écrie-t-il, qu'un père n'osera plus marier sa fille sous ce régime, s'il n'a qu'une dot mobilière à lui donner. Et notre savant maître M. Rodière faisait remarquer, avec beaucoup de finesse, que d'un régime protecteur des intérêts de la femme, la Cour suprême était arrivée, surtout dans les arrêts de 1866, à faire un régime protégeant le mari contre les actes de la femme.

L'opinion qui enseigne que la dot mobilière est *absolument inaliénable,* tant à l'égard du mari qu'à l'égard de la femme, est plus conforme que les autres au caractère, s'harmonise mieux avec le tempérament du régime dotal. Elle accorde réellement aux intérêts de la femme, la protection que celle-ci est venue demander à ce régime. En plaçant le mari et la femme dans l'impuissance d'aliéner (sauf dans la mesure d'un acte d'administration) les meubles dotaux, corporels ou incorporels, ce système atteint le but proposé : la conservation de la fortune de la femme. L'analogie, la similitude est complète entre la dot mobilière et la dot immobilière. Le régime dotal, entendu de cette façon, est harmonique dans toutes ses parties ; ainsi l'avaient compris le Parlement de Bordeaux, les coutumes de la Marche et de l'Auvergne, et plusieurs de nos anciens jurisconsultes. Les textes de la loi n'y sont point nettement contraires.

Mais on se récrie : ce système est irréalisable en pratique, dit-on ; il entrave la circulation des valeurs mobilières ; il immobilise des capitaux ; il s'oppose à ce que les époux puissent éviter les risques nombreux auxquels sont sujets les meubles, prévenir une baisse inévitable, profiter d'une hausse inespérée. Loin d'être toujours favorable à la femme, ce système sera souvent contraire à ses intérêts bien entendus, et s'opposera à la bonne administration d'un mari soigneux et intelligent.

Ces critiques, dont nous ne contestons pas la valeur, nous les connaissons. Elles ne sont pas spéciales au système de l'inaliénabilité de la dot mobilière. Elles s'adressent au régime dotal tout entier. Or, la question actuelle n'est pas de savoir si le régime dotal est mauvais ou s'il est avantageux, mais de déterminer quel est, relativement à la dot mobilière, le système le plus conforme au caractère du régime dotal. Celui qui proclame l'inaliénabilité absolue de la dot mobilière, traite cette dot comme la loi écrite traite la dot immobilière.

Du régime dotal il a tous les inconvénients, mais aussi tous les avantages. Il en respecte l'esprit, la pensée dominante. Or, il ne faut pas l'oublier, c'est le régime dotal que les parties contractantes ont stipulé dans le contrat de mariage; c'est à ce régime, avec ses qualités ou ses vices, que les époux ont donné la préférence.

Est-ce à dire que notre esprit soit entièrement satisfait par ce système de l'*inaliénabilité absolue* de la dot mobilière? Pas plus qu'il ne l'est par la même inaliénabilité appliquée à la dot immobilière. Qu'on le remarque bien : nous ne séparons pas ces deux espèces de dot ; nous voulons pour elles le même traitement.

Comment donc pallier les inconvénients résultant, à côté d'avantages incontestables, soit du système de la jurisprudence, soit de celui de l'inaliénabilité absolue? Pour le premier, on a proposé d'exiger le consentement de la femme aux actes d'aliénation du mari. Palliatif impuissant. Quiconque a vu de près les affaires, le droit appliqué aux actes de la vie des familles, sait que la femme ne refusera jamais son consentement. Comme le disait M. Siméon au Corps Législatif, ce consentement, l'autorité maritale l'obtient presque toujours. Tout y pousse la femme : son ignorance des affaires, son affection et sa confiance dans son mari. Elles sont rares les femmes, qui vont demander à l'avocat ou au notaire de les éclairer sur leur droit. Une pareille démarche implique, à l'égard du mari, une méfiance qu'un législateur ne peut présumer, et qui n'est pas de nature à maintenir la paix et l'union dans le ménage. Aimante et dévouée, la femme obéira aveuglément aux désirs de son mari.

Mais il est un correctif dont l'heureux effet s'applique également, quoique en sens inverse, à faire disparaître les vices du système de la jurisprudence et ceux du système de l'inaliénabilité absolue. C'est la clause d'*emploi* ou de *remploi*. Que, dans le contrat de mariage, on déclare les meubles (et les immeubles dans le cas de dot immobilière) aliénables à charge de remploi, qu'on indique des valeurs sûres en lesquelles le remploi devra être effectué, et le régime dotal perd ses inconvénients pour ne garder que ses avantages. La femme, d'une part, est assurée contre l'insolvabilité du mari ; car les tiers, intéressés à surveiller les actes de l'époux (voir page 250), ne se libéreront entre ses mains du prix des meubles ou du montant de leurs dettes, qu'en exigeant la justification d'un remploi régulier et conforme au contrat de mariage. Ainsi est corrigé le vice, disparaît le danger, inhérents au système de la jurisprudence. D'autre part, la possibilité d'aliéner les meubles dotaux, fait cesser les inconvénients reprochés à l'inaliénabilité absolue. Les valeurs mobilières dotales ne seront plus indéfiniment soustraites à la circulation : les époux pourront profiter, sans danger pour la fortune de la femme, des fluctuations du marché des capitaux.

Si l'on objecte que cette clause engendre des entraves, peut devenir gênante dans certains cas donnés, nous répondrons que la plus parfaite institution présente toujours des inconvénients. Si l'on veut la liberté absolue, qu'on ne stipule pas le régime dotal : mais si l'on désire sa protection, qu'on en accepte les conditions essentielles.

Les praticiens, avec ce flair particulier que développe le maniement des affaires, ont bien vite compris tous les avantages que présente la clause d'emploi, dans l'intérêt bien entendu des deux époux. Aujourd'hui un notaire, digne de ce titre, ne néglige jamais de conseiller l'insertion de cette clause aux parties qui adoptent le régime dotal ; et celui que consulte un père, soucieux de l'avenir de son enfant, doit lui indiquer le régime dotal, mitigé par la clause conventionnelle d'emploi.

Mais les deux systèmes, celui de la jurisprudence et celui de l'inaliénabilité absolue, ont un point commun : l'impuissance où est la femme, même autorisée du mari, soit à compromettre par un acte quelconque la créance qu'elle a contre le mari, débiteur de la dot, ou l'hypothèque légale qui la garantit, soit à contracter des dettes qui seraient exécutées sur cette même dot.

Quel est le caractère, la nature de cette heureuse impuissance, comme la qualifie la Cour de cassation?

SECTION CINQUIÈME.

Nature de la nullité des actes de la femme dotale.

Si la femme, mariée sous le régime dotal, est impuissante à diminuer ou à compromettre, par ses actes, sa créance contre le mari, à aliéner son hypothèque légale, quelle est la cause de cette impuissance? Si les dettes, par elle contractées avec l'autorisation du mari, ne peuvent s'exécuter sur les biens dotaux, quelle est la cause de cet empêchement? Nous réunissons les deux questions, car il est évident que cette double impuissance, propre et spéciale au régime dotal, doit avoir la même origine, s'expliquer par les mêmes raisons. En effet, contracter des dettes, c'est aliéner par une voie détournée ; c'est remplacer la vente ou la cession volontaire par la vente ou la cession forcée en perspective ; c'est toujours aliéner. La cause de la nullité des actes de la femme est donc, doit être la même dans les deux cas prévus. Nous insistons sur cette remarque préliminaire, parce qu'elle nous paraît de nature à faciliter la solution des questions posées, et à nous guider dans le choix à faire entre les opinions produites dans la controverse élevée sur ce point.

M. Gide, dans son beau livre, *De la condition privée de la femme*, couronné par l'Institut, a soutenu la thèse suivante : L'inefficacité des engagements de la femme dotale, tient à une incapacité spéciale, particulière au régime dotal ; *incapacité* dans le sens propre du mot, affectant la personne elle-même, et réfléchissant par voie de conséquence sur les biens. Cette incapacité est même la caractéristique du régime dotal ; c'est elle, et non une affectation spéciale des biens, qui lui donne sa physionomie particulière. C'est encore le sénatus-consulte Velléien, qui, quoique ostensiblement abrogé, fait sentir son influence latente et secrète.

Le meilleur moyen de juger une doctrine consiste à en examiner les conséquences logiques. Voyons si celles qui découlent de l'opinion adoptée par le savant professeur sont toutes acceptables. M. Gide admet que :

1° L'obligation contractée par la femme, durant le mariage, étant nulle dans son principe, reste nulle même après le décès de la femme. Tous ses héritiers, soit directs, soit collatéraux, peuvent se prévaloir de cette nullité et profiter ainsi d'un privilége qui n'a pas été établi en leur faveur.

2° Cette obligation reste inefficace, même dans le cas où la femme ou ses héritiers, après la dissolution du mariage, viendraient à échanger les biens qui composaient la dot, contre de nouveaux biens.

3° L'obligation souscrite, pendant le mariage, par une femme qui s'est constitué en dot tous ses biens, est nulle, même à l'égard de ceux qui viendraient à lui échoir après la dissolution du mariage.

4° Enfin, l'obligation contractée par la femme, relativement à son bien dotal, est nulle, même en ce qui concerne son bien paraphernal.

Ces deux dernières conséquences, la quatrième surtout, mettent à jour le côté vulnérable de la doctrine de l'éminent professeur. Comment, le bien paraphernal, directement aliénable, à titre onéreux ou à titre gratuit, pendant la durée du mariage, ne pourra pas être donné en gage aux créanciers de la femme ! Celle-ci pourra vendre ou hypothéquer l'immeuble paraphernal, et elle ne pourra pas le soumettre au droit de gage général, tacite, de ses créanciers ! Comment, les biens advenus à la femme après la dissolution du mariage, qui n'ont par suite jamais été dotaux, vont ainsi profiter de l'immunité attachée à la dot ! De ce que, pendant le mariage, les biens compris dans le patrimoine dotal n'étaient pas saisissables, pour les dettes concomitantes au mariage, il va s'ensuivre que tout bien, quel qu'il soit, à quelque époque qu'il entre dans ce patrimoine, sera soustrait à l'action des créanciers ! Et pourquoi ? Parce que la femme dotale est *personnel-*

lement incapable, frappée d'une incapacité spéciale, distincte de l'incapacité générale, qui atteint toute femme mariée.

Où trouve-t-on l'indication de cette incapacité? Pas dans notre ancien droit assurément. Henrys, Boucheul, Roussilhe, enseignent que les engagements contractés par la femme peuvent s'exécuter sur les biens extra-dotaux (1). Elle n'existe pas davantage dans le droit actuel. « La capacité personnelle de la femme mariée, dit M. Demolombe, est déterminée par un grand nombre d'articles du Code civil (art. 215, 1124, 1125, 1431, 1449). Il résulte de ces articles deux choses. La première, que la femme mariée ne peut pas en général, et sauf quelques exceptions, s'obliger sans l'autorisation de son mari ou de justice. La seconde, qu'au contraire, avec cette autorisation, elle devient aussi capable de s'obliger, que si elle était libre. Cette seconde proposition est vraie sous tous les régimes; il n'y a, encore une fois, rien de spécial à cet égard pour le régime dotal; et la femme, sous ce régime, comme sous les autres, s'oblige valablement avec l'autorisation de son mari (2). »

Oui, comme toute autre, la femme dotale s'oblige valablement avec l'autorisation du mari ou de justice. Qu'a donc de particulier sa situation? Ceci : que tandis que les autres femmes peuvent soumettre, en contractant des dettes, tout leur patrimoine au droit de gage

_____

(1) Henrys, t. II, *Quest.* 141, p. 177. — Boucheul, *Coutume de Poitou*, art. 230. — Roussilhe, *Dot*, t. I, p. 435.

(2) Demolombe, *Revue de Législation*, année 1835, t. II, p. 282 à 288.

tacite de leurs créanciers, la dot de la femme dotale échappe à ce droit de gage.

Indisponible, la dot ne peut être l'objet, ni d'une aliénation directe, telle qu'une vente ou une cession, ni de l'aliénation indirecte, qui consiste à créer un droit de gage exprès ou tacite. La dot est indisponible, parce qu'elle a reçu une affectation spéciale. C'est pour subvenir aux besoins de la famille dans le présent et dans l'avenir, qu'elle a été constituée; et pour assurer ce service, on a rendu les biens inaliénables. Ce sont les biens eux-mêmes, qui sont frappés, qui sont atteints. Par voie de conséquence, le propriétaire de ces biens sera privé de la faculté d'en disposer; mais la cause de la nullité de l'aliénation ne réside pas en sa personne : elle est dans le caractère attribué aux biens. Un grevé de substitution permise ne peut pas aliéner les biens compris dans la substitution. Dira-t-on qu'il est incapable? Non, ce sont les biens qui sont indisponibles, et cette indisponibilité rend le grevé impuissant à aliéner. Il en est de même à l'égard de la femme dotale.

N'est-ce pas jouer sur les mots que de dire, avec quelques auteurs, que sous le régime dotal il y a une incapacité se mesurant et se restreignant aux biens dotaux, qu'il n'y a pas indisponibilité de ces biens? Il est impossible d'adhérer à un pareil langage, et d'admettre qu'une *incapacité* n'atteigne pas toute la personne, que la mesure de cette *incapacité restreinte* soit donnée par la nature des biens. Si c'est aux biens qu'il faut s'attacher pour déterminer le pouvoir de disposer de leur possesseur ou de leur propriétaire, c'est une ques-

tion d'*indisponibilité* qui s'agite. On est *incapable*, quand
on ne peut aliéner ou engager, en tout ou en partie,
ses biens, de quelque nature, de quelque espèce qu'ils
soient. L'obstacle réside en la personne et réfléchit
sur les biens. Au contraire, quand c'est l'espèce, la
nature des biens qui va déterminer si le propriétaire
en peut disposer, à titre gratuit ou à titre onéreux, le
propriétaire n'est plus un incapable, mais les biens
sont *indisponibles*. L'obstacle réside en eux, et réfléchit
sur la personne du possesseur. Or, la femme dotale
est libre d'aliéner et d'engager ses paraphernaux ; c'est
là l'ancien droit, la jurisprudence constante : elle n'est
donc pas *incapable*. Elle ne peut aliéner ni engager les
biens dotaux, à raison de leur caractère : ces biens
sont *indisponibles*.

C'est à l'idée d'indisponibilité qu'il faut s'attacher
pour expliquer la situation particulière faite à la
femme dotale. C'est le caractère, la nature du bien
qui s'oppose à l'aliénation, soit directe comme la vente,
la cession, la subrogation, la renonciation à la créance
dotale, soit indirecte comme la constitution d'un gage.
Si la loi interdit l'hypothèque de l'immeuble dotal, ce
n'est pas que la constitution d'une hypothèque soit par
elle-même une aliénation, c'est parce qu'elle y conduit,
par une voie détournée, mais fatale. Dira-t-on que la
femme ne peut pas aliéner l'immeuble dotal parce
qu'il est indisponible, et qu'elle ne peut pas l'hypothéquer parce qu'elle est incapable ? Evidemment non : ce
serait antijuridique. Pourquoi traiter autrement le gage
tacite de l'art. 2092 ?

Mais, ajoute-t-on, si l'on s'attache à l'idée d'*indispo-*

nibilité, on arrive à des conséquences inadmissibles, que la jurisprudence repousse avec raison. C'est ce que nous allons examiner, et nous verrons si ces conséquences inacceptables se produisent nécessairement, ou si elles n'ont pas été trop facilement admises, à titre de déductions logiques.

1° L'exécution de l'obligation contractée par la femme, pendant le mariage, avec l'autorisation du mari ou de justice, peut être poursuivie sur les paraphernaux (1).

2° Si la femme s'est constitué en dot tous ses biens présents et à venir, ses créanciers personnels peuvent poursuivre leur paiement sur les biens advenus à la femme, depuis la dissolution du mariage, ainsi que sur ceux qui auraient été donnés, pendant le mariage, sous la condition expresse qu'ils ne seraient pas dotaux. Ces biens n'ont jamais été frappés d'indisponibilité. La femme a toujours eu le pouvoir de les aliéner directement ; ils ont donc été atteints par le droit de gage général et tacite des créanciers, dès leur entrée dans le patrimoine de la femme (2).

3° L'exécution de l'obligation contractée par la femme pendant le mariage, ne peut être poursuivie sur les biens dotaux, ni par voie de saisie, de saisie-arrêt, ni sous forme de compensation. Les biens dotaux, étant indisponibles entre les mains de la femme, n'ont pas pu être atteints par le droit de gage des créanciers.

(1) Cass., Ch. civ., 29 juin 1842 (Sir., 1842, 1, 737). — Cass., Ch. civ., 14 novembre 1855 (Sir., 1856, 1, 455).

(2) Cass., Ch. civ., 7 décembre 1842 (Sir., 1843, 1, 131). — Bordeaux, 12 mai 1868 (Sir., 1869, 2, 33).

Or, c'est de ce droit de gage général et tacite que découle le droit pour les créanciers de saisir ou de compenser. Pas de gage, pas de saisie, pas de transformation en argent (1).

4° Par les mêmes raisons, l'acte par lequel une femme dotale ratifierait, pendant le mariage, un engagement antérieur, rescindable ou annulable, n'aurait aucune efficacité à l'égard des biens dotaux (2).

5° Le mariage est dissous ; l'obligation, contractée par la femme pendant le mariage, pourra-t-elle être exécutée sur les biens, jadis dotaux, devenus libres entre les mains de la femme ? — Si vous n'adoptez pas l'idée d'incapacité de la femme, nous dit-on, vous devez répondre affirmativement, car le droit de gage des créanciers va s'étendre à ces biens, devenus disponibles. Vous vous heurtez à la jurisprudence ; vous détruisez le régime dotal en permettant des aliénations reculées, déguisées sous forme d'emprunt. — Non ; il n'est pas nécessaire de déclarer la femme incapable pour décider, avec la jurisprudence et le bon sens, que les créanciers ne peuvent pas saisir après la dissolution du mariage. Le principe d'indisponibilité suffit. Quand nos adversaires disent que le droit de gage atteint les biens après la dissolution du mariage, ils commettent une grosse erreur. A quel moment faut-il se placer pour décider si un droit de gage ou d'hypothèque a atteint un bien ? Au moment de la constitution

(1) Cass., Ch. civ., 4 novembre 1846 (Sir., 1847, 1, 201). — Cass., Ch. req., 12 août 1847 (Sir., 1848, 1, 56).

(2) Cass., Ch. civ., 2 juillet 1866 (Sir., 1866, 1, 315). — Cass., Ch. civ., 10 décembre 1867 (Sir., 1868, 1, 121).

et non à celui de l'exécution réclamée par le créancier.
On ne dira pas que le créancier qui a obtenu une
hypothèque sur un immeuble dotal, peut la faire valoir,
parce que, au moment où il exerce son droit, le bien
a perdu son caractère. On dira, au contraire, que l'hypothèque est nulle, parce que le bien était indisponible
lors de la constitution. Pourquoi traiterait-on autrement le droit de gage général des art. 2092 et 2093?
Quand la femme a contracté, s'est rendue débitrice,
elle n'a pu créer ni droit de gage spécial, ni droit de
gage général. — Mais, objecte-t-on, ce droit de gage
général s'applique aux biens dotaux, à la dissolution du
mariage, comme *biens à venir*. Non, répondrons-nous :
non, ces biens ne sont pas des biens à venir ; par ces
expressions, le législateur a voulu indiquer les biens
qui ne figuraient pas encore dans le patrimoine lors de
l'engagement du débiteur. Mais les biens dotaux rentrent
dans la catégorie des biens présents ; or, en cette qualité, ils n'ont pu être frappés du droit de gage des
créanciers ; ils en sont indemnes à tout jamais.

L'indisponibilité, pendant le mariage, ne serait qu'un
leurre, s'il était aussi facile d'aliéner les immeubles ou
les meubles dotaux, en se contentant de reculer l'effet
de l'aliénation indirecte à la dissolution du mariage (1).

6° L'indisponibilité des biens dotaux s'opposant à
ce qu'ils soient atteints par le droit de gage des créanciers de la femme, contemporains du mariage, ces biens

---

(1) Cass., Ch. civ., 30 août 1847 (Sir., 1847, 1, 740). — Paris, 7 mars
1851 (Sir., 1851, 2, 289). — Douai, 27 juillet 1853 (Sir., 1854, 2, 181).—
Bordeaux, 23 mars 1865 (Sir., 1865, 2, 334). — Cass., Ch. civ., 18
août 1869 (Sir., 1870, 1, 69).

en resteront affranchis, en quelques mains qu'ils passent. Les créanciers de la femme ne pourront pas saisir entre les mains de ses héritiers. Ces derniers ne pourront être poursuivis que sur leurs paraphernaux et sur leurs biens personnels, s'ils ont accepté purement et simplement la succession de la femme. Au contraire, les créanciers *personnels* des héritiers pourront saisir et faire vendre les biens, autrefois dotaux, car ces biens sont entrés libres et disponibles dans le patrimoine de leurs débiteurs (1).

7° L'obligation contractée par la femme, après la dissolution du mariage, peut être exécutée sur les biens jadis dotaux. Ils ne sont plus indisponibles; le droit de gage des créanciers peut les atteindre, tout comme le ferait un droit de gage, constitué expressément, ou un droit d'hypothèque.

8° Après la dissolution du mariage, la femme peut, en renouvelant son engagement, faire acquérir à son créancier le droit de gage général qu'il n'avait pu obtenir, pendant le mariage, sur les biens qui étaient dotaux.

9° L'obligation contractée par la femme, avant le mariage, qui a acquis date certaine, peut être exécutée, pendant le mariage, sur les biens constitués en dot. A l'époque de l'engagement, les biens étaient disponibles entre les mains de la femme. Le droit de gage des créanciers les atteint. Or, la femme, par un acte postérieur de sa volonté, l'adoption du régime dotal, ne peut pas plus détruire ce droit de gage qui, pour être

(1) Cass., Ch. civ., 16 décembre 1846 (Sir., 1847, 1, 194). — Cass., Ch. civ., 30 août 1847 (Sir., 1847, 1, 740). — Paris, 16 janvier 1858 (Sir., 1858, 2, 502). — Bordeaux, 23 mars 1865 (Sir., 1865, 2, 334).

tacite et général, n'en est pas moins un droit acquis, qu'elle ne pourrait porter atteinte à un droit de gage formel ou à une hypothèque antérieurs au mariage (art. 1558) (1).

10° Que décider à l'égard des obligations résultant de délits commis par la femme, ou de quasi-contrats, consistant dans le fait d'autrui? Les créanciers pourront en poursuivre l'exécution sur les biens dotaux. L'indisponibilité met seulement obstacle aux actes d'aliénation volontaire, dans lesquels l'aliénation est le but, apparent ou dissimulé, recherché dans l'acte accompli. Il n'est pas besoin de recourir à l'idée d'incapacité pour justifier cette solution. Mais il est bien entendu, que les créanciers ne pourront poursuivre les biens dotaux qu'après absorption et insuffisance, ou dans le cas d'absence de paraphernaux. Dans la doctrine de l'incapacité, la femme devenant *doli capax*, cette restriction ne peut pas être faite ; elle manque de base. Notre solution est plus conforme à l'esprit du régime dotal (2).

11° L'obligation contractée par la femme, pendant le mariage, ne pourra pas être exécutée sur le bien qui, après la dissolution du mariage, a été échangé avec le

(1) Montpellier, 6 mars 1844 (Sir., 1845, 2, 11).

(2) Rouen, 12 janvier 1822 (Sir., 1825, 2, 162). — Nîmes, 28 août 1827 (Sir., 1828, 2, 201). — Cass., 17 août 1839 (Sir., 1840, 2, 12). — Cass., Ch. civ., 4 mars 1845 (Sir., 1845, 1, 513). — Cass., Ch. req., 23 juillet 1851 (Sir., 1851, 1, 576). — Cass., Ch. req., 23 novembre 1852 (Sir., 1852, 1, 769). — Rouen, 21 mai 1853 (Sir., 1856, 2, 428). — Montpellier, 2 mai 1854 (Sir., 1854, 2, 687). — Cass., Ch. req., 24 décembre 1860 (Sir., 1861, 1, 983). — Cass., Ch. req., 23 avril 1861 (Sir., 1861, 1, 784). — Cass., Ch. civ., 15 juin 1864 (Sir., 1864, 1, 363). — Agen, 6 février 1865 (Sir., 1865, 2, 240). — Cass., Ch. civ., 20 juillet 1870 (Sir., 1871, 1, 69).

bien dotal. L'échange entraîne une subrogation réelle, qui fait succéder le bien nouvellement acquis au caractère, à la nature juridique du bien échangé.

Nous ne donnerions pas la même solution au cas où, toujours postérieurement à la dissolution du mariage, on vendrait les biens jadis dotaux, pour, avec le prix, en acquérir d'autres. Il n'y a plus de subrogation ; il ne peut y avoir de remploi, une fois le mariage dissous. Les créanciers pourront saisir les nouveaux biens. Décider le contraire, serait faire survivre la faculté de remploi à la dissolution du mariage ; or, c'est précisément là l'impossible. Dira-t-on que cette solution contredit la précédente ? Nous ne le pensons pas. Autre chose est l'échange, autre chose le remploi. Si la loi distingue si soigneusement ces deux opérations, c'est qu'elles ont un caractère différent. Quoi d'étonnant qu'elles n'engendrent pas les mêmes effets ?

12° L'impuissance où est la femme de pouvoir aliéner sa créance dotale directement ou indirectement, étant une conséquence de l'indisponibilité, disparaîtra lorsque la loi permet de disposer des immeubles dotaux. Il y a mêmes raisons de décider. La femme peut céder son action en reprise, subroger à l'hypothèque légale, s'obliger sur la dot, par exemple, pour établir un enfant, tirer le mari de prison, fournir des aliments à la famille, etc. Les articles qui énumèrent ces exceptions, ne parlent pas seulement des immeubles dotaux, mais des biens dotaux en général. Il n'y a d'ailleurs aucun motif pour restreindre une pareille décision à la dot immobilière (1).

(1) Bordeaux, 22 novembre 1832 (Sir., 1833, 22, 584).

En vain prétendrait-on, comme le fait M. Troplong (1), que l'art. 1558 est spécial à la femme, alors que l'art. 1554, auquel il est destiné à faire exception, met le mari et la femme sur la même ligne ; que, d'ailleurs, les formalités d'affiches et d'enchères, prescrites par l'art. 1558, sont inapplicables à des meubles. Nous répondrons que l'hypothèque de l'immeuble dotal ne comporte pas ces formalités, et cependant personne n'a soutenu que les immeubles dotaux ne puissent être hypothéqués, dans les cas prévus par les art. 1558 et suivants. Le principe est certain, incontestable. Pour les détails d'exécution, le juge appelé à appliquer le principe, les règlera comme il l'entendra. La jurisprudence des pays de droit écrit était nettement fixée en ce sens (2), et la Cour de Bordeaux a adopté la même solution le 22 novembre 1832.

13° Libres de repousser le régime dotal, les époux ont aussi la liberté de restreindre, par des clauses dérogatoires, l'indisponibilité qui frappe les biens meubles constitués en dot. Mais ces clauses doivent être expresses ; elles doivent aussi être interprétées restrictivement, car elles sont de véritables exceptions apportées au principe fondamental du régime accepté par les conjoints. La jurisprudence a fait de fréquentes applications de cette règle d'interprétation. Ainsi, elle a jugé que la faculté d'aliéner les immeubles dotaux, accordée

(1) Troplong, *Contrat de mariage*, t. IV, n° 3444.

(2) Despeisses, *De la Dot*, sect. 2, n° 33. — Chabrol, *Coutume d'Auvergne*, t. II, p, 245 et 246. — Catelan, liv. 4, ch. 1. — Julien, *Eléments de jurisp.*, p. 57, n° 29. — Dupérier et son annotateur, *Questions notables*, p. 23 et suiv.

par le contrat de mariage, ne doit pas être étendue
à la dot mobilière. La Cour de cassation a, en conséquence, invalidé une subrogation consentie par la femme
à son hypothéque légale, et la Cour d'Amiens, statuant
sur le renvoi, a jugé dans le même sens (1). »

La réserve d'aliéner ou d'engager les biens dotaux,
n'emporte pas pour la femme la faculté de céder ses
reprises ou de subroger à son hypothéque légale (2).
Comme le font observer MM. Aubry et Rau, « la réserve
de la faculté d'aliéner les biens dotaux n'est pas incompatible avec le but du régime dotal, qui doit protéger
la femme contre la conséquence des engagements qu'elle
contracterait dans l'intérêt ou sous l'influence de son
mari. Au contraire, la faculté laissée à la femme de
céder ses reprises, ou de renoncer à son hypothèque
légale, irait directement contre le but du régime dotal,
dont elle serait, en quelque sorte, la négation. Cette
faculté ne saurait donc être considérée comme comprise
dans celle d'aliéner les biens dotaux, ou comme en dé-
coulant, par voie de conséquence, et il faudrait, pour
en admettre la réserve, une clause spéciale et formelle (3). »

(1) Cass., Ch. civ., 2 janvier 1837 (Sir., 1837, 1, 97). — Amiens,
19 avril 1837 (Sir., 1837, 2, 397). — Caen, 28 juillet 1865 (Sir., 1865,
2, 257).

(2) Riom, 22 décembre 1846 (Sir., 1847, 2, 195). — Cass., Ch civ.,
16 décembre 1856 (Sir., 1857, 1, 582). — Cass., Ch. civ., 4 juin 1866
(Sir., 1866, 1, 281). — Cass., Ch. civ., 2 juillet 1866 (Sir., 1866, 1, 315).
— Cass., Ch. req., 1er août 1866 (Sir., 1866, 1, 363). — Cass., Ch. req.,
21 août 1866 (Sir., 1866, 1, 428). — Cass., Ch. civ., 17 décembre 1866
(Sir., 1867, 1, 114). — Cass., Ch. req., 7 avril 1868 (Sir., 1868, 1, 270).

(3) Aubry et Rau, 4me édit., § 537, note 65.

14° L'impuissance de la femme dotale n'existe qu'à l'égard des actes entre vifs. Elle peut disposer de sa dot mobilière par testament. Le droit du légataire ne naîtra qu'à un moment où l'indisponibilité n'existe plus.

Faisons enfin remarquer que la loi du 10 juillet 1850 apporte une dérogation au principe de l'indisponibilité des biens dótaux. Cette loi a eu pour but de prévenir certaines fraudes assez fréquentes. Avant cette époque, la femme dotale pouvait déclarer aux tiers, avec lesquels elle voulait contracter, qu'elle s'était mariée sans contrat, et par conséquent qu'elle était régie par les règles de la communauté. Les tiers, privés de tout moyen de vérifier l'exactitude de cette déclaration, étaient placés dans l'alternative, ou de ne pas contracter s'ils avaient quelque défiance, ou d'en passer par la déclaration de la femme. Plus tard, lorsqu'ils voulaient poursuivre l'exécution de l'obligation, la femme leur opposait l'acte notarié établissant qu'elle était mariée sous le régime dotal, et que ses biens étaient inaliénables. Elle était, il est vrai, responsable du dol commis par elle. Mais si, et le cas était fréquent, elle n'avait pas de paraphernaux, cette nouvelle obligation en dommages et intérêts n'était pas susceptible d'exécution.

La loi du 10 juillet 1850, due à l'initiative de MM. Demante et Valette, a édicté, pour conjurer cette fraude, les dispositions suivantes : « L'officier de l'état civil interpellera les futurs époux, ainsi que les personnes qui autorisent le mariage, si elles sont présentes, d'avoir à déclarer s'il a été fait un contrat de mariage, et, dans le cas de l'affirmative, la date de ce contrat, ainsi que les noms et lieu de résidence du notaire qui l'aura reçu (addition à l'art. 75 cod. civ.). » D'après l'art. 76, la déclaration faite sur l'interpellation précédente, doit être énoncée dans l'acte de mariage. Le paragraphe additionnel de l'art. 1391 est ainsi conçu : « Toutefois, si l'acte de célébration du mariage porte que les époux se sont mariés sans contrat, la femme sera réputée, à l'égard des tiers, capable (1) de contracter dans les termes du droit commun, à moins que, dans l'acte qui contiendra son engagement, elle n'ait déclaré avoir fait un contrat de mariage. »

Voici donc l'économie de la loi : il peut se présenter trois hypothèses :

1° Les tiers, qui ont contracté avec la femme, qui ont accepté la cession de sa créance, obtenu une subrogation ou renonciation à l'hypothèque légale, se verront opposer efficacement, par la femme, l'indisponibilité des biens dotaux. Ils ont commis une imprudence, en ne recourant pas à l'acte de célébration du mariage, dont ils pouvaient exiger communication de l'officier de l'état civil. Ils y auraient vu qu'un contrat notarié avait été dressé, et ils auraient pu sommer la femme de le produire, avant de traiter avec elle. Qu'ils supportent les conséquences de leur inadvertance.

2° Les formalités n'ont pas été remplies. L'acte de célébration porte que les époux se sont mariés *sans contrat*. Les tiers sont à l'abri. Les actes faits avec la femme sont inattaquables. A leur égard, son patrimoine

---

(1) Les rédacteurs de la loi, imbus de l'idée dominante à la Faculté de Paris, qu'il s'agit d'une question d'*incapacité*, ont employé une formule impropre à nos yeux. Mais la pensée de la loi est claire, et cela suffit.

entier était disponible. Si la mention erronée de l'acte de célébration est le fait de l'officier de l'état civil, la femme en fera la preuve contre lui, par la voie de l'inscription de faux, et obtiendra des dommages et intérêts.

3° Les formalités n'ont pas été remplies, mais la femme, en traitant avec le tiers, a déclaré qu'elle avait fait un contrat de mariage. Le tiers est en faute de ne s'en être pas fait représenter l'expédition, ou d'avoir traité avec une femme qu'il savait être mariée sous le régime dotal. Les actes passés entre la femme et lui, subiront l'application des règles de la dotalité.

CHAPITRE IV.

Des effets de la séparation de biens sur la condition de la dot mobilière.

Le législateur s'est borné à dire que si la dot est mise en péril, la femme peut poursuivre la séparation de biens (art. 1563). Sauf la disposition de l'art. 1561, relative à la prescriptibilité des immeubles dotaux, la loi est muette sur les conséquences de la séparation. Aussi ne faut-il pas s'étonner des controverses qu'a engendrées cette matière. Les divergences déjà signalées dans les chapitres précédents, ont fait sentir ici leur influence. Chacun résout les difficultés inhérentes à ce sujet, d'après le point de vue auquel il s'est placé pour déterminer la condition juridique de la dot mobilière. Il est évident que celui qui admet l'aliénabilité absolue de cette dot, et celui qui en proclame l'inaliénabilité, ne peuvent se trouver d'accord sur les conséquences de la séparation de biens. De même, ceux qui basent l'impuissance de la femme dotale sur une *incapacité spéciale* dont elle serait atteinte, ne peuvent se rencontrer, sur tous les points, avec ceux qui voient dans cette impuissance une suite de l'indisponibilité des biens.

Nous remarquerons même, que plusieurs des jurisconsultes qui ont écrit sur ce sujet, ont omis de prendre tout d'abord parti, d'arrêter leur opinion sur le point fondamental de la matière, à l'égard de la femme, sur la question d'incapacité ou d'indisponibilité. Il en est résulté que le même auteur a souvent adopté des solutions contradictoires entre elles, et l'on peut dire que la jurisprudence n'a pas su éviter ce défaut d'harmonie. Mais comme notre travail n'a pas pour objectif la recherche et la réfutation des opinions erronées, mais une synthèse du sujet choisi, nous nous contenterons de marquer les modifications que, d'après nous, la séparation de biens vient apporter à la situation des époux mariés sous le régime dotal.

Pour conserver la division suivie, nous étudierons successivement les questions relatives à l'administration, à la jouissance et au droit de disposer de la dot mobilière.

SECTION PREMIÈRE.

Administration de la femme dotale séparée de biens.

La femme dotale, séparée de biens, reprend l'administration de sa dot mobilière.

Elle pourra donner à bail les meubles dotaux, exercer

ses actions ou défendre à celles intentées contre elle, avec l'autorisation du mari ou de justice, consentir les aliénations, qui ne constituent que des actes de pure administration; c'est une simple question de fait à résoudre par les tribunaux, que celle de savoir si tel ou tel acte, dont la validité est contestée, excède ou non les bornes de l'administration de la femme.

Ainsi, quoique, en principe, il faille, pour transiger, avoir la faculté de disposer, une transaction faite par la femme séparée de biens, sur sa dot mobilière, sera valable, lorsqu'il résultera des faits et circonstances qu'elle n'est qu'un acte de bonne et sage administration (1).

La femme dotale, séparée de biens, peut recevoir le paiement de ses créances dotales, à leur échéance, et par suite consentir, après le paiement, à la main levée des inscriptions hypothécaires , qui garantissaient ces créances.

Mais la femme qui reçoit de son mari le montant de ses reprises, ou d'un de ses débiteurs le remboursement d'une créance ou d'une rente dotale, est-elle tenue de faire emploi de ces capitaux, ou de fournir caution ?

Si le contrat de mariage imposait cette obligation au mari, pas de doute ; la femme y serait aussi assujettie. Elle ne peut avoir un droit d'administration plus étendu que celui laissé au mari par le contrat de mariage.

En l'absence de toute clause conventionnelle à cet

(1) Grenoble, 20 janvier 1865 (Sir., 1865, 2, 240).

égard, nous n'hésitons pas à admettre, avec MM. Rodière et Pont, que les juges, en prononçant la séparation, peuvent imposer l'emploi à la femme. « Si l'emploi n'avait pas été imposé au mari, c'est peut être parce qu'il possédait largement de quoi répondre de la dot, ou qu'il paraissait, lors du mariage, avoir toute l'habileté nécessaire pour bien administrer. Mais la séparation de biens faisant évanouir, après son exécution, la sûreté que donnait à la femme l'hypothèque légale sur les biens de son mari, il convient, ce nous semble, que la justice puisse prescrire d'autres mesures pour assurer la conservation de la dot, qui est toujours le but essentiel du régime dotal. La justice ne fait en cela que suivre l'esprit du contrat de mariage, dans lequel on ne pouvait guère prévoir une séparation alors invraisemblable, et dont la seule mention eût semblé d'un mauvais présage (1). »

Nous irons même plus loin que les savants auteurs, et nous déciderons que la femme est soumise de plein droit à l'obligation de faire emploi, que le mari ou les débiteurs dotaux peuvent, tant que cette condition n'est pas remplie, se refuser à se libérer entre ses mains. Cette solution est repoussée par la majorité des auteurs, et si elle a été admise par d'anciens arrêts, elle est aujourd'hui rejetée par la jurisprudence (2). Elle nous paraît cependant justifiée par le caractère de la

(1) Rodière et Pont, *Op. cit.*, t. II, n° 887.

(2) Pau, 13 juin 1866 (Sir., 1867, 2, 41). — Cass., Ch. civ., 21 mai 1867 (Sir., 1868, 1, 452). — Cass., Ch req., 26 juillet 1869 (Sir., 1870, 1, 17). — Agen, 7 mars 1870 (Sir., 1870, 2, 233).

dot mobilière, l'indisponibilité de cette dot et la tradition historique.

Notre ancien droit est formel et unanime en ce point.

Dans le Parlement de Toulouse, Catelan (1), Serres (2), Graverol (3), Laviguerie (4), après avoir posé le principe que la femme séparée n'a pas la faculté d'aliéner sa dot, décident, que lorsque la dot consiste en une somme d'argent, dont la disposition est si facile, la femme ne peut la toucher qu'à la charge d'un placement ou d'un bail de caution, à moins qu'il ne s'agisse d'une dot modique, auquel cas la femme a tout pouvoir d'en négocier et de l'aliéner.

Dans le Parlement d'Aix, lorsque la femme était, à défaut d'immeubles, colloquée pour sa créance en restitution sur les meubles du mari, ces meubles devaient être vendus, et le prix en être placé au profit de la femme pour assurer sa dot (5).

Dans le Parlement de Grenoble, lorsque les biens du mari, encore vivant, sont mis en décret, l'adjudicataire ne peut payer à la femme sa dot en argent; il doit, pour sa propre sûreté, en faire la consignation entre les mains d'un marchand solvable qui en paiera les intérêts à la femme (6).

Dans le Parlement de Bordeaux, Salviat rapporte une

---

(1) Catelan, t. II, liv. IV, ch. 26, p. 69 et 70.

(2) Serrès, *Sur l'art. 9 de l'Ordonnance des donations*, p. 44.

(3) Graverol sur Larocheflavin, p. 199.

(4) Laviguerie, *Arrêts inédits*, t. II, p. 155.

(5) Julien, *Éléments de jurisp.*, p. 62, et *Statuts de Provence*, t. II, p. 570.

(6) Chorier sur Guy-Pape, sect. 2, n° 6, p. 218, *note* B.

attestation ainsi conçue : « Attesté en 1700, qu'une
femme séparée de biens d'avec son mari ne peut toucher
ni recevoir la dot qui lui a été constituée par ses
père et mère ou leurs héritiers, à moins que ce ne soit
en fonds ou sous la condition de l'emploi ou du bail
à caution (1). »

Ce n'était pas seulement dans nos anciens pays de
droit écrit, mais partout où le droit romain était en
vigueur, qu'on demandait des garanties à la femme séparée. Le président Faber enseigne que la femme dont
le mari est réduit à la misère, ne peut, même avec le
consentement de celui-ci, recevoir sa dot en argent :
« *Quasi non potest esse in tuto dos quæ in pecunia nume-*
rata consistat... fragilis et lubrica res est pecunia quæ fa-
cile perire potest (2). » Fontanella ne veut pas non
plus que la dot soit livrée sans précautions à la femme,
et voici comment il s'exprime : « *Caveant ergo judices*
ne libere dotes mulieribus, has actiones intentantibus, tradi
mandent, ne in eorum damnum cedat, si forsan illæ ob
uxorum fragilitate amittantur, ipsæque remaneant indotatæ.
Hæc infortunia current procul dubio periculo judicis sic
dotes mulieribus istis liberantis. Expertus loquor, scio quod
in multis Cathaloniæ partibus ad hoc parum attenditur,
sed libere pecuniæ liberantur mulieribus, quæ postea per
virum consumuntur, et miseræ uxores vel dotem iterum
petunt, vel indotatæ remanent culpa judicis (3). »

Si donc, comme le dit la Cour de cassation, dans

(1) Salviat, *Attest. de l'année* 1700, p. 195.
(2) Faber, Cod., liv. 5, tit. 7, p. 511 et 518.
(3) Fontanella, *De pact. nupt.*, Claus. 7, Glos. 2, n° 49, p. 421.

plusieurs de ses arrêts, c'est à l'ancien droit qu'il faut demander la plupart des règles relatives à la dot mobilière, pareil emprunt doit surtout lui être fait lorsque l'ancien droit présente une telle unanimité.

En outre, l'indisponibilité de la dot mobilière commande l'adoption de notre solution. Comment peut-on admettre que cette dot inaliénable va être remise à la libre disposition de la femme? Cette inaliénabilité deviendra illusoire. La femme, incapable de faire des cessions-transports, de contracter des dettes exécutoires sur les meubles dotaux, pourra dissiper impunément, en folles dépenses, les capitaux versés en ses mains. L'indisponibilité s'opposera aux aliénations résultant d'actes juridiques, mais comment serait-elle un obstacle à l'aliénation de fait, celle qui s'opère de la main à la main? Si l'on objecte qu'on donnera à la femme un conseil judiciaire, il est facile de répondre que le remède viendra trop tard. Des faits de dissipation devront avoir été accomplis pour autoriser la nomination de ce conseil ; les capitaux auront été dépensés inutilement, quand on songera à les retenir dans le patrimoine de la femme.

La solution, adoptée par la jurisprudence, est le renversement, la négation de l'idée fondamentale de la séparation de biens. Pourquoi a-t-on admis ce remède extrême, qui trouble si fréquemment la paix intérieure du ménage, mais qui est d'une nécessité incontestable? Pour que la dot, souvent la seule ressource de la famille, soit sauvée du péril dont la menace la mauvaise administration du mari, pour la conserver à la femme, aux enfants, à ce mari lui-même, que les revenus de la dot feront vivre et subsister. Or, le but sera-t-il atteint, si pour la soustraire aux dilapidations du mari, on la confie à une femme inexpérimentée, irréfléchie et incapable de résister à toutes les influences, qui se feront sentir autour d'elle? Le danger est augmenté plutôt que diminué, et autant vaudrait laisser la dot entre les mains du mari que hâter l'époque de la restitution. Comme le disait Basnage (1), la séparation de biens est un remède de la loi pour conserver le bien de la femme, et non pour lui donner la liberté de l'aliéner.

La restitution, à laquelle donne lieu la séparation de biens, n'est qu'une séquestration, qu'une mesure de précaution pour empêcher les dissipations de la dot. La femme séparée n'est pas un créancier ordinaire, qui reçoit le paiement de sa chose pour en disposer à volonté. Le mari est toujours là, avec son influence. D'où, les garanties exigées par l'ancien droit pour la réception de la dot.

En outre, la séparation de biens peut être la suite d'une séparation de corps. La dot de la femme n'était pas en péril chez le mari. L'honneur et non l'intérêt a poussé la femme à agir. Elle retire des mains d'un mari, bon administrateur et hypothécairement responsable des valeurs mobilières, des titres au porteur, des sommes d'argent, qu'elle peut immédiatement dissiper. Allons plus loin, et interrogeons la pratique, la vie. La séparation de corps a été prononcée pour adultère de la femme: elle a une inconduite notoire. Ses reprises

(1) Basnage, *Sur la Coutume de Normandie*, art. 528.

sont liquidées ; le tribunal ne peut, d'après la Cour de cassation, en ordonner l'emploi, et c'est le complice de cette femme qui va avoir la disposition réelle de ces capitaux !

A ces considération, à l'argument tiré de l'inaliénabilité, que répond la jurisprudence? Voici ce que disent à peu près tous les arrêts : « Attendu que la femme dotale séparée de biens reprend la libre administration des biens dotaux confiée jusqu'alors à son mari ; qu'au rang des actes d'administration, l'art. 1549 place la faculté de recevoir les capitaux de la dot sans aucune restriction ; que le contrat de mariage pouvait seul y attacher les conditions d'emploi, de bail de caution, ou autres ; que la femme étant, par la séparation de biens, substituée au mari pour l'administration de la dot, reprend nécessairement cette administration aux mêmes conditions, et qu'il ne peut appartenir aux tribunaux de lui imposer, notamment pour la réception de ses deniers dotaux, des conditions que la loi et le contrat n'ont pas mises à cette réception.... »

Ce raisonnement résiste-t-il à l'examen? Est-il vrai que la femme soit pleinement substituée aux pouvoirs que possédait le mari pendant son administration? C'est là ce qu'affirme la Cour suprême, se mettant ainsi en contradiction avec elle-même. Elle aurait dû reconnaître à la femme, après la séparation, le droit d'aliéner la dot mobilière qu'elle a accordé au mari, et cependant, dans tous ses arrêts, elle enlève à la femme séparée, ce droit de disposition. D'ailleurs, cette assimilation entre la femme et le mari n'a rien de fondé. La femme, en effet, au moment où le mari reçoit les deniers dotaux, a une créance en restitution, en laquelle consiste désormais sa dot garantie par une hypothèque. La dot, si le mari a des immeubles, est sauvegardée. Mais lorsque la séparation de biens est intervenue, tout disparaît, créance et hypothèque. Ces deux droits, que la femme ne pouvait aliéner, s'éteignent par le paiement des reprises dotales. Toutes les garanties s'évanouissent, et la femme a en main des valeurs, de l'argent qu'elle peut dissiper en folles dépenses.

La Cour de cassation invoque un second argument. « Il n'y a pas identité, dit-elle, entre la faculté de toucher les capitaux et celle de les aliéner, et le principe d'inaliénabilité ne fait pas obstacle à ce que la femme reçoive les sommes faisant partie de sa dot. »

Assurément, la femme doit pouvoir recevoir ses capitaux, retirer le montant de ses reprises ; mais l'inaliénabilité exige qu'on prenne les moyens nécessaires pour éviter les aliénations de fait, la dissipation effective. Autre chose est le droit de fournir quittance, autre chose celui de disposer à volonté des deniers reçus. Entendue comme le fait la Cour de cassation, l'inaliénabilité de la dot se réduit à une pure question théorique, à une conception spéculative, que les faits démentent tous les jours. Or, les règles de droit doivent être applicables aux faits de la vie quotidienne ; sinon, leur existence n'est pas justifiée.

La jurisprudence nous paraît solidement fixée dans un sens contraire à notre opinion, et il est peu probable qu'elle revienne sur de nombreuses décisions. A raison des dangers que présente en pratique l'application de cette jurisprudence, la clause *d'emploi* acquiert

une nouvelle utilité. Un notaire prudent devra l'insérer
au contrat de mariage. Si l'on ne peut demander aux
parties de prévoir l'éventualité d'une séparation de
biens, pas plus que le décès prochain de l'un des futurs
époux, au milieu des joies et des fêtes qui accompagnent
un mariage, c'est au notaire qu'incombe le devoir de
songer à ces événements possibles, et de rédiger un
contrat dont les diverses clauses assurent la conservation réelle de la dot. La clause d'*emploi* devra y figurer
au premier rang.

S'il s'agissait de valeurs représentant des effets à
l'usage personnel de la femme, nous admettrions avec
la jurisprudence qu'elle n'est pas tenue de l'obligation
de faire emploi. Ce n'est qu'en disposant de ces objets
comme elle l'entendra, qu'ils rempliront leur véritable
destination, et comme ils sont en général susceptibles
de détériorations ou de dépérissement, il ne serait pas
raisonnable d'exiger que la femme donne caution de les
représenter à une époque déterminée.

Du droit, reconnu à la femme séparée, de faire les
actes d'administration, la Cour de cassation a conclu
que la femme d'un failli pouvait utilement prendre
part aux délibérations et au vote d'un concordat, alors
que, le mari ne possédant pas d'immeubles, la femme
ne pouvait figurer parmi les créanciers hypothécaires,
auxquels s'applique l'art. 508 Cod. com. A l'égard de
la femme dotale et séparée de biens, qui vote, en sa
qualité de créancière simplement *chirographaire* de ses
reprises, le concordat n'a pas le même caractère qu'envers les autres créanciers, lorsque le failli est le mari.
En votant, la femme, dont la créance contre le mari

n'est pas *disponible* en ses mains, ne libère pas son mari pour l'excédant du dividende alloué. Elle est semblable au créancier qui ne reçoit qu'un paiement partiel de son débiteur. Elle conserve contre le mari, à raison du surplus de sa créance, l'action personnelle et l'action hypothécaire, pour le cas où, dans l'avenir, d'autres biens meubles ou immeubles viendraient à échoir au mari. Ainsi considéré, le concordat ne constitue, ni une transaction *sui generis,* ni un abandon. C'est un simple acte d'administration, à défaut duquel la créance de la femme pourrait être entièrement compromise. La femme ne fait que recevoir la seule portion de la dot à laquelle elle puisse prétendre actuellement contre son débiteur (1). Par arrêt du 9 mars 1846, la Cour de Rouen a refusé, avec raison, l'homologation à un concordat dans lequel la femme du failli, mariée sous le régime dotal, avait consenti à des sacrifices plus considérables que ceux que le concordat imposait nécessairement à la masse des créanciers (2).

Si le débiteur failli n'est pas le mari, la femme pourra encore participer au concordat, lorsque sa créance n'est pas garantie par un privilége ou par une hypothèque. Lui refuser ce droit, sous prétexte qu'elle va renoncer à l'excédant du dividende offert, serait l'exposer à tout perdre. Comme le dit la Cour suprême, le concordat est un contrat d'une nature particulière,

---

(1) Cass., Ch. civ., 11 novembre 1867 (Sir., 1868, 1, 18).

(2) Rouen, 9 mars 1846 (Sir., 1846, 2, 537). — Voy. dans le même sens, Cass., Ch. req., 2 mars 1840 (Sir., 1840, 1, 564). — Rouen, 6 juin 1844 (Sir., 1845, 2, 180). — M. Larroque-Sayssinel, *Faill. et Banq.,* t. II, sur l'art. 563, n° 20.

différant de la transaction du droit civil ; car il n'est pas complétement volontaire, et se forme sous le contrôle et avec la sanction de la justice. Dans ces conditions spéciales, l'action de la femme est de la même nature, que toute action exercée en justice relativement à la dot mobilière.

SECTION DEUXIÈME.

Jouissance de la femme dotale séparée de biens.

La femme dotale, séparée de biens, reprend la jouissance de sa dot mobilière. Elle a un double titre pour en percevoir les revenus. Elle les fait siens. Pourra-t-elle les céder à des tiers? Ses créanciers pourront-ils les saisir?

Ces deux questions, intimement liées l'une à l'autre, ont donné naissance à la plus vive controverse. D'après quelques auteurs, les revenus des biens dotaux sont entièrement disponibles entre les mains de la femme séparée ; elle peut les céder ; ses créanciers peuvent les saisir. D'autres pensent que ces revenus et ces fruits sont indisponibles pour toute la fraction nécessaire aux besoins du ménage, l'excédant restant libre aux mains de la femme. Dans une troisième opinion, on décide que l'indisponibilité des revenus ne s'étend qu'aux exigences d'une sage administration (1).

---

(1) Voir le tableau complet de ces diverses opinions et des autorités qui les appuient, dans une note de M. Dutruc, placée sous l'arrêt des Chambres réunies du 7 juin 1864 (Sir., 1864, 1, 201).

Déterminons bien exactement l'hypothèse et le champ de la question. Quand la femme a perçu, des mains des débiteurs dotaux, les intérêts, arrérages, dividendes, revenus de ses créances dotales, ces fruits, entrés dans son patrimoine et confondus avec ses paraphernaux, dont les économies, faites sur les revenus, accroissent l'étendue et l'importance, ces fruits peuvent valablement être aliénés par elle, être saisis par ses créanciers, comme les paraphernaux. Là n'est pas la difficulté.

Pour que la question s'élève, nous devons supposer que la femme a fait à un tiers cession-transport des revenus encore dûs, échus ou à échoir, qu'elle a délégué ce tiers à se faire payer par les débiteurs des revenus dotaux, ou que les créanciers de la femme ont pratiqué des saisies-arrêts entre les mains de ces mêmes débiteurs. Cette cession, cette saisie sont-elles valables, ou la femme pourra-t-elle en demander la nullité en justice? Pour nous, la solution de la question n'est pas douteuse.

Nous avons posé nettement le principe de l'inaliénabilité, de l'indisponibilité de la dot mobilière. Or, à quoi aboutirait cette indisponibilité, si elle ne s'étendait pas aux fruits et revenus de la dot? La dot a été constituée pour, par ses fruits et revenus, subvenir aux charges du mariage. Si ces revenus sont aliénés, ces charges vont retomber sur le capital de la dot. Faudrat-il aliéner celui-ci pour faire face aux dépenses nécessaires du ménage, de la famille? Evidemment, puisque les revenus sont absorbés. Donc, sous une forme détournée, sous l'apparence d'une aliénation ou d'une saisie restreintes aux revenus, en réalité c'est la dot qui a été entamée, c'est la règle de l'indisponibilité qui a été violée.

L'un des plus utiles effets du régime dotal est d'assurer aux époux la libre jouissance des fruits de la dot, d'en garantir la libre application aux charges du mariage. Lorsqu'un père de famille impose à un gendre les liens de la dotalité, il veut assurer à sa fille, à la jeune famille qui se fonde, non-seulement la conservation du capital, mais aussi le bien-être, la vie large et facile, qui peuvent résulter des revenus de la dot. Ce but peut-il être atteint, si l'on n'admet pas l'indisponibilité, l'inaliénabilité des revenus?

Mais on se récrie : les revenus sont faits pour être dépensés : il faut donc les aliéner. — L'objection repose sur un jeu de mots. Oui, les revenus sont faits pour être employés aux charges du mariage ; c'est là leur destination propre. Quand la femme paie ses fournisseurs avec les revenus qu'elle a touchés de ses débiteurs, elle fait de ses revenus l'emploi voulu. Mais les aliéner à l'avance pour un temps plus ou moins long, les laisser saisir par des créanciers, ce n'est pas les soumettre à leur destination, c'est les y soustraire. C'est aller contre l'esprit du régime dotal. L'objection n'est donc pas sérieuse.

On insiste pourtant. Le mari peut, dit-on, avant la séparation, engager les revenus dotaux, ses créanciers peuvent les saisir. Or, la séparation de biens une fois prononcée, la femme succède à l'administration du mari : donc elle peut aliéner les revenus de la dot; donc ses créanciers peuvent les saisir.

La réponse est aisée. Avant la séparation, le mari

peut employer librement les revenus de la dot, à une
condition, celle de supporter, à l'aide de ses revenus
ou de ses ressources personnelles, toutes les charges du
mariage. Tant que la femme ne se plaint pas, tant
qu'elle n'a pas recours à la séparation, le seul remède
qui lui soit offert, elle reconnait par là même que
toutes les obligations imposées au mari sont accomplies.
Que lui importe qu'elles le soient avec les revenus
dotaux ou avec les revenus des biens propres du mari?
Si celui-ci a engagé les revenus, cet engagement, essentiellement précaire, cessera dès que la séparation sera
prononcée. Il n'y a donc pas de raison pour limiter le
droit du mari sur les revenus de la dot.

En outre, il n'est pas exact de dire que la femme
succède entièrement aux pouvoirs du mari administrateur, et nous verrons la Cour de cassation lui refuser
le droit de disposer des meubles dotaux.

Est-ce à dire que les revenus dotaux soient toujours
insaisissables, *absolument indisponibles* entre les mains
de la femme séparée? Evidemment non. Les revenus
sont destinés à faire face aux charges du ménage. Ce
serait les détourner de leur destination propre, que de
ne pas les appliquer à l'extinction des dettes contractées pour faire face à ces charges elles-mêmes. D'autre
part, la femme, séparée de biens, ne peut faire que
des actes d'administration, non des actes de disposition;
et parmi les actes d'administration, il faut placer ceux
qui ont pour objet et pour but la satisfaction des
charges du mariage.

La règle devient dès lors facile à formuler : la femme,
séparée, pourra aliéner les revenus dotaux, si l'aliéna-

tion constitue un acte de bonne administration ; si, par
exemple, elle délégue le maître de pension de son fils,
l'ouvrier qui a réparé l'immeuble dotal, un fournisseur
quelconque, à se faire payer, par les débiteurs dotaux,
sur les revenus échus ou à échoir. Les créances, contractées dans la même limite des actes de bonne administration, pourront s'exécuter par voie de saisie-arrêt
sur les mêmes revenus. Les tribunaux n'auront alors
qu'à examiner si les engagements contractés ou les
cessions faites par la femme constituent des actes
d'aliénation qui lui sont interdits, ou des actes d'administration qu'elle est autorisée à accomplir. L'assimi-
liation des biens et des revenus qu'ils produisent est
entière. L'indisponibilité des uns est identique à celle
des autres. Leur rigueur est pareille, leurs limites semblables. La condition de la dot mobilière est homogène,
au point de vue du capital et à celui des revenus. La
femme a les mêmes pouvoirs ; elle est retenue par les
mêmes liens.

Si l'on objecte, avec M. Troplong, qu'il faut payer
ses dettes et que tout système qui en dispense est
immoral, nous répondrons que cette objection se con-
fond avec celle que l'on a toujours formulée contre le
régime dotal, l'intérêt des tiers qui ont traité avec les
époux. Comme le disait M. de Raynal devant la Cour
de cassation, et devant M. Troplong lui-même, le 7
juin 1864, il est permis de ne pas aimer le régime
dotal. Mais ce régime, ayant été autorisé par le législateur, il faut en accepter toutes les conséquences logiques. Ce régime sacrifie l'intérêt particulier des tiers
au désir de conserver les biens dans la famille. C'est sa

base même ; c'est son essence. Du reste, les tiers qui ont traité avec les époux, ont dû connaître leurs conventions matrimoniales. Or, si leurs conventions impliquent nécessairement l'indisponibilité des revenus de la dot, les tiers ont dû prévoir cette conséquence fatale ; ils ne sont pas admis à s'en plaindre.

La règle ainsi dégagée et justifiée, il nous sera facile de résoudre les questions qui ont été soumises à l'appréciation des Cours d'appel et de la Cour suprême. Nous nous trouverons quelquefois d'accord avec elles, quoique leurs arrêts ne mettent pas en relief le principe que nous avons adopté. Mais le sentiment de la nécessité est si impérieux, que, avec des rédactions, quelquefois critiquables, les Cours tendent à consacrer l'idée que les fruits de la dot sont inaliénables, comme la dot mobilière elle-même.

Ainsi : 1° les créanciers de la femme, *antérieurs* à la séparation de biens, ne pourront, celle-ci prononcée, saisir aucune fraction des revenus dotaux. Les cessions-transports, délégations, etc., faites par la femme des revenus dotaux, avant la séparation, seront nulles et sans effet. La raison en est que la femme ne peut engager les revenus dotaux que dans la limite des actes d'administration, et que les actes susdits ayant été contractés à une époque où la femme n'avait pas l'administration, constituent tous, inévitablement et infailliblement, de véritables actes d'aliénation, que la femme ne peut accomplir valablement. On peut ajouter que la solution contraire, en autorisant une aliénation anticipée des revenus, consentie sous l'influence du mari, rend illusoires les effets de la séparation de biens prononcée postérieurement. Cette conséquence de notre règle a été consacrée par de nombreux arrêts (1).

2° La séparation de biens prononcée, la femme ne peut aliéner les revenus dotaux, les céder à des tiers, que dans les limites nécessitées par une bonne administration. Les dettes contractées par elle à la même époque, ne pourront être exécutées sur les mêmes revenus, que si ces emprunts rentrent, par leur but et leur quotité, dans la même limite des actes d'administration. Les tribunaux auront à vérifier le caractère de ces cessions ou de ces emprunts, et à fixer la portion des revenus dotaux, sur laquelle ils pourront être ramenés à exécution. — La jurisprudence admet une autre solution. Elle déclare insaisissable la portion des revenus nécessaires à l'entretien de la famille, aux charges du ménage. L'excédant est libre aux mains de la femme. On comprend, sans qu'il soit besoin d'y insister, combien cette solution s'éloigne de la nôtre (2).

3° Après la dissolution du mariage, les dettes, con-

(15) Agen, 15 janvier 1824 (Sir., 1824, 2, 241). — Montpellier, 11 juillet 1826 (Pal. chron., à sa date). — Cass., Ch. req., 11 janvier 1831 (Sir., 1831, 1, 1,) — Cass., Ch. civ., 4 novembre 1846 (Sir., 1847, 1, 201). — Caen, 26 mars 1845; Paris, 28 août 1846; Lyon, 17 février 1846 (Sir., 1847, 2, 161). — Rouen, 29 avril 1845 (Sir., 1847, 2, 164). — Cass., Ch. req., 12 août 1847 (Sir., 1848, 1, 56). — Caen, 19 novembre 1847 (Sir., 1848, 2, 592). — Paris, 3 mars 1849 (J. P., 1849, 1, 570). — Cass., Ch. civ., 28 juin 1859 (Sir., 1859, 1, 666). — Cass., Ch. réun., 7 juin 1864 (Sir., 1864, 1, 201). —Agen, 1er février 1870 (Sir., 1870, 2, 311)

(2) Grenoble, 14 juin 1825 (Sir., 1826, 2, 38). — Paris, 14 février 1832 (Sir., 1832, 2, 296). — Cass., Ch. req., 26 février 1834 (Sir. 1834, 1, 176). — Cass., Ch. civ., 6 janvier 1840 (Sir., 1840, 1, 133). — Lyon, 4 juin 1841 (Sir., 1841, 2, 612). — Rouen, 15 avril 1869 (Sir., 1870, 2, 149). — Cass., Ch. civ., 27 juillet 1875 (Sir., 1875, 1, 411).

tractées par la femme séparée, ne pourront être exécutées
sur les revenus des biens précédemment dotaux, que
si elles ont été contractées dans les conditions indiquées
ci-dessus, si ces emprunts ont été des actes de bonne
administration. Telle est la condition sous laquelle les
revenus dotaux étaient, comme les biens eux-mêmes,
disponibles entre les mains de la femme. Les autres dettes
par elle contractées, n'autoriseront pas les créanciers
à saisir les revenus des biens dotaux. Elle n'a pas pu
les leur donner en gage.

La Cour de cassation, par le principe même de la
distinction qu'elle établit, pendant la séparation de
biens, entre la portion de revenus réclamée par les
charges du ménage et l'excédant de cette portion, est
amenée à consacrer une véritable injustice. Elle admet
que, lorsque le mariage est dissous par la mort de la
femme, les revenus des biens dotaux sont insaisissables
pour le tout, entre les mains de ses héritiers, même de
la part des créanciers avec lesquels elle a contracté
depuis la séparation de biens. Par suite, des créanciers
qui auraient pu se faire payer du vivant de la femme
sur l'excédant des revenus, seront privés de ce droit par
sa mort. Au premier abord, cette solution paraît rigoureuse à l'égard des tiers, mais, si on l'examine de près,
elle est la conséquence rationnelle du système admis
par la Cour suprême. Comment calculer l'excédant sur
lequel ils pouvaient se faire payer pendant le mariage,
puisqu'il n'y a plus de ménage? L'excédant serait alors
la totalité des revenus, d'où, pour être logique, on
serait forcé de conclure que les engagements de la femme
séparée sont, après son décès, susceptibles d'être pour-

suivis sur l'intégralité des revenus de la dot mobilière. Un pareil résultat serait contraire au but et à l'esprit du régime dotal, dont les effets doivent se produire, non seulement pendant la durée du mariage, mais même après la mort des époux. La famille dont on a voulu sauvegarder les intérêts par l'inaliénabilité, doit pouvoir reprendre les biens dotaux complétement francs et libres de tous engagements.

Ce résultat d'un raisonnement logique en apparence, est inacceptable. Il n'est pas admissible que les créanciers aient moins de droits après le décès de la femme qu'ils n'en avaient de son vivant. Dans notre opinion, ils n'en ont ni plus ni moins (1).

SECTION TROISIÈME.

Droit de disposition de la femme dotale séparée de biens.

L'indisponibilité dont sont frappés les biens dotaux ne cesse pas avec la séparation de biens. On pourrait dire, au contraire, que c'est alors qu'elle doit être plus énergique. La dot conserve et sa destination et son caractère. En présence de la ruine, de la dissipation du mari, la dot, par son indisponibilité, va remplir le but auquel l'avait destinée un père prévoyant et sage.

La femme donc, après la séparation, ne peut aliéner ni les meubles dotaux corporels ou incorporels, ni la créance en restitution qu'elle a contre le mari, en sup-

---

(1) Cass., Ch. civ., 1er décembre 1834 (Sir., 1835, 1, 925). — Cass., Ch. civ., 24 août 1836 (Sir., 1836, 1, 913). — Douai, 27 juillet 1853 (Sir., 1854, 2, 181). — Caen., 21 avril 1875 (Sir., 1875, 2, 281).

posant ses reprises non encore liquidées et payées.
Toute aliénation, directe ou indirecte, est inefficace,
sauf celle qui constituerait un simple acte d'administration.

Tel était notre ancien droit, telle était la jurisprudence des pays de droit écrit.

La C. 29, C. *De jure dot.* (5, 12) avait servi de base
à cette doctrine. Voici comment s'exprime Pothier :
« *Justinianus autem constituit ut, eo casu quo maritus vergit
ad inopiam, possit uxor constante matrimonio non solum
agere adversus ipsum maritum, sed etiam adversus alios
agere hypothecaria actione, quemadmodum soluto matrimonio potuisset. Præcipit præterea ut, constante matrimonio,
mulier cui restituitur dos, nihil possit alienare ex rebus
dotalibus, et ut ad onera matrimonii reditus impendan-
tur* (1). » De même Domat: « La femme séparée de biens
n'acquiert par la séparation que le droit de jouir de ses
biens et de les conserver, mais elle ne peut les aliéner
que selon que les lois, les coutumes peuvent le permettre (2). » D'après Salviat, « tous les biens dotaux
indistinctement sont, en règle générale, inaliénables,
d'une manière quelconque, par le mari ou la femme,
conjointement ou séparément, et cela, nonobstant toute
séparation..... La femme, séparée de biens, a l'administration de ses revenus, dont elle devient maîtresse.
Mais il ne lui est pas permis de vendre ses immeubles
ni ses capitaux, du vivant de son mari (3). » Despeis-

(1) Pothier, *Pand.*, liv. XXIV, tit. 3, n° 19.
(2) Domat, *Lois civ.*, liv. I, tit. 9, sect. 5, n° 4, p. 170.
(3) Salviat, p. 199 et 200.

ses, Fromental, d'Olive ne sont pas moins affirmatifs.

La jurisprudence actuelle, notamment celle de la Cour de cassation, déclare aussi que la dot mobilière est indisponible aux mains de la femme séparée, que celle-ci ne peut aliéner les meubles dotaux corporels, céder ses créances dotales, renoncer à ses droits de privilége et d'hypothèque, etc., etc.

A première vue, cette jurisprudence est quelque peu contradictoire avec la solution admise à l'égard du mari, administrateur de la dot, et avec l'affirmation contenue dans plusieurs arrêts, que la femme séparée succède aux droits d'administration du mari. S'il en était réellement ainsi, il faudrait décider que la femme peut, comme le mari le pouvait avant la séparation, aliéner les meubles dotaux, céder ses créances, etc... Ce qui serait consacrer la disponibilité, l'aliénabilité de la dot mobilière, à partir de la séparation de biens. Or, la jurisprudence ne pouvait aller jusque-là. Du reste, la contradiction existe plutôt entre les formules employées qu'entre les principes adoptés. Si la Cour de cassation a eu le tort de dire, dans quelques arrêts, que les pouvoirs d'administrateur passaient entiers du mari à la femme, au fond elle reconnaît, dans plusieurs autres décisions, qu'il n'en est point ainsi. Là où la Cour nous paraît avoir méconnu l'esprit du régime dotal, c'est lorsqu'elle valide et autorise les actes d'aliénation de la part du mari. Nous ne reviendrons pas sur ce point.

Relativement à la question actuelle, la Cour ne pouvait admettre une autre décision. En effet, si, d'après elle, le mari peut, avant la séparation de biens, aliéner les meubles dotaux, c'est parce que, à ses yeux, de pareils actes de disposition ne préjudicient pas à la dot. Au meuble aliéné vient se substituer une créance contre le mari, créance garantie par l'hypothèque légale. Cette créance, la femme ne peut pas ne pas l'acquérir, ne pas la conserver, tant que dure le mariage. Cette créance, c'est la dot. Mais lorsque la séparation est intervenue, la situation change du tout au tout. La responsabilité du mari ne vient plus corriger l'abus de son influence ; l'action en restitution a été exercée ; elle est éteinte. Si l'on pouvait disposer du mobilier dotal, la dot serait entamée, sans qu'aucun bien vînt remplacer la valeur sortie du patrimoine. Tout acte de la femme compromettrait immédiatement la dot. L'indisponibilité, l'inaliénabilité de la dot s'oppose donc à tout acte de disposition.

Mais où le système de la Cour de cassation est vicieux, c'est lorsque, après avoir déclaré la dot inaliénable, elle se refuse, comme nous l'avons dit plus haut, à exiger de la femme séparée l'emploi de la dot. Tessier dit avec raison : « Puisque, dans le silence du Code, la Cour de cassation empruntait à l'ancienne jurisprudence le principe de l'inaliénabilité de la dot mobilière de la part de la femme séparée, elle devait lui emprunter aussi les mesures de précaution par lesquelles cette inaliénabilité était assurée ; elle le devait pour avoir, sur les droits de la femme séparée, un système rationnel et lié comme il l'était autrefois ; elle le devait d'autant plus que, de son aveu même, l'intention des rédacteurs du Code a été de maintenir le régime dotal, tel qu'il était en vigueur dans nos pays de droit écrit (1). »

Quoi qu'il en soit de ce défaut d'harmonie entre les diverses décisions de la Cour suprême, c'est aujourd'hui un point constant et certain en jurisprudence, que le principe de l'inaliénabilité de la dot mobilière, à l'égard de la femme dotale, judiciairement séparée.

Voici les principales applications que la jurisprudence a été appelée à faire du principe de l'inaliénabilité.

En dehors des actes d'administration et des exceptions prévues par les art. 1555 et suivants du Code civil, la femme séparée, même autorisée du mari, ne peut céder des créances, des rentes perpétuelles ou viagères, vendre des meubles corporels faisant partie de la dot (2).

Elle ne peut déléguer ses reprises mobilières, soit totalement, soit partiellement pour le paiement des dettes du mari ou de celles qu'elle a contractées après la séparation (3).

Elle ne peut faire ni compromis ni transaction, ces actes entraînant, de la part de celui duquel ils émanent, la capacité de disposer des objets qui y sont compris (4).

Les dettes contractées valablement par la femme

---

(1) Tessier, *Quest. sur la dot*, n° 115; *Traité de la dot*, t. I, p. 348.

(2) Cass., Ch. civ., 11 novembre 1867 (Sir., 1868, 1, 17). — Trib. civ. de Grenoble, 14 mars 1872 (Sir., 1872, 2, 249).

(3) Cass., Ch. civ., 6 décembre 1859 (Sir., 1860, 1, 644). — Caen, 26 mars 1862 (Sir., 1863, 2, 62).— Cass., Ch. req., 29 juillet 1862 (Sir., 1863, 1, 443). — Cass., Ch. civ., 12 mars 1866 (Sir., 1866, 1, 159).

(4) Cass., Ch. civ., 7 février 1843 (Sir., 1843,1, 282). — Cass., Ch. civ., 17 décembre 1849 (Sir., 1850, 1, 202). — Cass., Ch. civ., 22 août 1865 (Sir., 1865, 1, 398).—Toulouse, 1er juin 1871 (Sir., 1871, 2, 201).

séparée ne sont pas exécutoires sur la dot mobilière. Ses créanciers ne peuvent pas la saisir, en quelques valeurs qu'elle consiste. Seul le locateur de bonne foi peut exercer le privilége de l'art. 2102. La Cour de cassation a cependant admis que les dettes contractées pour la conservation d'une chose dotale, sont exécutoires sur les biens dotaux (1). Voici l'espèce sur laquelle elle avait à statuer. Il s'agissait d'une saisie-arrêt pratiquée par un créancier pour fournitures indispensables, sur le montant de l'indemnité due par une compagnie d'assurances à une femme dotale. La Cour s'est prononcée pour la validité de la saisie, parce que, dit-elle, « la femme, ayant repris l'administration et la jouissance de sa dot, les dépenses d'entretien doivent être à la charge de cette femme, et comme la somme due aux créanciers a servi à entretenir la chose dotale, le remboursement de cette somme a pu être poursuivi sur la dot elle-même. » Une autre raison vient à l'appui de la solution adoptée. Si la femme eût emprunté pour faire face elle-même à ces dépenses d'entretien, l'emprunt serait rentré dans la catégorie des actes d'administration. Par suite, la dette aurait été, dans notre opinion, exécutoire sur les biens dotaux. Or, qu'importe que la femme ait emprunté, ou que le créancier réclamant ait fait l'avance de ces dépenses, et ait ainsi obligé la femme. Au point de vue de la dot, l'obligation a le même caractère dans les deux cas. Mais nous apporterons, avec la Cour de Grenoble (2), une restric-

(1) Cass., Ch. req., 26 juin 1867 (Sir., 1867, 1, 290).
(2) Grenoble, 15 décembre 1864 (Sir., 1865, 2, 78). — Grenoble, 4 mars 1868 (Sir., 1868, 2, 207).

tion à la doctrine de la Cour suprême. L'acquittement de pareilles obligations doit d'abord être poursuivie sur les revenus dotaux, et ce n'est qu'à défaut ou par suite de l'insuffisance des revenus, que le créancier pourrait être autorisé à saisir les capitaux dotaux. Mais cette saisie elle-même reste soumise à une condition. Comme le disait la Cour de cassation (1), « de ce que l'aliénation des biens dotaux peut être autorisée pour fournir des aliments à la famille, il ne résulte pas qu'un créancier pour cause alimentaire puisse saisir directement et de plein droit ces biens ou le prix en provenant ; la saisie n'est permise qu'autant qu'il existe une permission de justice autorisant l'affectation du bien dotal à la créance alimentaire. »

Si la saisie directe est prohibée, il en est de même de la saisie indirecte : aussi, les débiteurs de créances dotales ne pourraient prétendre compenser ce qu'ils doivent, avec ce qui leur est dû par la femme séparée (2).

Par arrêt du 14 novembre 1846 (3), la Cour de cassation a jugé que la femme ne peut valablement renoncer au bordereau de collocation qui lui a été délivré sur le prix de vente d'un bien appartenant à son mari, comme valeur représentative de sa dot, alors même que la renonciation aurait été donnée, comme par transaction, à l'occasion de contestations élevées sur la validité de la collocation, et que la femme aurait reçu une portion de la somme qui lui avait été accordée.

---

(1) Cass., Ch. req., 13 mars 1867 (Sir., 1867, 1, 256).

(2) Cass., Ch. req. 31 janvier 1842 (Sir., 1842, 1, 110).

(3) Cass., Ch. réun., 14 novembre 1846 (Sir., 1846, 1, 824).

La femme séparée, dont les reprises sont garanties par son hypothèque légale sur les biens immeubles du mari, ou par une hypothèque conventionnelle sur ceux de son débiteur, tombés l'un et l'autre en faillite, ne peut prendre part au concordat avec la masse des autres créanciers. Assurée de recouvrer sa créance, par sa participation au concordat la femme aliénerait une partie de celle-ci et la garantie qui l'accompagne (art. 508, cod. com.). Cette double aliénation lui est interdite. En votant avec les autres créanciers, la femme ne ferait pas un simple acte d'administration, comme dans l'hypothèse examinée plus haut, où le mari ne possède aucun immeuble. Si donc la femme n'a pas le pouvoir de se placer dans une situation égale à celle des autres créanciers du failli, elle ne peut faire nombre pour fixer la majorité exigée par la loi. Cette solution, très-juridique, nous paraît adoptée *implicitement* par les considérants d'un arrêt de la Cour de cassation (1).

Lorsque la séparation de biens a été prononcée, le mari n'est pas toujours en mesure de payer en argent, à sa femme, le montant des reprises dotales. Il se libère envers elle par une dation en paiement, soit à l'aide de meubles corporels, soit en lui cédant des créances contre des tiers, soit en lui donnant des immeubles, (art. 1595). Quels sont les effets de cette opération, au point de vue de l'inaliénabilité de la dot? C'est encore une question qui a donné lieu à de graves difficultés.

La jurisprudence admet que les créanciers de la femme

(1) Cass., Ch. civ., 11 novembre 1867 (Sir., 1868, 1, 17).

ne peuvent saisir ni les créances ni les meubles cédés
à la femme par le mari ; ces valeurs composent la dot,
qui est insaisissable.

Mais quand le mari a donné à sa femme un immeuble en paiement de ses reprises, ou quand des tiers,
débiteurs de la dot mobilière, ont livré en paiement
des immeubles, dans les hypothèses que nous avons
indiquées (pages 211, 212 et 213), la Cour de cassation,
et avec elle plusieurs Cours d'appel, jugent que les
créanciers de la femme peuvent saisir cet immeuble,
sauf à retenir, sur le prix provenant de la vente, une
somme égale au montant des reprises dotales, lesquelles
doivent demeurer intactes. Dans l'application de cette
doctrine, quelques divergences peu importantes se
produisent. Plusieurs arrêts soumettent les créanciers
saisissants à l'obligation de rembourser préalablement
la dot; d'autres en exigent la consignation ; d'autres,
la dation d'une caution de faire monter les enchères
à un prix suffisant, etc. (1). Ce sont là questions de
détail. Mais ce qu'il importe d'examiner, c'est la règle
admise par la Cour suprême.

Elle nous paraît contraire à l'esprit du régime dotal,
contraire aux intérêts bien entendus de la femme et de
la famille. La réfutation de la solution adoptée par la
Cour suprême a été faite, avec talent et autorité, par

(1) Cass., Ch. req., 31 janvier 1842 (Sir., 1842, 2, 180). — Montpellier,
21 février 1851 (Sir., 1853, 2, 673). — Montpellier, 18 février 1853
(Sir., 1853, 2, 684). — Bordeaux, 14 mai 1857 (Sir., 1857, 2. 547).
— Toulouse, 24 février 1860 (Sir., 1860, 2, 305). — Caen, 6 juillet 1866
(Sir., 1867, 2, 317). — Grenoble, 4 mars 1868 (Sir., 1868, 2, 207). —
Cass, Ch. civ., 12 avril 1870 (Sir., 1870, I, 185). —Cass., Ch. civ.,
21 novembre 1871 (Sir., 1871, 1, 115).

la Cour de Caen, et par un savant professeur de la faculté de droit de la même ville, M. Bertauld.

Nous ne pouvons mieux faire que de leur céder la parole.

« Cette opinion, dit le savant professeur, me paraît apporter aux conséquences de l'indisponibilité de la dot mobilière un tempérament que la logique du droit condamne. Je formule ainsi le problème à résoudre : les immeubles achetés avec des valeurs mobilières dotales sont-ils saisissables quand les valeurs qu'ils représentent sont elles-mêmes insaisissables ? — Oui, dit-on ; et l'on formule comme une vérité inébranlable et presque comme un axiome cette proposition : tout ce qui est aliénable est saisissable. — Je réponds que cette proposition est inexacte ; la dot mobilière est aliénable par le mari avant la séparation, parce que l'aliénation volontaire est quelquefois le moyen de sauver cette dot. Un créancier du mari pourrait-il, même avant la séparation de biens, saisir les rentes dotales de la femme ? Non. Cependant, la femme séparée de biens, peut, comme administratrice, substituer, au moyen d'aliénations volontaires, à un certain emploi de ses deniers dotaux, un autre emploi. Pourquoi le placement immobilier des deniers dotaux ne serait-il pas aussi inviolable que le placement mobilier ? Pourquoi la femme dotale serait-elle incessamment exposée à des transformations, à des révolutions dans l'emploi immobilier de ses valeurs dotales, quand leur emploi mobilier présenterait tant de stabilité ? Pourquoi la femme dotale serait-elle soumise à une série d'expropriations sans but, sans résultat, sans aucune espérance possible que celle de faire sortir un excédant de valeurs en sus et par delà la dot mobilière? Pourquoi des créanciers, qui n'ont pas la femme dotale pour obligée, pourraient-ils lui faire subir, comme *femme dotale*, l'épreuve de ces conversions de placement, contre lesquelles elle serait abritée, si elle n'avait immobilisé sa dot? Pourquoi le placement offrirait-il d'autant moins de solidité qu'il aurait semblé en promettre davantage? — Objecterait-on que ce qui excède dans l'immeuble le montant des deniers dotaux employés, ne représente pas la dot mobilière et constitue une valeur disponible? Mais, si l'immeuble avait subi des dépréciations, s'il valait moins que le montant des deniers dotaux employés, la dot mobilière ne supporterait-elle pas la perte? Pourquoi la dot mobilière ne profiterait-elle pas de la plus-value? Lorsqu'il est fait des deniers dotaux un emploi mobilier, la dot court les chances heureuses ou malheureuses des placements : pourquoi le placement immobilier serait-il soumis à une autre loi (1)? »

Nous reproduisons textuellement l'arrêt de la Cour de Caen : « Attendu en droit, que sous le régime dotal la femme séparée de biens ne peut pas plus s'obliger sur sa dot mobilière que sur sa dot immobilière; que ses pouvoirs, plus restreints que ceux du mari, parce qu'elle n'offre pas, commé ce dernier, la garantie d'une hypothèque légale, sont subordonnés à la règle de l'inaliénabilité, et se renferment, par conséquent, dans les limites d'un simple droit d'administration; qu'il résulte de là que la dot mobilière de la femme est insaisissa-

(1) Sirey, *Recueil* (1867, 2, 317, *note* 1).

ble après la séparation des biens, et que dès lors Frestel
n'aurait eu aucun droit de poursuite sur la créance
que l'appelante portait contre son mari, et dont la vente
du 2 déc. 1862 a été le prix ; — Attendu qu'il doit
en être de même par rapport aux immeubles substitués
régulièrement à cette créance, puisque cette substitution
est autorisée par une disposition précise de la loi ; —
Qu'en effet, l'art. 1595, § 1, cod. civ., permet la vente
entre époux, lorsque l'un des deux cède des biens à
l'autre, séparé judiciairement de lui, en paiement de
ses droits; que c'est précisément une opération de cette
nature qui a été faite par les époux Bochefontaine, le
2 déc. 1862 ; et que ce serait annuler cette opération
et rendre par suite illusoire le texte précité, que de
conférer aux créanciers de la femme le droit de dépouiller
celle-ci malgré sa volonté, de la propriété d'immeubles
qui sont devenus siens, et qui, ayant été payés avec
la dot, la représentent exactement et doivent jouir des
mêmes immunités ; — Que vainement opposera-t-on
à cette solution l'art. 1553 cod. civ., qui dispose que
l'immeuble acquis des deniers dotaux n'est pas dotal,
si la condition de l'emploi n'a été stipulée dans le
contrat de mariage ; que ces expressions : « *n'est pas
dotal* » ne signifient pas que l'acquisition d'immeubles,
au nom de la femme, sera sans effet, sans quoi il
n'aurait pas fallu l'autoriser; mais qu'elles veulent dire
uniquement, par respect pour l'immutabilité des conventions matrimoniales, que toutes les fois que la condition d'un emploi immobilier n'aura pas été stipulé,
la dot ne pourra pas changer de caractère ; — Qu'ainsi
l'immeuble acquis avec les deniers dotaux, sera de

même nature dans les mains du mari ou de la femme
séparée, que les capitaux que cet immeuble remplace ;
que, comme eux, il sera de libre disposition pour
le mari, jusqu'à la séparation de biens ; qu'après
la séparation de biens, il sera aliénable par la
femme, sans formalités de justice pour les causes
autorisées par la loi, et que les art. 1554, 1558 et
1559 cod. civ., concernant les immeubles dotaux, ne
le gouvernent pas ; qu'en un mot, l'immeuble acquis
des deniers dotaux, ne sera pas un *immeuble dotal*, c'est-
à-dire soumis au principe posé dans l'art. 1554 précité ; mais que l'art. 1553 ne dit pas que cet immeuble,
qui, en réalité, est la dot mobilière consolidée, ne sera
pas régi par les principes de la dot mobilière ordinaire, et qu'il sera moins protégé contre les dissipations des époux et l'action de leurs créanciers que les
deniers dotaux eux-mêmes ; — Que le législateur ne
pouvait pas, à moins d'une inconséquence évidente,
établir entre les capitaux dotaux et l'immeuble acquis
avec eux, une telle différence, parce que, d'une part,
elle ne serait justifiée par aucun motif, et que, d'autre
part, ce serait faire à la dot une situation inadmissible ; — Qu'ainsi, toutes les fois que l'acquisition acceptée par la femme, deviendrait, par le résultat,
désavantageuse, elle serait forcée d'en supporter les
conséquences, quelles qu'elles fussent, parce qu'elle
serait liée par une convention irrévocable, et que les
créanciers se garderaient bien alors de lui disputer son
acquêt, en lui offrant de la rendre indemne de ses
débours ; — Que toutes les fois, au contraire, que,
comme dans l'espèce, par suite de l'extinction préma-

turée d'un usufruit ou de tout autre événement, l'immeuble subirait une augmentation de valeur, ces mêmes
créanciers ne négligeraient jamais de recourir à la voie
suivie par Frestel ; — Attendu que la considération
qui précède répond victorieusement à l'objection qui
consiste à dire que la doctrine contraire sauvegarde suffisamment les intérêts de la dot, puisqu'en réalité, elle
ne la mettra jamais à l'abri du préjudice résultant
d'une mauvaise acquisition, et que toujours elle lui
ravira les bénéfices d'un contrat avantageux ; — Que
vainement objecte-t-on que la dot pourra parfois se
trouver augmentée pendant le mariage, contrairement
à la prohibition de l'art. 1543 cod. civ., que ce n'est
pas à cette augmentation purement aléatoire que s'applique la prohibition dont il s'agit dans l'article précité, sans quoi il faudrait l'étendre aussi au résultat
de la hausse des rentes sur l'Etat, et des actions de
la Banque de France, lorsque ces valeurs servent d'emploi ou de remploi à des deniers ou à des immeubles
dotaux ; mais que, de même que la dot profite de
l'élévation du cours des fonds publics, sans que les
créanciers de la femme y aient aucune part, de même
aussi elle seule doit bénéficier d'un emploi en immeubles, lorsqu'il est exempt de fraude ; — Que
vainement enfin prétend-on que ce serait favoriser
les concerts frauduleux entre époux, que de repousser le système proposé par l'intimé ; — Que la
fraude ne sera pas plus à craindre, dans les espèces
semblables à celle du présent arrêt, que dans tous
les cas prévus par l'article 1595 cod. civ., et qu'à
moins d'abroger cet article et d'interdire toutes les

ventes d'immeubles entre époux, il faut l'appliquer au cas actuel ; '— Infirme, etc. (1). »

Malgré cette vigoureuse argumentation, la Cour de cassation persiste dans sa jurisprudence dans son arrêt de 1871. Nous ne pouvons que le regretter.

Nous terminons ici cette étude, relative à la *Condition juridique de la dot mobilière*. Nous avons dû faire un choix entre des opinions très-diverses, défendues par d'incontestables autorités : nous avons dû combattre souvent la jurisprudence de la Cour suprême. Nous espérons l'avoir toujours fait avec le respect dû à sa souveraineté. Mais nous devions nous attacher à la défense des principes, qui nous ont paru les plus conformes à l'esprit du régime dotal. Nous avons écrit cette thèse, ayant toujours présentes à l'esprit les paroles du savant avocat général près la Cour de cassation, M. de Raynal : « Le régime dotal est une grande conception historique et juridique, un parti pris original et énergique en faveur de la conservation des biens dans la famille. Il faut sincèrement respecter le régime dotal, en accepter les données, ne pas le traiter en ennemi, ne pas s'efforcer de l'énerver et de l'amoindrir, en lui appliquant de gré ou de force les principes d'un autre régime, et quand une question de dotalité se présente, l'examiner et la résoudre, non dans l'esprit de la communauté, mais dans l'esprit du régime dotal lui-même (2). »

(1) Caen, 15 février 1870 (Sir., 1870, 2, 117),
(2) Conclusions lors de l'arrêt rendu par les Chambres réunies, le 7 juin 1864 (Sir., 1864, 1, 201).

POSITIONS.

DROIT ROMAIN.

I. — La fille de famille pubère ne peut pas sans autorisation souscrire un engagement valable.

II. — A l'époque classique, le possesseur de bonne foi faisait définitivement siens les fruits par lui perçus.

III. — En matière hypothécaire, la règle *prior tempore potior jure*, s'applique à tous les cas, même à celui où concourent une hypothèque spéciale et une hypothèque générale.

IV. — Malgré l'affirmation de Justinien, la *petitio hereditatis* n'est pas une action de bonne foi.

V. — La compensation n'éteint pas l'obligation de plein droit.

ANCIEN DROIT FRANÇAIS.

I. — Les Francs, en s'établissant dans la Gaule, gardèrent leurs institutions, mais ils respectèrent celles des Gallo-Romains.

II. — L'institution du ministère public a été calquée sur celle du promoteur des officialités ecclésiastiques.

III. — La communauté entre époux est une conséquence de la main bournie.

DROIT FRANÇAIS ACTUEL.

I. — Le ministère public ne peut former opposition au mariage qu'au cas de l'existence d'un empêchement dirimant qui lui donnerait le droit de demander la nullité du mariage, s'il était contracté.

II. — Le défaut de transcription, éxigée par l'art. 171 cod. civ., du mariage contracté à l'étranger, fait perdre aux époux le droit d'invoquer leurs conventions matrimoniales à l'égard des tiers qui ont traité avec eux dans l'ignorance du mariage.

III. — En cas d'abstention du parent le plus proche, le parent plus éloigné peut accepter la succession ouverte, et son acceptation est irrévocable, de telle sorte que si l'héritier plus proche répudie la succession, l'héritier plus éloigné est définitivement héritier pur et simple.

IV. — L'art. 883 cod. civ., n'est pas applicable aux créances héréditaires; celles-ci sont *ab initio* divisées de plein droit par l'art. 1220.

V. — La femme qui a laissé à son mari l'administration de ses paraphernaux, a une hypothèque légale pour la sûreté du compte dû par le mari à raison de la perception des fruits et revenus de ces biens.

VI. — Lorsque le titulaire d'un office ministériel est destitué, son vendeur n'a pas de privilége sur l'indemnité ou la somme que le Gouvernement oblige le successeur du titulaire destitué à payer comme condition de sa nomination. Cette indemnité constitue le gage commun de tous les créanciers.

PROCÉDURE CIVILE.

I. — L'appel interjeté par une femme mariée sans autorisation, n'est pas de plein droit nul ou irrecevable ; il y a lieu seulement de surseoir jusqu'à ce qu'une autorisation régulière ait été conférée à la femme.

II. — Il y a nullité de jugement, dans le cas où les juges étant en nombre insuffisant, le jugement ne constate pas que l'avocat appelé pour compléter le tribunal était le plus ancien des avocats présents à l'audience.

III. — Une société formée pour l'exploitation d'un chemin de fer peut être valablement assignée, alors même que son siége social serait fixé dans un autre lieu, dès qu'elle possède dans l'arrondissement du tribunal, un de ses principaux établissements.

IV. — L'exécution d'un jugement par défaut, dans le délai légal, contre un débiteur solidaire, empêche la péremption à l'égard de l'autre.

DROIT CRIMINEL.

I. — La condamnation prononcée en pays étranger et devenue définitive, constitue le condamné en état de récidive lorsqu'il commet en France une nouvelle infraction.

II. — Pour l'application de la règle *non bis in idem*, l'identité matérielle des faits est suffisante. On ne peut exiger en outre qu'il y ait identité dans la qualification donnée par la loi aux faits matériels.

III. — Le condamné pour crime puni de la déportation simple, doit, en cas de récidive, être condamné à la déportation dans une enceinte fortifiée. La loi des 8-16 juin 1850 a nécessairement modifié l'art. 56 du code pénal.

DROIT COMMERCIAL.

I. — L'actionnaire qui, à la suite de l'inventaire annuel pouvait régulièrement toucher une somme à titre de part dans les bénéfices, mais qui a consenti à la laisser dans la caisse sociale à son crédit, ne peut pas, la société étant devenue plus tard insolvable, prélever la somme dont il s'agit ; il vient au marc-le-franc avec les autres créanciers.

II. — Est valable la clause insérée dans un acte de société en commandite, réservant aux commanditaires la faculté de révoquer le gérant de la commandite, par une délibération prise à la majorité ou à un certain chiffre de voix.

DROIT ADMINISTRATIF.

I. — Le chef du pouvoir exécutif ne saurait arbitrairement annuler les élections des juges de commerce.

II. — Le chemin rural fait partie du domaine privé de la commune.

III. — Les cours d'eau non navigables, ni flottables appartiennent aux propriétaires riverains, sauf la pente des cours d'eau, la force motrice.

DROIT DES GENS.

I. — L'intervention, c'est-à-dire le fait d'interposer spontanément ou sur l'appel d'un État, sa volonté dans les affaires intérieures ou extérieures d'un autre État, est quelquefois justifiable.

II. — L'extradition est une nécessité, un besoin, elle ne porte nullement atteinte à l'indépendance des États.

ÉCONOMIE POLITIQUE.

I. — Le système du double étalon monétaire a pour résultat de faire subir à l'État qui l'adopte, en présence de l'étalon unique admis par d'autres États, toutes les pertes résultant des variations du change.

II. — L'introduction dans l'industrie de machines perfectionnées ne produit qu'une baisse momentanée dans la valeur des salaires ; elle engendre, au bout de quelque temps, une hausse résultant de l'extension de la commande.

Vu par le Président de la Thèse,

Louis ARNAULT.

Vu par le doyen de la Faculté,

DUFOUR.

Vu et permis d'imprimer :

Pour le Recteur,

L'Inspecteur d'Académie délégué,

BÉLIN.

« Les visas exigés par les règlements sont une garantie des
« principes et des opinions relatifs à la religion, à l'ordre public
« et aux bonnes mœurs (statuts du 9 avril 1825, art. 11), mais
« non des opinions purement juridiques, dont la responsabilité
« est laissée au candidat. — Le candidat répondra, en outre, aux
« questions qui lui seront faites sur les autres matières de
« l'enseignement. »

TABLE DES MATIÈRES.

FIN DE LA TABLE DES MATIÈRES

ERRATA.

Page 24, ligne 15, au lieu de : du prédécès d'une femme ; lisez : *du prédécès du mari d'une femme.*

Page 117, ligne 3, au lieu de : C. 11, C., *Ad Sen. Vell.* (1, 29) ; lisez : C. 11, C., *Ad Sen. Vell.* (4, 29).

Page 143, ligne 5, au lieu de : créanciers chirographaires ; lisez : *créanciers hypothécaires.*

Page 166, ligne 28, au lieu de : faite par le mari ; lisez : *faite par les créanciers du mari.*

Page 186, ligne 16, au lieu de : fussent suffisants ; lisez : *fussent insuffisants.*

Page 204, ligne 26, au lieu de : ne sont pas aliénables ; lisez : *ne sont pas inaliénables.*

Page 315, ligne 11, au lieu de : a déclaré la saisie valable ; lisez : *a déclaré la vente valable.*

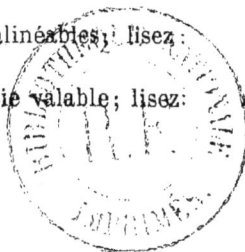

PARIS — IMPRIMERIE A PICARD ЕТ KAAN

19   Rue de Tolbiac   192

www.ingramcontent.com/pod-product-compliance
Lightning Source LLC
Chambersburg PA
CBHW061106220326
41599CB00024B/3939